债务机器

美国的银行政策与个人陷阱

[美] 埃琳娜·博泰拉（Elena Botella）著　吴士宝 译

DELINQUENT

INSIDE AMERICA'S DEBT MACHINE

中国科学技术出版社

·北　京·

图书在版编目（CIP）数据

债务机器：美国的银行政策与个人陷阱 /（美）埃琳娜·博泰拉（Elena Botella）著；吴士宝译 . 北京：中国科学技术出版社，2024. 9. -- ISBN 978-7-5236-0772-5

Ⅰ . F837.122

中国国家版本馆 CIP 数据核字第 202416V1W6 号

策划编辑	褚福祎	**责任编辑**	褚福祎
封面设计	创研设	**版式设计**	蚂蚁设计
责任校对	张晓莉	**责任印制**	李晓霖

出　　版	中国科学技术出版社
发　　行	中国科学技术出版社有限公司
地　　址	北京市海淀区中关村南大街 16 号
邮　　编	100081
发行电话	010-62173865
传　　真	010-62173081
网　　址	http://www.cspbooks.com.cn

开　　本	880mm × 1230mm　1/32
字　　数	220 千字
印　　张	11.25
版　　次	2024 年 9 月第 1 版
印　　次	2024 年 9 月第 1 次印刷
印　　刷	北京盛通印刷股份有限公司
书　　号	ISBN 978-7-5236-0772-5/F · 1282
定　　价	69.00 元

前言

埃琳娜：你有没有因为还信用卡账单而陷入困境？

乔：没有。但是，我想我快到那个地步了。最接近的情况是，有的时候为了还账单，我不得不饿上两天，等到周五发工资。这样，问题会在 72 小时后自动解决。而我就差那么一点就还不上账单了。

在美国，一旦出现什么问题时，人们往往只能依靠自己。

在我写下这句话时，旧金山有 1000 多名无家可归者正在向收容所提交申请，希望能够留宿一晚。而这种情况已经持续了一年多。

根据美国法律规定，即使人们没有足够的钱，也可以在急诊室享受医疗护理，但这并不适用于医院的其他部分。在美国，在你不幸患上癌症或者糖尿病后，若你没有保险或者有保险但付不起免赔部分，那么就意味着没有什么能够保证医生会为你看病，也没有什么能保证你能拿到处方药。

在美国，没有什么能保证你有足够的现金将自己被拖走的车从拖吊场赎回来。当老板克扣你的工资时，也没有什么能够保证你有足够的钱支付房租。

这是一个由美国贷款机构掌控的世界。这类机构既包括像摩根大通和花旗等《财富》100强公司，也包括像ACE快存（Ace Cash Express）、要义金融（OneMain Financial）、第一资本（Credit One）、梅里克银行（Merrick Bank）、CashCall等更为分散的“专业”贷款机构。

当你走投无路的时候，这些公司会告诉你：“我们愿意提供帮助……”考虑到借款人没有其他选择，因此贷款机构采取的每一个行动似乎都有充足的理由。毕竟，向陷入困境的人漫天要价，或者完全忽视他们的需求，哪一个更无情呢？失业者和穷困的工薪阶层为了竭力避免生活的窘迫，不得不借高息债务。但中等收入和高收入人群或出于欲望，或出于需要，或基于深思熟虑和精心安排，或基于一时冲动，也会积下高息债务。我跟美国各地的人谈论过债务问题，他们有时候会对借钱感到高兴，有时会感到沮丧，但大多数情况下，甚至他们自己也不清楚自己的感受。

这些贷款的成本是相当高的。2018年，超过1亿美国人在信用卡、发薪日贷款、抵押贷款和典当贷款上总共支付了1430亿美元的利息和费用，平均每个借款人每年需要支付1184美元。这些利息中的绝大部分（88%）是由信用卡公司收取的。信用卡借贷在美国经济中占据了很大的比例，是大约一半美国成年人经济生活的核心。

我曾在美国最大的消费贷款公司——第一资本公司（Capital

One）工作了 5 年，最后一项工作是负责该公司的“自主上调循环信贷额度项目”。我的任务是领导分析师根据算法判断哪些借款者有能力承担更多债务。这项工作也让我看清了这个运转良好的债务机器的内部运作模式——通过一个由产品试验、产品设计、营销和承销业务构成的系统，让已经承担了大量债务的美国人承担尽可能多的债务，同时又尽量不把他们推到违约的边缘。而且，正如我后面要解释的，在这个行业里，那些商业巨头无须背上为富不仁的骂名，就能够尽情地压榨穷人。在美国，出现消费者债务问题并不是由于少数几个坏人肆意违反法律，公然欺骗民众。问题的根源在于，市场、政治和社会力量的共同作用让这个债务机器在众目睽睽之下大行其道，而那些食利者却能心安理得地收割利润。

在本书中，我将带读者们通过摩天大楼的玻璃墙，了解这些贷款机构的运作机制。我将带领读者们前往法院，了解法官是如何做出判决，准许贷款机构自由扣押父母们的工资的。我将带领读者去底特律的街角，到萨克拉门托的餐桌旁，了解美国民众的债务问题。我还将向读者介绍我从银行家转型为记者的个人经历，探讨萦绕在我心头的几个重要问题。这些问题包括：在什么情况下，借贷是值得保护和促进的好事情？在什么情况下，债务会成为阻碍美国家庭发展的坏事情？可否建立起一个更好的信贷体系，既能为有需要的家庭提供信贷，又不会令人们背负上沉重的债务？

很多人认为，美国不可能建立起比现在更好的信贷体系。一方面，一些金融行业的捍卫者认为，银行只能而且也只是在靠收取最低的利息勉强度日。这些观点表明，任何企图遏制行业过度行为的努力，都只会令那些靠贷款为生的困难家庭更加举步维艰。另一方面，评论家开始反驳流传几十年的误导性观点——只有不负责任、懒惰或愚蠢的人才会在经济上陷入挣扎。为了提出有力的反驳，评论家坚持认为，在给定的前提下，劳工做出的所有财务决策，都是在特定环境下的完美选择。

但是，过于执着于这一假设，会导致我们得出一个严酷（且不准确）的结论：美国人需要借到的钱，正是他们最终借到的钱。因此，我们所能期待的最好结果，是给所有那些沉重的债务打个折扣。

尽管政治倾向各不相同，但专家、民众以及政策制定者往往都会认为获得信贷总体而言是一件好事。他们努力将更多贷款（也就是更多债务）渗透到那些向来比较封闭的社区，却很少考虑到更多的债务负担对借款者意味着什么。那些认为自己是在与银行对抗的人往往会相信，信贷本质上是好的。但他们却意识不到这个信条是站在银行一方的。

我将在本书中提出两个主要论点，从而论证美国完全有可能建立一个更人性化的信贷体系，并确保兼顾银行和家庭的基本金融需求。

我要陈述的第一个论点是，美国人对他们所借债务的很大一部分本金都会感到后悔。问题不只是价格太高，而是借贷从来就不符合这些家庭的最大利益。正如我在本书第一部分中所论述的，美国人之所以会背负不必要的债务，是受到了金融营销、金融产品设计和所谓“客户管理策略”的诱导。这些手段利用了人们在金钱问题上的共同弱点。消费者的债务多少不是由消费者需要借入多少钱决定的，而是由银行选择借出多少钱决定的。我认为，要想有效地保护消费者，美国不仅仅需要对利率和费用进行监管，还必须对银行诱使美国家庭承担非生产性债务的策略实施限制。我将我的第一个论点称为“主要论点”，即美国的债务机器导致美国民众借了太多的钱。重要的是，即使在利率为 0% 的情况下，债务也可能成为一个沉重的负担。本书第一章介绍了信用卡引入之前的美国，介绍了大多数美国人都不负有任何消费债务的那段历史。第二章考察了 20 世纪下半叶大规模债务产生的历史背景。一些作者将消费者债务的上升归因于工资停滞或生活成本上升。但我提出了不同的观点，认为消费者债务上升是由供给驱动的，即法律和经济活动提高了消费贷款的利润率，使银行更急于兜售贷款，而不考虑美国家庭的最大利益。第三章更深入地研究了背负信用卡债务的美国人。在这些人中，年龄段为 46 ~ 50 岁的人占据了相当大的比例。这个年龄段也刚好接近他们收入最高的时期，他们在整个成年生活中都会持续或间歇性地负有信用卡债务。信用卡并没有成为人们摆脱困境的短期桥梁，而是成为限制那些原本有机会争取经济稳定的家庭的枷锁。第四章探讨了这样一个事实：信用卡债务会在经济衰退期间下降，而在经济表现良好时上升——它不仅不能缓冲经济不安全感，事实上，它反而加剧了不安全感。第五章将进一步研究银行为鼓励人们借贷而设计的具体策略。我认为，其中许多策略应该受到更严格的监管。

我要陈述的第二个论点是，美国人一直为他们的债务支付了过多的利息。第六章将分析说明，一般情况下，美国人并没有为债务支付“有竞争力的价格”，即出价最低的银行或信用合作社在竞价中想要提供的利率。信用卡、发薪日贷款和许多个人贷款的高利率，并不是借款人风险水平过高的必然副产品。事实上，债务机器阻止大多数借款人找到他们有资格获得的最低利率贷款。“大数据”和机器学习已经帮助银行降低了贷款成本，并减少了向最容易违约的客户放贷的概率，但这一创新带来的所有收益都进了股东的口袋，而并非降低了消费者的借贷成本。我将第二个观点称为“有趣观点”。第七章对信贷的公平价格进行了评估。虽然我仍然相信市场、竞争和激励的力量，但正如我将在本书中展示的那样，在消费者信贷市场，竞争并没有使美国家庭受益。

最后，在第八章中，我将着眼于美国的“无信贷”人口，并探讨为什么一些美国人选择或被迫过上无债生活。在第九章中，我将总结出一些具体建议，以期建立一个更好地服务于中低收入美国人需求的信贷体系。

在撰写本书的时候，信用卡债务和个人贷款已经不再是一个政治问题（当然，学生贷款依然是一个非常突出的政治问题）。相比之下，大多数美国人，包括大多数负债累累的美国人，都认为信用卡债务机器是一种“必要之恶”，是病态经济体系的必然产物。在这一体系之下，寒酸的工作和高昂的医疗费用支出，将普通美国人推向了放贷者的怀抱。2010 年，在金融危机最严重的时候，国会通过了一项名为《信用卡法案》（*CARD Act*）的法律，以打击信用卡行业一些最具误导性和最恶劣的做法。从表面上看，剩下的行业惯例是站得住脚的。大银行发行的信用卡现在基本上没有了明显的“陷阱”——这是危机前最令人震惊的金融产品术语。

经常有人问我在第一资本工作时的情况，他们认为我一定很讨厌我的工作。事实上，大多数时候，我都热爱我的工作。我的同事，包括公司的高管，大部分都非常友好。他们都非常真诚地向人们分享一个（自私的）信念：提供“信贷机会”是一件非常好的事情。我不想为自己或其他人开脱道德责任，但我确实对债务机器有了一些理解：可能的确有人利用它作恶，但它的存在并不以作恶者为前提。撰写本书并非出于什么不可告人的目的，而是为了打造更完善的经济体系。

欢迎大家跟我一同深入了解美国的债务机器。

按语

本书中提到的“消费信贷”，指的是所有发放给个人或家庭的贷款，但并不包括学生贷款、住房抵押贷款、汽车贷款和用于小企业的贷款。

本书集中探讨的是信用卡，但也会涉及美国人有时用来代替信用卡的信贷产品，特别是发薪日贷款（一种通常需要在 15 天或 30 天内全额还款的贷款，其利率往往高于 300%）、个人贷款（任何针对个人的，且需要每月固定还款的贷款），放贷机构包括一些银行和信用合作社，如贷款俱乐部（LendingClub）和索菲（SoFi）等新型金融科技公司，还有像要义金融这样的店面分期付款贷款机构，以及网上和实体金融零售商的“销售点”发放的贷款。这类贷款要么由商家自己发放，要么由支持付（Affirm）、克拉纳（Klarna）或银行等贷款合作伙伴发放。

目录

第一部分　主要论点

第二部分　有趣的论点

第三部分　未来

第一部分

主要论点

第一章　当今的债务体系出现前的历史

我们本可以拥有一个没有太多债务的国家。我相信这一点，因为曾经有段时间，美国民众的债务负担并没有这么繁重。一旦我们意识到，过去的美国人并不像现在这样负债累累，我们就能轻松理解这个债务体系建立起来的必然性，也就明白这个体系同样也可以瓦解掉。

尤其是信用卡，它的历史并不算久远。尽管第一张信用卡——大莱卡早在 1950 年就面世了，但直到很长一段时间后，信用卡才开始引起人们的关注。到了 1961 年，虽然很多商店都推出了各自的信贷计划，但也只有 1% 的商店接受外部银行发行的通用信用卡。

当然，虽说信用卡是一种新事物，但信贷却不是。

出生于 1887 年的娜奥米·塞斯莫尔·特拉梅（Naomi Sizemore Trammel），从 10 岁起就开始在南卡罗来纳州的纺织厂工作。父亲去世后不久，她的母亲也撒手人寰。叔叔婶婶们收养了她的弟弟妹妹，但她和姐姐阿尔玛不得不自谋生路，找了纺纱织布的工作。21 岁时，娜奥米嫁给了珀西·朗（Percy Long），她的丈夫在格里尔工厂的织布车间工作，还是该厂棒球队“纺纱工”队的投手。大萧条期间，工厂裁掉了很多工人，并缩短了工作时间。

娜奥米后来回忆道，“当时找工作四处碰壁，我们周围的人也都失去了工作。那段时间很艰难，我们欠了不少债，好在没有人拒绝我们。找到工作后，我们很快就把钱还清了。能赊买东西，真是件好事。”特拉梅接着说道，“嗯，我们失业了好长一阵子。当时有个叫弗兰克·霍华德（Frank Howard）的人，就住在那边的十字路口附近。在那之前，我们一直跟他打交道，从他那里赊了不少食品杂货和其他东西。我们总能把账还清。我们还从另一个人那里赊了牛奶。这样，我们就欠了人家不少钱，他们也一直允许我们先欠着。后来我们找到工作后，就开始还钱。我们可以一点一点地慢慢还给他们。话说回来，我们最后都还清了。虽然并不像人们想象的那么难，但我们当时真的想不出其他法子。”

这就是 19 世纪和 20 世纪大部分时间里，美国人债务的主要形成方式。如果你既不是一个农场主，也不是一个想为自己公司借钱的小老板，那么在通常情况下，你都需要靠向商店“借贷”，来购买这家商店的东西。商店借钱给像娜奥米这样的人，是为了从向他们出售的商品中赚取利润。有时，出于礼节，商店不会靠收取利息来赚钱。店主与顾客的这种关系有时是一种合作关系，有时则是一种掠夺关系；还有的时候，就像娜奥米的情况一样，是建立在私人情谊之上的。但是，同一时期，对使用分期贷款在大型百货商场购物的人来说，双方的关系并不算亲密。为了获得这笔消费信贷，购物者需要提供正式申请，商场则需要在审查当地信贷局提供的数据后，再做出贷款决定。但根据大多数人的说法，在 19 世纪末和 20 世纪初，店主和百货公司从以信贷方式购物的顾客身上赚取到的利润，要低于使用现金购物的顾客。信贷只是零售商促进销售的手段，而不是利润的主要来源。延期获得收入的成本与收取的利息往往互相抵消。

需要指出的是，本书只是美国历史上众多批判家庭债务的图书之一。最早可追溯到 1732 年本杰明·富兰克林的《穷理查历书》(*Poor Richard's Almanac*)，在整个维多利亚时代都被人们广泛引用。书中充满着诸如"撒谎是第二大恶习，而第一大恶习则是欠债"之类的格言。人们对消费者债务的道德恐慌延续到 19 世纪，反映这一情绪的作品如马克·吐温的《镀金时代》(*The Gilded Age: A Tale of Today*)，并进一步延续到 20 世纪。在这个时期，厄普顿·辛克莱（Upton Sinclair）的《屠场》(*The Jungle*)详细描述了路德库斯一家欠下的分期付款债务。而在信用卡出现后，希勒尔·布莱克（Hillel Black）在 1961 年创作了批判信用卡的书《先买后付》(*Buy Now, Pay Later*)。不过，尽管总是有一些美国人欠下债务，也总有一些人担心美国人的债务问题，但事实上，美国当前的债务在两个重要方面上是与众不同的。首先，以每个衡量标准来看，无论是按绝对金额、人均、经通货膨胀调整，以及按家庭收入或家庭资产的百分比计算，21 世纪的消费者债务规模比 20 世纪的任何时候都要高。而且大约自 2000 年以来，信用卡债务的确切金额大多可能与人们的预期呈相反方向波动：当经济表现良好时，债务会增加；当经济表现欠佳时，债务会减少。其次，也是人们往往会忽视的一点，即当今美国信用卡债务的支付价格大幅上升。2019 年 5 月，信用卡的平均利率为 17.14%，达到 25 年来的最高水平。这一事实无法用美联储利率、贷款违约率或任何其他经营成本加以解释。把这两个事实放在一起考虑，就会产生一个问题：为什么美国人正背负着比以往任何时候都要沉重的债务，而且是代价更昂贵的债务？

这本书将带领读者了解今天的美国，向读者介绍美国的债务问题，以及掌控债务的经理、投资者和债务机器。但我更想与读者分享的是，在信用卡引入之前，美国人是如何管理自己的财务部预算的，因为越是了解美国债务问题的历史由来，我越是感觉到美国当前债务问题的不合理性。

过去，所有的信贷都是“商业”信贷

20 世纪 10 年代和 20 年代，美国大多数州的贷款最高年利率都不得高于 6%。对特许银行来说，直接向不从事商业活动的个人发放贷款是罕见的。尽管银行不直接贷款给家庭，但家庭仍有一些（合法的）现金贷款途径，主要是通过典当行和发放分期贷款的公司。这些机构在当时通常被称为“工薪贷款公司”，因为它们主要服务于大城市里的工薪阶层。最大的一家工薪贷款机构是家庭金融公司（Household Finance Corporation），该公司成立于 1878 年，2003 年被汇丰银行（HSBC）收购，然后在 21 世纪 10 年代被出售给第一资本和 Springleaf Financial。不过，直到 20 世纪 10 年代，富有的个人依然是最重要的借款来源之一：1910 年，33% 的家庭借款来自其他人，而不是金融机构。当国会在 1913 年第一次制定所得税时，所有形式的贷款利息都是免税的。这反映了国会议员的假设，即人们只有在创业时才会借钱，他们不会为了应对不时之需或购买家庭用品而借钱。在这种假设下，所有贷款都被假定为商业活动费用，因此，所有贷款利息都需要从业务收入中扣除，以计算应税业务利润。

在信用卡问世之前，大多数工薪阶层的美国人在任何特定的时间点上都没有非抵押贷款债务。事实上，这种情况一直持续到 1983 年。在那之前，大多数收入低的美国人没有一美元的分期贷款债务、汽车贷款债务，也没有信用卡债务、学生贷款或零售债务。当美国工薪阶层确实需要借钱买汽车、洗碗机，或者应对不太常见的紧急情况时，他们的借款额也相对较低。非“零售”信贷，即与特定购买无关的信贷，甚至比零售信贷更不常见。1950 年，收入分配较低的一半家庭，平均 1 美元收入有 27 美分的非住房债务。到 2016 年，这一数字增加了近两倍：1 美元收入对应着 77 美分的非住房债务。1950 年，对收入分配较高的一半家庭来说，战后的他们为新房子配备了通过信贷方式购买的电器和家具，零售贷款已经非常普遍。但他们的债务水平也在同一时期增长了两倍多：1950 年，这些家庭的 1 美元收入对应着 10 美分的非住房债务；到了 2016 年，这一数字增长到 37 美分。

我并不是要描绘一个没有信用卡的乌托邦式的生活。显然，生活并不完美，即使国会假设所有的家庭借款都出于商业目的，谁获得贷款，以什么条件获得贷款的问题也绝对是一个紧迫问题。

在 19 世纪末和 20 世纪初，如果一个人既不是农民也不是小企业主，那么对他来说，债务可能不是生活的主要问题。在美国历史的大部分时间里，大多数人都是农民或农场工人。根据 1860 年的人口普查数据，在被列为没有“职业”的 830 万美国人中，大部分是成年男性。其中有 320 万人，或近 40% 的人，被划定为农民或农场工人。当时的美国还有 400 万非裔奴隶，其中绝大多数被迫从事农业劳动。这些奴隶大约占美国人口的 15%。总的来说，大约一半的美国成年人每天都在从事农业活动，一部分是奴隶，另一部分则有权保留自己的劳动成果。

美国高度不平等的银行体系就植根于那个时代。在南北战争之前，奴隶是一种有价值的抵押品，能让白人奴隶主更容易获得贷款。放贷者认为非裔奴隶是比土地更好的抵押品，因为土地是不易转移的，而奴隶可轻松实现转移。因此，奴隶主比北方或西部的自由农民更容易获得信贷。众所周知，当时的摩根大通银行（JP Morgan Chase）、美国银行（Bank of America）、富国银行（Wells Fargo）和美国合众银行（U.S. Bancorp）都接受将奴隶作为贷款抵押品。

经历过南北战争的那一代人最初可能会认为，南方邦联的失败迫使白人奴隶主在经济上破产，但实际上，这些奴隶主成了1867年通过的《国家破产法》的主要受益者。美国的开国元勋们曾制定了一部联邦破产法，甚至在宪法中赋予国会为破产立法的权力，但国会很难调和债权人和债务人、农民和商人之间的利益冲突。早在1800年和1841年，人们就对破产进行过立法尝试，但相关法律都在通过后的三年内遭到废除。

1867年的这项法律是在南北战争结束一年后通过的，它对待债务人，要比1841年的相关法律友好得多。据历史学家罗维纳·奥莱格里奥（Rowena Olegario）的观点，尽管南方人口只占美国人口的四分之一，但在1867年，南方人持有全美国的大部分债务，其破产申请数占1867年法律规定的所有破产申请的36%。这项新法律给了南方奴隶主们一个保护土地和其他资产的机会。南部邦联的居民能够因此得以重新开始。而在整个20世纪40年代，这些前奴隶主的子女和孙辈仍然处于南方社会和经济生活的顶端。

南北战争后，南方农场抵押贷款的平均利率在8%左右，但此时也出现了一些其他类型的债务关系——租佃关系。正如梅

赫斯拉 · 巴拉达兰（Mehsra Baradaran）在《金钱的颜色：非裔银行与种族贫富差距》（*The Color of Money: Black Banks and The Racial Wealth Gap*）中所指出的那样，在租佃关系下，“佃农用贷款来支付土地、物资和农具，用自己的作物来偿还债务，最后往往没有任何剩余。通常情况下，地主精打细算，而不识字的债务人不得不相信自己年复一年的劳作，没有换来任何盈余”。显然，持续负债不是 20 世纪才出现的问题。

佃农债务可以说是奴隶制的近亲，也是今天美国人所持有债务关系的远亲。如果南方非裔没有白人雇主出具的工作证明，当局可能会根据流浪法对其进行逮捕和监禁。即使南方非裔攒够了钱，法律也经常禁止非裔购买白人拥有的土地。看看 19 世纪末 20 世纪初大多数南方非裔的处境，很容易发现他们的租佃分成债务是不得已接受的，这是因为白人政治精英剥夺了南方非裔谋生的其他途径。而在今天，我们很难回答今天的美国人是否可以自由选择债务关系的问题。

虽然与非裔佃农相比，南方和西部白人农民的地位可能令人羡慕，但他们的债务负担并不轻松。许多普通白人农民希望以更低的利率获得更宽松的信贷。1896 年，威廉 · 詹宁斯 · 布莱恩（William Jennings Bryan）在民主党全国代表大会上发表了著名的《黄金十字架》（*Cross of Gold*）演讲。他认为金本位制度以牺牲农民利益为代价，帮助了富有的银行家，而农民为此支付了更高的贷款利率。这场演讲帮他获得了民主党总统候选人的提名。对美国农民来说，信贷的条款和可获得性是决定他们贫困或富足的关键。

20世纪房屋抵押贷款问题也遵循了类似的路径：谁能够获得贷款，以什么条件获得贷款，决定了谁将变得富有，而谁将继续贫穷。从20世纪20年代到50年代，即使在大多数北方城市，非裔家庭也被禁止获得抵押贷款在白人社区购买房屋。如果他们完全符合在非裔社区购房的贷款条件，也会被收取高额费用。在贷款机构，或联邦住房管理局（Federal Housing Administration）看来，美国非裔所能做出的任何个人选择，都不能凌驾于他们的种族之上。而且恰恰是联邦住房管理局制定了大多数抵押贷款机构运作的规则。数以百万计的白人工人阶级家庭获得了联邦政府担保的低息抵押贷款，平均每个白人家庭获得了约20万美元的补贴，但非裔家庭却得不到这种补贴。与农业信贷的情况一样，围绕抵押贷款的斗争决定着美国人能否积累财富，能否将自己的辛勤工作转化为体面的生活和安全的家园。

高利贷者的机遇

如今，只要有人尝试控制信用卡行业的过度行为，就会遭到指责。美国人认为这只会把借款人推向发薪日贷款机构，甚至更糟糕的是，推向高利贷者。因此，我们有必要考虑一下，在年利率上限为 8% 的时代，美国人是如何处理失业、更换被打破的窗户，或应对意外的医院账单等问题的。要知道，在这个利率水平下，大多数美国人是很难或根本无法获得合法的小额短期贷款的。

在 19 世纪末和 20 世纪初的大部分时间里，美国高利贷者大都在较大的城镇开展业务，年利率从 60% 到 480% 不等。值得注意的是，20 世纪初的高利贷利率与 21 世纪 20 年代的发薪日贷款利率并没有太大的不同。如今的发薪日贷款机构习惯上会在 0.5 月的借款期限内，向每 100 美元借款，收取 15 美元的利息，换算为年利率为 360%。“高利贷者”一词最早在 19 世纪 90 年代流行开来，指的是那些利率高昂或还款条款苛刻，最终让借款人陷入沉重债务的放贷人。这类商业行为不仅是非法的，也是违背道德的。

像本章前面提到的家庭金融公司这样的工薪贷款机构，直到 20 世纪 20 年代才成为合法和受欢迎的借贷选择。当时各州开始放松对一些小额贷款的利率上限，年利率最高可达每年 36%，有时甚至高达 42%。第一部《统一小额贷款法》对非银行贷款机构而不是银行网开一面，而且只是上调了小额贷款的利率上限，大额贷款利率仍需低于上限。当时美国社会改革家提出的观点是，如果政府将利率为 30% ～ 40% 的贷款合法化，就会把高利贷者挤出市场。

值得注意的是，在大萧条[①]之前，也就是在犯罪组织开始接管高利贷业务之前，美国人认为高利贷者虽然贪婪，但并不残暴。他们眼里的高利贷者介于今天冷血无情的房东和内幕交易者之间。他们认为高利贷者不是崇尚暴力的恶徒，而是贪婪的商人。20 世纪 30 年代黑手党进入这个行业时，那些无证放贷的老派奸商大多要么逃离了市场，要么像家庭金融公司一样降低了利率，申请到了合法经营的许可证。1933 年禁酒令废除后，有组织犯罪集团无法再靠贩卖私酒赚钱，于是高利率贷款成了一个有吸引力的选择。大萧条前的高利贷者直接向家庭放贷，而黑帮支持的私酒贩放贷者则向三个主要群体发放数额更大的贷款：企业主、赌徒，以及从事赌博或毒品交易等非法活动的经营者。非裔企业家往往更需要求助于高利贷者，因为无论他们的商业计划或利润报表有多好，他们通常都无法从白人银行家那里获得商业信贷。1972 年的一项调查估计，多达四分之一的非裔企业是由黑手党资助的。

上一代高利贷者在法定利率上限为 6% 的情况下，是不会聘用收账人来打碎借款人膝盖骨的。他们的收账人大都是女性，因为他们认为欠债者不太可能在前门拒绝一位女性。他们将这些人称作“催讨人”。催讨人会频频出现在欠债者的办公室，在

---

① 指1929—1933年美国经济危机。——编者注

他们的同事面前大声喧哗，让欠债者下不来台，从而不得不偿还欠款。政府或铁路公司的领薪员工是高利贷者的目标客户，他们看重家庭关系，有稳定的收入，即使遇到财务困难，也不会离开城市，而且愿意付出高昂的代价以避免遭到公开羞辱。

最值得注意的是，与今天发薪日贷款机构采取的合法行为相比，20 世纪早期高利贷者的犯罪行为似乎显得微不足道。但是，当时的报纸和非营利组织经常严厉谴责高利贷者是美国最大的经济弊病之一。

19 世纪末和 20 世纪初，反高利贷法律时宽时严。有时，没有执照的高利贷者甚至敢在报纸上刊登广告。但是，20 世纪 10 年代的社会运动导致全国开始有组织地打击高利贷活动。丹尼尔·托尔曼（Daniel Tolman）——一个臭名昭著的高利贷者，在美国和加拿大经营着至少 60 个高利贷店面，最终锒铛入狱。法官做出的判决是，“你们为祸社区，专门赚取人们的血汗钱”。

高利贷行业一直备受争议，主流报纸经常对这一行业展开报道，向渴求真相的中产阶级读者提供耸人听闻的细节。但从绝对数额来看，高利贷行业从来没有借出过太多资金，与今天的信用卡行业相比，甚至与今天的发薪日贷款行业相比，它都显得微不足道。

拉塞尔·塞奇基金会（Russell Sage Foundation）信贷研究部门主任罗尔夫·纽金特（Rolf Nugent）估计，1939 年，高利贷行业的未偿贷款约为 7200 万美元。根据通货膨胀调整后，当时的 7200 万美元相当于 2020 年的 13 亿美元，平均下来相当于今天发薪日贷款行业人均规模的一半。

典当行对中产阶级读者和观察家的吸引力，甚至超过了高利贷行业。而主流报纸对典当行的借贷者嗤之以鼻。1932 年《纽约时报》刊发了一篇文章，标题是《当掉价值 100 美元的金牙，非裔在棉花丛中欢呼》。文章中有一段描述了非裔男子乔·米利根（Joe Milligen）的困境，说他“不得不以 55 美元的价格典当了价值 100 美元的一副金牙来买东西吃”。另一篇写于 1933 年的文章告诉读者，历史学家发现已故前总统尤利西斯·S. 格兰特（Ulysses S. Grant）曾在 76 年前典当了一块手表。这是一件新鲜事，因为这样的典当行为在读者看来是一件非常尴尬的事情。当铺在许多州都是合法的，有时还由慈善机构以非营利的方式经营。典当商可以很轻松地规避反高利贷法，他们只需要向借款人提供相当于其物品拍卖价值一小部分的贷款。一般来说，服装的贷款金额是其拍卖价值的五分之一到三分之一，珠宝等高价物品的贷款金额最多是其拍卖价值的三分之二。

在镀金时代（从 19 世纪 70 年代到 20 世纪初期），所有商品的成本都比今天高得多。在沃尔玛、快时尚或大规模制造时代之前，工薪家庭拥有的几乎任何实物，都有足够的价值可以充当抵押品。即使是内衣，也有足够高的转手价值，作为一个整体类别，衣物是最常见的典当物品。典当行业经常出现在那个时代的小说和杂志文章中，但这个行业甚至比非法个人贷款市场的规模还要小。亚伯拉罕·林肯总统的秘书之一、作家威廉·斯托达德（William Stoddard）在《哈泼斯杂志》（*Harper's Magazine*）上估计，典当行的业务规模最多相当于纽约市非法借贷行业的一半。

20 世纪早期的高利贷者和今天的发薪日放贷机构之间的最大区别在于，后者是合法化的放贷机构。今天的发薪日贷款机构要求借款人提供支票账户号码，如果借款人没有按时还款，贷款机构将会从借款人的支票账户中提取资金，每天可以提取两到三次。借款人账户上收到的任何资金，在其用来支付养育子女费用、购买尿布或支付租金之前，都会直接转到贷款机构手中。如果自动提款不起作用，发薪日贷款商可以将借款人告上法庭并赢得民事判决，获准没收借款人的工资。故意逃避民事判决的借款人最终会被投入监狱。总而言之，今天的借贷系统更加暴力，收债人不再是高利贷者的同伙，而变成了警察和治安官。他们最终的目的是确保发薪日放贷者不会血本无归。

两种生活方式

在过去的 70 年里，美国人财务处境的基本性质已经发生了翻天覆地的变化。平均而言，每个人都背负了更多的债务，但每个人也都拥有了更多的资产。1950 年，略多于一半（51%）的工薪家庭拥有住房，与今天（47%）的情况大致相同。但在其他方面，过去低收入家庭拥有的资产比现在少得多。1950 年，只有 41% 的低收入家庭拥有汽车。到 2016 年，77% 的低收入家庭拥有汽车。1950 年，受通货膨胀影响调整后，低收入家庭平均拥有价值 4.5 万美元的实物资产（包括房屋），以及 1.3 万美元的其他储蓄。到 2016 年，低收入家庭的平均实物资产为 12.1 万美元，储蓄为 4.9 万美元。虽然人们拥有的资产增加了，但债务的增加幅度要比这大得多。这段时间内，人们的资产增长了 2 倍，但债务却增长了 4 倍。在 21 世纪，人们比以往任何时候都更容易获取信贷。但每个美国人的工资中有更高的比例直接转到了放贷机构手中。

美国人以前是如何应对紧急情况的？一种方法是，把大部分工资存起来，以备不时之需。从 1959 年到 1984 年，美国人每年的个人储蓄率都超过 10%；而在 2019 年，这一数字为 7.5%。当然，这个数字也具有一定的误导性，因为在当今时代，人们的储蓄能力本身就是不平等的。经济学家阿提夫·迈恩（Atif Mian）、路德维希·斯特劳布（Ludwig Straub）和阿米尔·苏菲（Amir Sufi）指出，在 20 世纪 60 年代和 70 年代，收入最低的 90% 的人储蓄率为正值，但自 20 世纪 80 年代以来，这些人的储蓄率每年都为负值。这意味着他们的平均支出超过了收入。更重要的是，正如我们将在第二章中所讨论的，1977 年正是我所说的第一次信贷繁荣的开始，这一年也是信用卡问世 20 年来被普遍使用的起始年份。在 20 世纪 70 年代之前，美国工薪阶层没有任何开放的信贷来源，他们获得现金贷款的机会也有限，尤其是任何类型的快速现金贷款，因此留出资金以备不时之需成为一种实际需要。

在目前的经济困境中，保持较高的储蓄率对美国人来说是想都不敢想的事情。然而，我们必须面对这样一个事实：许多美国人无法储蓄，是因为他们的收入中有很大一部分以利息的形式付给了放贷机构。一般来说，美国人最终会为贷款支付利息。但这一事实恰恰证明，在他们的一生中，他们本可以进行储蓄，并且在借款人的一生中，他们会为大部分用贷款购买的物品支付利息。正如我们将在第三章中讨论的，把这仅仅归结为时间不匹配问题，即人们能赚钱的时间和能买东西的时间不匹配，是错误的。更重要的是，把债务增长两倍的原因，归结为 20 世纪五六十年代的生活更轻松，也是不准确的。

我们似乎已经忘记了大多数美国人的生活一直都是那么艰难。我们一直都在幻想着一个有着白色尖桩栅栏和工会保障就业的乌托邦，幻想着在这样的世界里，任何身体健全的人都可以走进工厂，得到一份可以养家糊口的工作。那些聆听伯尼·桑德斯（Bernie Sanders）全国市政演讲、处于“中产阶级 40 年衰落过程”

中的人，通常都会认为，美国人在 20 世纪 70 年代及以前的生活，比今天更为轻松。

当然，美国从来没有这样一个时期，有如此大比重的民众在经济上陷入挣扎。从 20 世纪 50 年代到 21 世纪初，消费者债务的上升不能纯粹用工资趋势或医疗成本等因素来解释，因为 20 世纪中期的许多美国人也都难以负担医疗保健费用和其他基本需求，但他们很少用贷款来弥补支出缺口。

1962 年，迈克尔·哈林顿（Michael Harrington）出版了一本名为《另一个美国：美国的贫困》（*The Other America: Poverty in the United States*）的著作。这本书记录了 20 世纪 50 年代到 60 年代的美国。此时，林登·B. 约翰逊（Lyndon B. Johnson）总统还未向贫困宣战，医疗补助、医疗保险、《食品券法案》（*Food Stamp Act*）和“先行教育计划”尚未实施。哈林顿在书中讲述了卧床不起的老年人由于买不起轮椅，不得不终日待在家里；在严寒的冬季，芝加哥的家庭却没有足够的食物和衣服；还有临时工、洗衣工、洗碗工和在零售店工作的人等，享受不到最低工资标准，没有机会加入工会，也无法享受任何工作福利。虽然媒体经常讨论联邦最低工资没有跟上通货膨胀，但应该指出的是，尽管早在 1938 年美国就制定了最低工资标准，但直到《公平劳动标准法》（*Fair Labor Standards Act*）修正案通过之前，联邦最低工资标准只适用于“从事州际商业活动或为州际商业生产商品的雇员”，这将大约一半的成年工人排除在外。

通过工会找到一份工作通常会对工人有所帮助，但工会却未必会帮助工人。正如哈林顿所说，腐败的工会偶尔会为了回扣，与管理层勾结在一起，而有组织劳工的“禁止挖角”协议意味着腐败的工会会阻止工人寻找更有力的工会代表。据哈林顿估计，1962 年至少有 5000 万美国人处于贫困状态，超过美国总人口的四分之一。在这些人中，有些是因为残疾或丧失工作能力而无法工作，但很多人都拥有工作。在哈林顿的书出版后的 10 年里，无论是否考虑到政府转移支付的影响，美国的贫困程度都大幅下降。

20 世纪 70 年代也不像是一个经济童话。全国范围内的石油短缺引发了通货膨胀，导致许多人买不起食品杂货和汽油。全国各地的家庭主妇举行了抗议食品价格上涨的活动，西雅图甚至首次在太空针塔（Space Needle）周围竖起了防自杀网。据报道，这是对波音公司缩减生产后，该市失业率剧增的一个回应。1979 年，卡特总统在一次电视讲话中对全国人民说，美国公众正在“失去”一种信念，即不再相信“我们孩子的日子会比我们自己的日子更加美好”。他解释说，“10 年来的通货膨胀开始让美元和我们的储蓄缩水”。除了宣布节电和增加国内能源生产的措施外，总统还呼吁公众“开始祈祷”。

经验主义者可能不会认同 2019 年工薪阶层和中产阶级的生

活是否比 1979 年、1969 年或 1959 年更艰难或更容易的说法。根据政府官方统计数据，21 世纪 10 年代后半段，在美国中产阶级的生活比过去任何时候都要好。当然，这并不符合每个人的经历，一些研究人员也并不同意政府的结论。

正如后面提到的，消费者债务的规模主要是由银行放贷的意愿决定的，而不是由家庭想要或需要借多少钱所决定的。无论我们如何分析这些数字，我们都很难将 20 世纪 70 年代以来消费者债务的激增，直接归因于经济困难的加剧。因为在 20 世纪 50 年代、60 年代和 70 年代，很多经济上陷入困境的家庭通常只有很少的债务。我们将在第四章的逐年分析中发现，经济实力和人们借贷数量之间的关系与我们的预期相反——当经济状况良好时，人们会借更多的钱。因此，那种认为 20 世纪消费者债务的增加，主要是由消费者借款需求增加所驱动的说法，是值得怀疑的。正如我们在第三章中所讨论的那样，高收入的美国人比低收入的美国人更有可能背负信用卡债务，这就有力反驳了债务只是因经济困难而产生的观点。

从表面上看，我们很难轻松判断出这两种生活方式中哪一种更好：一种是物质较少的生活，但你所拥有的都是自己的，不受任何限制，而且你知道除非你选择卖掉它，否则它不会被从你身边夺走；另一种是物质较为丰裕的生活，但你知道自己的每一份薪水都要留一部分给贷款商。工人能否从美国的新债务体系中获益？能够获得借款的机会到底是有益的，还是给工人带来了更多的问题呢？

这些问题都没有明确的答案。尽管我很努力地寻找问题的答案，但我自己也没有得出一个令人满意的结论。因此，在本书中，我不会解释从总体而言，债务体系的构建对普通人来说是好是坏。相反，我将阐明我们应如何构建一个将两种体系中的一些最佳属性结合起来的体系，既能像 21 世纪头十年那样，让人们轻松获得信贷机会，又能像 20 世纪中期那样，维持较低水平的债务负担。

最明显的一点是，一些人确实从令数亿美国人长期背负高息债务的体系中受益。这些受益者是银行经理、银行股东，还包括一些比普通人更富有的美国人，他们在 21 世纪 10 年代仅仅通过储蓄就能赚取 2% 的利息。因为银行想要更多的现金以信用卡债务的形式发放出去。这套体系是一套有关法律、市场条件、意识形态和设想的体系，它导致美国家庭平均每年向富人支付 1023 美元的信用卡利息和费用。它就是美国的私人债务机器。

第二章　美国债务机器的建立过程

为了更好地解释我自己在债务机器中微不足道的角色，我需要绕个弯子。我不是这个体系的主要玩家，但我得到了一个比很多人更有利的位置。

当时的我只有20岁，是一名即将读大四的学生，有幸得到了一个在第一资本实习的机会，并在2013年7月，我22岁生日的前一天，正式入职了这家公司。2018年夏，为了庆祝我工作满5年，同事们还为我准备了纪念蛋糕。但这之后不久，我就递交了辞呈。

之所以提到这一点，是因为我想告诉读者，我是作为这个债务机器的受益者，作为债务体系的一部分资金的流向者，来探讨这个机制的。

第一资本无论从哪个方面来看，都对我非常公平，也非常友好。这是一个非常令人愉快的工作场所。事实上，我在那里工作得非常愉快，不仅有友好的同事，支持我的经理，而且企业文化非常健康。这也是我在那里待这么久的原因。我决定辞去在第一资本的工作，出于两个原因。

第一个原因是我在那里工作的时间太长了。但如果不是第二个原因，工作时长本身并不会真正困扰我。第二个原因便是，我不再相信我所做的工作对世界有好处。

我以前相信我所做的工作对世界有好处，基于两个假设。第一，“获得信贷”是件好事；第二，作为一个在公司内具有中等影响力的人，我可以让公司朝着对消费者更好的方向发展。毕竟，在我看来，如果所有善良的人都抛弃金融业，把它完全交给坏人，难道会对美国有什么好处吗？

我从来没有想过我自己可能是坏人中的一员。

在我决定离开第一资本的那天，我和老板，还有大约 10 个为他工作或与他工作关系密切的人开了半天会。我的老板几周前刚从另一个部门大老远地调到这里。我不太了解他，房间里的其他人也不太了解他。他负责管理次级信用卡部门，这个部门被委婉地称作“小镇信用卡”部门。而我们这些为他工作的人，要对这个债务机器的一部分负责。

我们刚刚筛选了部门的“关键计划”清单——我们总结出了最重要的具体项目。接下来，我们将设定部门的目标，或者更准确地说，我们决定将那些真实的或虚构的目标写出来，并分发给部门每个人。这些目标非常宏大，或者根据某些人的观点，纯粹是痴心妄想。比如，“从根本上改善客户的生活”。我们都明白，这些目标是我们完成已经选定的关键计划的原因。

一些可能完成的目标是通过头脑风暴制定出的。制定目标并不困难，因为大多数目标都是所有部门漫不经心地按季度、年度循环使用的。除非有相当多的高管都读过《哈佛商业评论》

（*Harvard Business Review*）上的同一篇探讨有必要制定企业新使命的文章。当我们已经在便利贴上写下了五六个可能的目标，还没有开始对目标进行筛选时，一位名叫迈克的主管问道："我们是不是应该设定某种收入或增长目标？"

第一资本非常关心赢利的问题。然而，大家认为，为我们计划赚多少钱设定一个具体的目标，尤其是部门里每个同事都应知道的目标，是不礼貌的。而担任过埃森哲公司（Accenture）技术经理的迈克，此时负责我们部门的技术问题。作为第一资本的老员工，我们对他的评价是，"他不是在这个行业成长起来的"。他的思维和行为很难预测，不像担任过第一资本分析师的那些老员工——他们大学或研究生院毕业后就被第一资本聘用，并成长为公司的管理人员，被灌输了同样的思维方式和说话方式。

我的老板回答道，"我认为我们真的不需要那个目标。如果我们完成了所有其他目标，自然就会收获巨额财务收入"。不过，黑板上最终列出了一个"关键计划"——完成一个关于提高客户利率的项目。我们部门最近已经将大部分新发行的次级信用卡的利率从24.9%提高到了26.9%。就在几分钟前，会议室里的人还一致认为，确定是否应该向部分或所有客户收取更高的利率是一项关键计划。

我问道："如果我们没有真正的收入目标，定价项目的意义何在？这显然不符合我们列出的任何其他目标。"

我知道这个问题会让自己陷入麻烦，就像故意挑起事端一样。当然，定价项目纯粹是为了赚钱。我知道我不会得到更好的答案。实际上，我完全没有意识到实际的答案会有多荒谬。

“提高利率实际上不是对消费者有利吗？这阻止了他们过度借贷。而且，他们似乎并不在乎。”我的老板回答道。

我不能确定这是一个恶俗的笑话，还是大脑在混淆了理想和现实后的胡言乱语。说得宽容一点，也许是这个问题让老板猝不及防。

会议结束时，老板的话在我脑海中回荡：“提高利率实际上不是对消费者有利吗？”

在我读过的杂志、听过的播客、参加过的会议上，人们总是信奉“为善者诸事顺”的理念。这一理念的核心要义是，从长远来看，只有合乎道德的商业行为才能赚钱。即使在“犯错”的情况下，你也要做对社会最有利的事情，这样你的企业才会赚到更多金钱。根据“为善者诸事顺”的理论，帮助客户“取得成功”不仅是正确的事情，还是一个很好的商业策略。坚信这一理念的人认为，这种模式已经取代了戈登・盖柯（Gordon Gekko）和米尔顿・弗里德曼[①]（Milton Friedman）早先提出的更邪恶的资本主

① 戈登・盖柯是电影《华尔街》中的虚构人物，他被塑造成一个极端的资本家形象，以其名言“贪婪是好的”（“Greed is good”）而闻名。米尔顿・费里德曼是一位知名的经济学家，他提出了自由市场经济学派的理论，主张市场的自由竞争是推动经济增长和社会繁荣的最佳方式。——编者注

义形式。他们不是贪婪的人，而且总的来说，他们所拥有的财富是一种幸福的意外。

根据这一理论的内在逻辑，为股东利益服务的最佳方式，实际上是花更少的时间考虑股东的利益，只要选对时间，就不会权衡取舍。任何不努力“做对社会有益事情”的人，都是自私的，同时也是一个愚蠢的商人，一个因贪婪导致自己公司股价大跌的傀儡。

我的老板真的相信，向客户收取更高的利率会对他们有好处吗?

那一刻，我明白了，他只是通过这种理念倒推得到了一个自然而然的结论：如果从长远来看，为客户做正确的事情总是最好的商业战略。换言之，如果“提高利率策略”从长远来看是赚钱的，那么对客户来说，高利率策略肯定比低利率策略更好。

“将我们的季度利润提高 10 亿美元”，就像“从根本上改善生活”一样，不需要单独写在便利贴上。我们不再需要从多个维度来评估事情的成败。如果道德是有利可图的，那么利润也就等同于道德。

“而且，他们似乎并不在乎。”

老板说的这一点我们都明白。提高信用卡利率似乎并没有导致申请信用卡的客户减少，也没有促使人们减少借贷或及早偿还债务。用经济学术语来说，消费者对价格不敏感。对我的老板来说，这证明了我们向客户收取的价格对消费者来说并不重要。如果客户真的“在意”我们提高利率，他们就不会申请我们的信用卡。或者，一旦他们申请到信用卡，他们就会选择少借一些钱。再或者，至少我们的客户满意度调查会反映出他们的不满。我们每年都会向客户收取更高的利率。但是，如果我们看不到他们对这一事实的反应，那么，这就证明提高价格对我们有利，同时对客户也没有什么实际影响。我确信，有些人真的不在乎或没有注意到自己比别人少了 50 美元、100 美元或 500 美元。事实上，许多《财富》500 强公司的高级经理，比如我的老板，很可能就属于这一类人。但是，很明显，背负信用卡债务的人是缺少现金的一类人。

在某种意义上，我的老板是在复制杰西潘尼公司（J. C. Penney）信贷部门负责人拉尔夫·斯普金（Ralph Spurgin）的做法。早在 20 年前，斯普金第一次就将公司利率直接从 18% 提高到 21%。他在向公司管理委员会解释这一决定时说道，“一直以来，消费者对利率都不太敏感。我们的调查表明，他们更关心信用卡年费，而不是金融费率”。

当然，这不是一种合理的权衡。人们在乎一项费用而不是另一项，唯一的原因是他们没法轻易计算出总成本。

我不认同老板的观点，但我想不出一种更委婉的方式，来表达出我脑子里盘旋的这个问题：“你是真的相信自己刚才说的话，还是你觉得这个想法很有趣？”而在我职业生涯的这个阶段，没有什么比礼貌更重要的了。

当天下午晚些时候，我第一次试图在与老板的一对一会议上说出辞职的想法。我解释道，我们看待“客户问题”的方式不同。但当我开始阐明这个理由时，他便开始了长篇大论。我还没有反应过来，我们之间长达 30 分钟的会议就结束了。第二个星期，我不想再犯同样的错误，所以我打印了两份辞职信，以便在我们见面时交给他。但是，我们一对一的会面在最后一刻被取消了（诚然，取消的理由非常正当，但我不方便在这里透露）。于是，我把辞职信交给了他的助手，然后完成了手头上的工作，当晚 9 点便离开了。

工作中的道德考量

刚才，我向读者解释了我的想法转变的那一刻。在那一刻，我不再认为“在第一资本工作让我充分利用了时间”，而是觉得“在第一资本工作是在浪费我的时间”。

当时的我还认为，第一资本的工作对我没有坏处。这就是为什么两三天后，当我以前的一位老板问我是否愿意为第一资本做兼职顾问时，我爽快地答应了。

每个为生计而工作的人都必须反思工作造成的后果：我的工

作对人们的影响是好的、坏的、中性的还是不可知的？如果我不做这份工作，其他人会做吗？这样做的后果会是什么？一家公司本身有善恶之分吗？一个好人能为一家坏公司工作吗？个人在公司中的角色（如做一个在自助餐厅制作汉堡包的员工、做一个把数据输入电子表格的员工、做一个只能做出最不重要决定的经理，或者做一个能够做出重要决策但仍受制于公司制度的高管）重要吗？

这本书阐述的是推动债务机器的结构性力量，但同时也讲述了操纵这台机器的人，讲述了他们提出的设想和影响他们决策的理念。我相信这些设想和理念是非常重要的，我将用另一个行业——时装零售的例子，来证明我的观点。

受新冠疫情影响，2020 年 4 月美国失业人数达 3000 万人，美国人大幅削减了包括服装在内的支出。

服装品牌因库存过剩而陷入困境，于是向顾客提供大幅折扣。许多品牌也取消了与采购商的订单。根据工人权利协会（Worker Rights Consortium）的说法，ASOS、盖璞（Gap）以及 Urban Outfitters 旗下的 Anthropologie 等时装品牌，不仅取消了订单，也没有向服装工人支付已完成工作的报酬。相比之下，塔吉特（Target）以及 Inditex 旗下的飒拉（Zara）等品牌，承诺为员工已经开始的所有订单支付工资。当工人几乎没有什么手段来追究公司的责任时，是什么决定了公司的抉择？是什么决定了公司到底是采取合乎道德还是背离道德的行动？

上述企业都是上市公司，如果说资本只是一种单一的、不可改变的力量，旨在最大限度地剥削和压榨工人，那么没有一家公司会向工人支付工资，因为它们知道这样做的后果很轻微。它们的行为可能受到激励和数据的影响，但最终是人做出了这些决定。

在第一资本，有两种类型的决策：信贷决策和非信贷决策。信贷决策是一些明显会影响公司违约率，或者影响我们发放的贷款总额的东西。如通过邮件发送的信用卡申请数量；在推荐信用卡的“附属”网站获得最佳推广位置的竞标金额；决定哪些信用卡申请获批的政策；给每个客户指定的信贷限额和利率；以及将获得信用额度提高或余额转移优惠的客户群。除此之外，其他一切都是非信贷决策。

第一资本有一小部分“挑剔的核准人”，他们会单独查看申请人和客户的信用档案，如果申请者和客户属于特殊类别，比如特别富有，他们就会做出相应的决定。但“信贷决策”，即制定出关系到数千甚至数百万客户的规则，从来都不是一个人能够完成的工作。一位分析师，或者更常见的是一组分析师，会给出建议。根据借贷资金的风险大小，一套正式的规则会决定是否需要一、二、三或四级签名。

我的老板可能负责二级签名，三级或四级签名需要一个独立的部门——信用风险管理部门负责。

我们重新审视两份服装零售商的名单，一份是推卸责任的公司名单，另一份是未推卸责任的企业名单。我们很难想象，做出是否向服装工人支付已完成工作的报酬，与是否遵循道德准则的个人所做的选择没有任何关系。

有一个商业决策，让我最终交出了我的承包商权限和笔记本电脑，并令我下定决心，再也不会回到第一资本了。我将在下一章讲述这个经历。令人惭愧的是，当我决定不再为第一资本做顾问时，我没有向任何同事解释理由。我只是告诉他们，我需要花更多的时间去探索自己的职业兴趣所在。

局外人很难回答为什么有的公司会压榨工人，而有的公司却没有这样做。这些都不是简单的决策。

什么是债务机器

一般来说，机器指的是在预定的物质中相互传递力、运动和能量的部件组合。

那么，信用卡债务机器就是一个将财富从普通美国家庭转移到银行股东、银行经理，以及在较小程度上转移到任何有着大量储蓄的美国人手中的系统。稍后，我们将讨论普通银行储户会在多大程度上受到债务机器的影响。现在，我们来看看这个系统中最重要的四个环节。

第一个环节：主要贷款类型的产品条款

为了真正理解信用卡的复杂性，我们用一种常见的金融产品——房屋抵押贷款与它进行比较。

当美国人购买房子时，他们通常会在短时间内连续做出几个决定，而他们通常会在做出每个决定的同时考虑一系列可能性：我是应该买房子，还是租房子？我该买什么价位的房子？房子面积有多大？外观如何？位置如何？应该用什么贷款来买房子？

不到 10% 的购房者会选择可调利率抵押贷款，而大多数购房者每月都有固定的还款额。如果他们是第一次购买房子，他们可能会知道租一套类似的房子要花多少钱。大多数美国人都懂得加、减、乘、除四则运算。虽然美国人的数学能力比其他发达国家的人要低一些，但 90% 的成年人会做算术运算，70% 的成年人能解决带有小数的多步数学问题。了解分期贷款，如固定利率的房屋贷款或汽车贷款，所用的数学技能，大多数美国人都能掌握。大多数美国人可以理解付款金额，并懂得将其与他们每个月的收入进行比较。他们会查看来自放贷机构的账单，并查看每笔支付的利息和本金。他们也能将月供金额乘以必须支付的付款次数，并将其与购买价格进行比较，观察两者的差异。有一些方法可以让房屋抵押贷款或汽车贷款计算变得复杂，如“积分点”，或者复杂的保险产品或费用，但大多数人都能轻松理解基本的抵押贷款。

相比之下，最简单的信用卡比最简单的房屋抵押贷款要复杂得多。信用卡是如此普遍，以至于人们往往会忽视它的复杂性。在书中对信用卡下一个定义，似乎很怪异，就像解释胡萝卜或回形针是什么一样。但是，我必须把它的所有复杂性都揭示出来，以便我们能够更好地研究它。信用卡是个人或企业在贷款机构开立的金融账户。通常情况下，贷款机构会给客户设定一个最高可贷额度，这就是“信用额度”。贷款机构一般会向客户披露其信用额度，但有时贷款机构也会允许一些超过信用额度的交易。有时贷款机构不会向客户披露信用额度（如果它不向客户披露信用额度，这个额度往往超过 5000 美元）。信用额度可以在任何时候发生改变，且不需要获得消费者的许可。客户可以在他们的信用额度内，通过一种或多种方式借贷，他们可以向商家出示标有账户详细信息的实体“信用卡”，或者通过网络或电话提供这些账户的详细信息，或者通过从银行、自动取款机提取现金等方式，向贷款人借贷。信用卡信息处理网络，如维萨（Visa）、万事达（Mastercard）、美国运通（American Express）或者发现（Discover），会在贷款机构和商家之间来回传输数据，以确定是否授权交易，并向商家收取一笔称为“手续费”的交易费。信息处理网络会收取一小部分费用，其余部分则交给贷款机构。美国运通和发现同时运营信用卡信息处理网络和贷款业务，而维萨和万事达只运营信息处理网络，大通（Chase）、花旗（Citi）和第一资本则只是贷款机构。贷款机构每月出具一次信用卡对账单，并设定还款期，还款期通常是账单发出后的 21 天至 30 天内。大多数但不是所有的信用卡都有免息期，如果客户在免息期结束前付清账单，就不会产生利息。通常情况下，一旦消费者“错过免息期”，那么他使用信用卡进行的任何新交易都会立即产生利息，直到“重新获得免息期”。如果一张信用卡有免息期，那么免息期几乎总是与结账单日和账单到期日之间的时间长度相同。否则，信用卡每天都会产生利息，并将利息加到还款余额中。贷款机构会制定一个计算最低还款额的公式。根据法律规定，最低还款额必须确保客户在没有新交易的情况下最终能够还清欠款。但实际上，最低还款额往往刚好能确保这一点。例如，按照花旗和第一资本采用的基本公式，在年利率为 24% 的情况下，1 万美元的还款余额最多需要 25 年才能偿还完，届时客户将偿还 28886 美元。

当美国人使用信用卡购物时，他们通常很难弄清楚他们最终要还多少钱，或者什么时候才能还清。例如，如果借款人有多个不同利率的还款余额（信用卡余额转账通常利率较低，其次是刷卡购物，再次是提取现金），计算起来会相当麻烦。为了弄清楚他们应该在多长时间内还清欠款，他们必须明白信用卡的具体

“还款分配”规则。如果他们的信用卡是花旗或第一资本发行的，通常最低还款额将首先分配到最低利率的还款余额上。而根据法律，任何超过最低还款额的还款必须首先用于偿还最高利率的还款余额。显然，对银行来说，总是先支付利率最高的余额，问题就不会那么复杂。但因为这会导致更少的钱从消费者的口袋转移到银行的资产负债表上，所以银行不会这样做。

接下来，我将解释两个非常有用的术语。第一个是循环账户，它是一种贷款账户，如信用卡账户或者房屋抵押信用额账户，账户持有者可以在信用限额内进行任意数量的购买交易。对循环账户来说，借款人的每一笔付款都会“释放”更多的信贷，供借款人再次使用。第二个是分期账户，这种贷款账户与大多数汽车贷款、学生贷款和抵押贷款一样，贷款机构事先会告知借款人他们每期需要偿还多少，通常每期偿还数额都是相同的。如果规定借款人至少偿还部分金额，他们的还款余额每个月都会相应地减少。

2017 年 2 月，经济学家玛丽·扎基（Mary Zaki）进行了一项实验。在实验中，每个参与者只要工作大约 20 分钟，就能赚 65 美元。而这 65 美元会在 13 个月的时间里，以每月 5 美元的方式支付给参与者。扎基让参与者使用这些收入购买打折的亚马逊礼品卡。规则是：每个参与者都可以选择每月 5 美元的工资，而不购买礼品卡；一旦存够了足够的工资，他们也会收到一张打折的礼品卡；或者他们可以根据扎基提供的“信贷方案”，立即购买折扣礼品卡。参与者被随机分为若干个小组。扎基的信贷方案有两种形式，一种是分期付款，类似于西尔斯百货公司（Sears）和杰西潘尼公司向客户提供的分期贷款计划；另一种是以循环贷款的形式出现，在还款余额逐渐减少的情况下，以每月或每年的复利利率计算剩余还款额。这听起来似乎有些令人费解，但请注意，这正是数百万人都在使用的信用卡的运作方式。参与者的信贷利率是 0%（免息贷款）、18%（相当于现实世界的信用卡利率）和 42%（随机确定的利率）。参与这项研究的每个人都必须计算，用自己每月 5 美元的工资，需要花多长时间才能还清贷款——所有还款安排都是固定的，即每月偿还 5 美元。

当参与者获得分期贷款而不是循环贷款时，他们正确计算还款时间的可能性大约是前者的 4 倍。大约 60% 的人正确理解了分期贷款的信贷成本，而只有 15% 的人正确理解了循环贷款的信贷成本。

而且错误几乎总是出现在同一个方向上：参与者低估循环贷款成本的可能性是高估循环贷款成本的 7 倍。

对循环贷款的参与者来说，贷款的实际成本是他们计算的两倍以上，他们的计算时长也多出了三分之一。

在 18% 的利率下，参与者更倾向于分期贷款，而不是循环贷款，这可能是因为一些人无法计算循环贷款的成本，不得不选择分期贷款。如果他们觉得这是一个不错的交易，他们会选择借贷。但当扎基将利率从 18% 提高到 42% 时，分期贷款很快吓退了不少人。大约 40% 的人决定接受利率为 18% 的分期贷款，而只有大约 20% 的人决定接受利率为 42% 的分期贷款。而当贷款是循环贷款时，利率从 18% 提高到 42% 并没有吓退任何人。大约四分之一的人在两种条件下都借了钱。换句话说，如果你无法将年利率计算为实际借款成本，那么 18% 和 42% 的利率要么同样好，要么同样坏。

此外，人们计算循环贷款的错误答案所用的时间，几乎是计算分期贷款正确答案所用时间的两倍，前者用了大约两分钟，而后者用了大约一分钟。考虑一下其中蕴含的道理。尽管目前有一半的美国人在为循环贷款支付利息，但只有大约五分之一的人能够使用计算器、互联网或任何其他资源，计算出他们要为循环贷款支付多少利息。这种信贷产品的运作模式已经超出了普通人的理解水平。

20 世纪 30 年代，几家百货公司首次开始提供循环信贷。最大的百货公司西尔斯和杰西潘尼在 20 世纪 50 年代开始提供循环信贷，与此同时，银行也推出了循环信贷账户。哈佛大学政治学家贡纳·特朗布尔（Gunnar Trumbull）认为，我们现在都太熟悉循环信贷了，以至于“这种新金融工具首次推出时，这种新事物和它的不确定性很难引起人们的关注”。但现在，信用卡形式的

“循环信贷”完全超过了分期贷款。到 2020 年年初，75% 的消费者欠下的债务都属于循环信贷。尽管媒体有时会讨论分期贷款的复苏，但市场的变化并不大。在 2009 年至 2013 年信用卡占主导地位的高峰期，循环信贷占所有消费者债务的 80%。

显然，人们选择信用卡而不是分期贷款的原因有很多。虽然人们渴望在一年、两年或四年内偿还完他们的信用卡债务，但如果某一个月他们的财务状况特别紧张，他们还是希望能够灵活地支付少量款项的。尽管在 20 世纪上半叶，人们拥有一堆小额分期贷款的情况并不罕见，比如一笔用来购买吸尘器，另一笔用来购买冬季外套。但是，与一张可以购买各种商品的信用卡相比，使用多笔分期贷款让很多人感到不方便。考虑到在拥有信用卡的人中，平均每人拥有 4 张信用卡，因此，我们还不能确定美国人是否一定会反对同时使用多个账户。但是，扎基这项研究的重要之处在于，它剔除了循环贷款相对于分期贷款的额外好处。当参与者选择借贷时，不论他们随机分到的是分期贷款还是循环贷款，每月的还款额都是 5 美元。很明显，仅仅因为参与者对借贷成本的困惑，就造成了额外的借款。在现实生活中，我们无法否认循环贷款的流行与美国人无法实时了解贷款成本这一事实之间的联系。

人们可能会认为用信用卡购物有点像给汽车加油。不同的是，汽油是一种商品。大多数人并不在乎是从英国石油公司

（BP），还是从便利店购买汽油。当人们开车经过加油站时，就会看到加油站的巨大标志，上面会告诉人们汽油的价格。所以你可以在 1000 英尺（1 英尺 ≈30.48 厘米）外比较不同加油站的价格。加油站的经理们也都清楚，如果他们的价格不明显，顾客就会选择另一家加油站。这与抵押贷款和其他分期贷款市场的基本情况类似。这些贷款机构知道，当申请分期贷款时，人们只关心利率。但我们很少在信用卡电视广告上看到贷款机构收取的利率。扎基指出，要让消费者清楚地知道你的信用卡比其他信用卡划算得多，唯一的方法就是用一些说明性的例子来吸引人们对借贷成本的注意。但是，任何信用卡发卡机构如果试图让借贷者清楚地知道他们可以节省多少钱，就会面临巨大的风险。比如，如果发卡机构告诉人们自己的利率只有 15%，而竞争对手收取的利率高达 20%，那么，这很有可能会吓退潜在借款者，令他们根本不敢使用信用卡。用扎基的话来说，“披露真实的借贷成本可能会导致消费者完全避免使用信贷购买商品，而不是从最有价格竞争力的债权人那里借贷”。

我在华盛顿采访过一个名叫乔的信用卡用户，他拿到第一张信用卡时才 20 岁。但他告诉我，直到使用了 5 年后，他才开始思考自己信用卡债务的利息总额。是什么令他突然开始思考信用卡利息呢？答案是他买的第一辆车。他表示，“为这辆车筹资，真的就像是给我上了一堂全新的信贷课程……看了看在整个贷款期限内我要支付的利息和费用，我想，‘嗯，这笔费用可真不小。’”汽车贷款是具体的，而信用卡是抽象的。乔指出，他把自己余下的钱都用在了利息更高的信用卡债务上，这意味着他不可能提前还清汽车贷款。由于那辆车是通过分期贷款方式购买的，所以他可以看到自己究竟支付了多少利息。直到那时，他才意识到自己额外支付了多少信用卡利息。

对追求利润的硅谷理想主义者来说，他们渴望颠覆性的产品，而循环信贷和分期信贷之间的差异，对厘清问题构成了一个难以拆除的障碍。分期贷款运作模式相对清晰，会让人产生一种感觉，认为“这笔贷款对我来说太不划算了，我最好不要借贷”，而信用卡的复杂性不容易让人意识到这一点。

今天的分期贷款市场主要面向那些想要对现有信用卡债务进行再融资的人，这一点或许并不会令人感到惊讶。在最大也是最知名的金融科技分期付款贷款机构 LendingClub，每五个借款人中就有四个用他们的分期贷款来偿还其他贷款，后者通常是信用卡债务。一旦美国人开始意识到信用卡债务正在吞噬他们的大部分工资，他们就会求助于许多初创企业。至少当他们有一个相对较好的信用评分时，可以通过这些企业拿到较低的利率。但到目前为止，似乎还没有哪个初创企业能够取得进展，解决美国人最初借钱时的高信贷成本问题。从表面上看，问题的原因是美国人在选择信用卡时，往往还没有意识到他们将会被贷款机构压榨，没有意识到自己正在做出一个代价极高的决定。除非你已经背负上了信用卡债务，否则出现在信用卡申请表中的利率数字，对你来说不会有任何真正的意义。很少有美国人在刚开始使用信用卡时，会看一下这些数字，弄清楚利率是特别高还是特别低，或者自己能否在其他地方找到更划算的借贷方式。当然他们也不会通过利率计算出实际的借贷成本。因此，由于成本不明晰，人们逐渐背负上不必要的债务。而这个问题很难通过市场竞争加以解决。当首次使用信用卡“购买”商品或服务时，借贷的高成本并不会立马体现。最近还出现了一些诸如 Affirm、Klarna 和 Afterpay 的新型贷款机构。当你在网上购物时，你会在结账时发现，自己可以选择向这些公司借贷，而且有时甚至不需要支付任何利息或费用。这些公司的一个主要优势是它们清楚地说明了借贷成本，购物者可以看到自己每月需要支付的固定金额和数量。但到目前为止，尚不清楚这些公司是否导致人们分流了相当数额的信用卡债务，或者只是因为购买了本来应该立即支付的东西而背负上债务。虽然 Affirm 有 6500 多家合作商户，但其总收入的近三分之一都来自 Peloton 一家商户。这家企业是一家动感单车供应商，售卖价值 1895 美元的动感单车。通过与 Affirm 的合作，Peloton 允许消费者分 39 次付款，每次支付 49 美元，年利率为 0%（Peloton 要为这种分期付款向 Affirm 支付一定费用）。这种类型的免息贷款之所以可行，是因为他们的客户属于低风险客户（或者假定为低风险客户），而且 Peloton 的销售利润率非常高。

直到 20 世纪 50 年代中期，零售商，主要是百货公司，发放了超过一半的消费信贷。扎基跟踪调查了 5 家最大的百货公司——西尔斯、杰西潘尼、斯皮格尔（Spiegel）、蒙哥马利·沃德（Montgomery Ward）和奥尔登斯（Aldens），从 20 世纪 50 年代到 90 年代提供的消费信贷。其中，杰西潘尼公司在消费信贷领域起步较晚，原因是其创始人詹姆斯·卡什·彭尼（James Cash Penney）强烈反对赊购消费。而在整个 20 世纪，其他 4 家商店同时提供两种赊购计划：购物者既可以每月一次性付清全部款项，也可以分期付款。1958 年，斯皮格尔百货公司率先根据商品目录提供循环信贷，此后不到 3 年，其他百货公司也纷纷效仿。在 20 世纪 50 年代，百货公司可以以低于 5% 的“资金成本”借入廉价资金。随后的几十年里，随着通货膨胀的加剧，它们的资金成本迅速上升，在 1981 年左右达到 12% 以上的峰值，然后在 1991 年回落到 5% 以下。可以想象，百货公司资金成本的变化，会如何反映在它们向顾客收取的利率上。百货公司分期贷款的变化情况，就像面包价格会随谷物价格的上升或下降而上升或下降一样：当商店的借贷成本上升或下降时，它们向顾客收取的利率也会上升或下降。但自从有了商店提供的循环信贷计划以后，价格只会朝着一个方向变化——上涨。同样的事情也发生在银行发行的信用卡上。1989 年至 1991 年，贷款基础利率从 12%

左右下降到 8% 左右，但几乎所有大银行都将信用卡利率固定为 18% ~ 20%。即便是抵押贷款和其他分期贷款的利率下降了，信用卡利率也没有发生变化。更低的借贷成本和更激烈的竞争并不能降低信用卡或循环贷款的利率，因为消费者根本没有反应过来自己被压榨了。

循环信贷的发明阻止了贷款机构的价格竞争，而借贷成本已经超出了人们的想象。债务机器无法在一个以分期贷款为主导产品的市场中发挥作用：当分期贷款主导市场时，消费者在借钱时会更加犹豫（尤其是在借贷成本较高时），不太可能被收取超额费用，因为他们可以很容易地进行价格比较。

第二个环节：人们相信获取信贷是件“好事”

1973 年的贷款市场可以划分为 3 个截然不同的领域：一是来自银行的优质贷款，其利率通常在 10% 以下；二是来自百货公司和其他全国性一流零售商的正常贷款，利率通常为 18%；三是一小部分来自黑帮支持的高利贷者的不良贷款。

西尔斯和杰西潘尼是最大的两家零售信贷发行商，它们在向谁提供信贷方面并没有特别严格的限制，每个获批得到其信贷计划的人都能获得与所在州其他人相同的利率。一半美国人拥有西尔斯卡，三分之一的美国人拥有杰西潘尼卡。然而，并不是每个人都符合条件，在低收入社区，尤其是移民社区和非裔社区，零售商一边大肆宣传“宽松信贷”计划，一边高价出售电视机和家具等昂贵商品。高得离谱的价格给了这些机构回旋的空间，使它们可以在法律规定的最高利率限制范围内维持下去。与此同时，由于当时的通货膨胀率很高，大约在9%，因此获得银行贷款和百货公司贷款成为一笔特别划算的交易：当人们认为明天的价格肯定会比今天的价格更高时，他们会觉得攒钱购买大件物品并不明智。在扣除通货膨胀的影响后，所有类型的正式贷款的实际利率几乎总是低于10%。那个时候，能得到贷款的人非常少。

当时的贷款机构会明目张胆地对女性和有色人种采取异常过分的歧视性措施。抵押贷款机构只有在确信女性不会怀孕的情况下，才会考虑她的收入信息。它们要求女性申请人提供医生出具的“婴儿证明”，解释其采取了哪种避孕措施。还有少数银行要求夫妻双方提供书面保证，承诺如果意外怀孕，他们会采取堕胎措施。银行毫不避讳自己的种族主义倾向，会断然拒绝非裔的贷款申请，给出的正式理由是申请人缺乏“和谐的家庭生活”或“良好的声誉”。

正是在这种背景下，20世纪70年代，民权组织为获得平等的信贷机会而发起运动。全国福利权利组织（National Welfare Rights Organization）开始游说像杰西潘尼、莱恩·布赖恩特（Lane Bryant）这样的零售商向接受福利救济的人提供消费信贷，全国妇女组织（National Organization for Women）也成立了信贷特别工作组。1974 年，国会通过了《平等信贷机会法》，规定信贷机构不得基于种族、国籍、性别或婚姻状况差别对待申请人。1977 年，国会通过了《社区再投资法》（*Community Reinvestment Act*），要求银行向低收入和中等收入人群，以及生活在低收入社区的人们发放贷款。争取平等获得信贷机会是正当的，因为银行和零售商提供的信贷非常便宜，而通货膨胀率又很高。任何头脑正常的人都能看出来，向银行贷款是一笔非常划算的交易。

白人温和派热情地接受了这样一种观点——扩大私人银行贷款的渠道可能是民权运动的基石。当时流行的一种观点是，20 世纪 60 年代的城市种族骚乱主要是由于“消费者的反抗”，起因是人们对零售商在不太优惠的信贷条件下，高价销售电视和缝纫机的行为感到愤慨。人们将扩大消费信贷渠道鼓吹为纠正历史错误的低成本方法。当然，这比花费政府资金直接提高生活水平，或补偿由政府种族主义政策造成的财富损失，要便宜得多。

但是，当美国妇女和非裔有机会获得信贷时，信贷产品本身却变得更糟了。在 1978 年明尼阿波利斯马凯特国民银行（Marquette National Bank）诉奥马哈第一服务公司（First of Omaha Service Corp）一案中，最高法院裁定，贷款只需要受到银行所在州法律的制约，而不需要遵守借款人所在州的法律。一时间，各州苦心撰写的所有消费者保护条款，那些确保优质信贷产品的条款，在功能上都变得无关紧要了。信用卡公司可以在任何它们喜欢的地方开设门店，向全国各地邮寄高利率的信用卡。通常他们会选择南达科他州，因为该州为吸引银行而制定了较为宽松的法律。州一级制定的高利率上限将继续适用于经营店面的贷款机构，如发薪日贷款机构和一些汽车信贷机构，但不适用于任何可以通过邮件或后来通过互联网提供的贷款。在 3 年内，45 个先前设定利率上限的州要么提高了利率上限，要么完全取消了利率上限。

人们曾经为民权而争取到了获得贷款的平等机会。而现在，原本仅高于通货膨胀率（2% ~ 3%）的利率，提高到了 20%。在《社区再投资法》的支持下，我在第一资本负责管理了一个项目，将信用卡信用额度提高 100 美元，以帮助那些生活在中低收入社区且通常没有资格提高信用额度的人。

认真考虑一下，那些还没有资格提高信用额度的人，他们的信用卡利率往往超过 24%。

信用卡贷款的经济学原理是直观的，但无论如何，我还是要对其进行详细说明。当利率很高时，例如 24%，提高人们的信用额度只有两种情况是无利可图的——要么你认为他们不太可能使用额外的信用额度，要么你认为他们特别有可能拖欠贷款，永远不会还清欠款。

在第一种情况下，人们可能已经很多年没用过信用卡了，或者已经有很高的信用额度却很少使用。比如，他们已经还清了债务，而现在只是用第一资本的信用卡支付葫芦网（Hulu）视频网站的订阅费，以确保第一资本不会销掉他们的账户。第二种情况针对的是极有可能拖欠债务的人，他们可能背负上 1.5 万或 2 万美元的信用卡债务，或者拖欠着汽车贷款，或者信用卡已经使用了很多年，但还款额从未超过最低还款额。

这意味着，以民权之名增加的 100 美元信用额度，将会发送给那些为偿还现有债务陷入挣扎的人，或者那些在第一资本信用卡上有大量未使用信用额度的人。信贷额度每一次微小的增加，微小到我们认为不会公然冒犯他人的最小金额，都被算作对低收入或中等收入家庭的特殊贷款。一个是额度为 5000 美元，利率为 24% 的信用卡；另一个是利率较低，但可能帮助无家可归的工薪阶层父母支付新公寓押金的 3000 美元贷款，从法律角度看，两者增加 100 美元的额度，是没有什么差别的。直到 2020 年 5 月，美国货币监理署（Office of the Comptroller of the Currency）才正式通知银行，向低收入者发行信用卡将不再计入《社区再投资法》要求，并承认“如果信用卡不能提供可负担的利率和条款，这些信贷产品将有可能对借款人产生负面影响”。

人们曾经为《社区再投资法》的通过而斗争过，因为在 20 世纪 70 年代，对生活在芝加哥和巴尔的摩等城市的人来说，银行愿意接受贫困社区居民的存款，但不愿向他们发放贷款。

1975 年《住房抵押贷款披露法》公布的数据，说服了那些无法真正看清楚当前局面的富裕自由派人士。这项法案要求银行记录每个社区发放的贷款数量。由此披露出的证据表明，很多社区很难申请到信贷。两年后，在这些证据的支持下,《社区再投资法》才能得以通过。

现在，实际上出现了完全相反的情况。银行愿意批准低收入者的信用卡申请，但不想接受他们的存款。撇开种族歧视不谈，内中的经济逻辑是显而易见的，当通货膨胀率高企时，存款对银行来说是有价值的，从那些靠工资过活的人手里收集哪怕是少量的存款，也是值得的。对银行来说，维持一个支票账户或储蓄账户是需要支付一些固定成本的，如发送对账单、发行借记卡或接听电话。所以只有当它们打算用透支费用压榨这个人的时候，从一个靠工资过活的人那里吸收存款才是有吸引力的。

相反，一旦各州取消或大幅提高利率上限，将低收入者拖入债务陷阱就开始变得有利可图。情况已经发生了逆转，现在，让人们背负上债务，要比找到一个没有很高的最低余额要求或惩罚性的透支费用且负担得起的支票账户，更加容易。但法律仍然认为获得更多的信贷是一件好事。银行劝阻低收入者在他们的机构储蓄，方法是避开整个收入较低的大都市地区，关闭城市贫困地区的银行分支机构，并规定如果客户想避免每月的账户维持费，他们必须拥有很高的最低存款余额。

当然,《社区再投资法》并不是导致大量次级信用卡贷款产生的原因，也不应该为10年前的大量次级抵押贷款负责。几乎所有的次级贷款都是为了赚钱而生，而不是因为政府的命令。不过，人们认为信贷扩张本质上是件好事，第一资本公司增加100美元信贷额度的措施，正是这种理念下的副产品。

美国立法者普遍认为，信用卡更像汽车而不是香烟。它是一种有用的工具，但需要一些最低限度的“质量标准”。我们的目标是使信用卡更安全，而不是废除信用卡，或令信用卡失去吸引力，同时确保信用卡的可获得性。纽约市前市长迈克尔·布隆伯格（Michael Bloomberg）曾经推动立法，要求零售商将香烟存放在购物者看不见的地方，保证只有在顾客提出要求时才能买到香烟。美国食品药品监督管理局（FDA）也开始要求在香烟包装上印上消瘦的癌症患者和脚趾坏疽的悲惨画面。这两项举措都至少因法律问题而偏离了正常轨道，但这些政策的目标很明确：让人们戒掉吸烟习惯。

当然，人们吸烟是有原因的。比如，吸烟的感觉很爽，香烟让人放松。但你永远不会听到一个政客谈论保障或扩大香烟的获取渠道。也很少有人批评CVS公司停售香烟的决定。据推测，布隆伯格没有试图完全禁止香烟的唯一原因是，他知道禁止这样一种令人上瘾的物质，会导致非法香烟交易激增。政治家们通常不会害怕在禁烟运动中“走得太远”，他们只会害怕由此引发的次生负面后果。

相比之下，美国还不能决定是该扩大信贷渠道，还是该保护国民免受债务的负面影响。

2009 年，科罗拉多州民主党参议员马克·尤德尔（Mark Udall）推出了《信用卡持卡人权利法案》。他表示，“勤奋诚实的科罗拉多人告诉我，他们只要求得到信用卡行业的公平对待，这个行业的欺诈行径多年来一直困扰着消费者”。但他又补充说，科罗拉多人“受益于消费信贷的广泛可获得性，信贷的使用对我们的经济非常重要。事实上，对许多美国人来说，消费信贷不仅仅是一种便利，许多人需要用来它来满足日常消费需要。对他们来说，信用卡是一种必需品”。烟草受到监管是因为其危害性，而信用卡受到监管，用尤德尔的话来说，是因为它是必需品，这一逻辑的前提是，一个成功的监管制度将改善贷款条件，但不会改变借贷的总体水平。

21 世纪初，有两部有影响力的纪录片对信用卡行业进行了揭露。一部是美国公共电视台（PBS）前线频道（Frontline）在 2004 年播出的《信用卡秘史》（*The Secret History of the Credit Card*）。另一部则是 2006 年的《信贷时代》（*Maxed Out: Hard Times, Easy Credit and the Era of Predatory Lenders*），这部纪录片在全国播出，并获得了“西南偏南”（South by Southwest）艺术节的评审团特别奖（Special Jury Prize）。2009 年 5 月 22 日，奥巴马总统签署了尤德尔提出的法案。该法案正式更名为《2009 年信用卡问责、责任和披露法》，简称《信用卡法案》。人们希望它能够结束上述两部纪录片所抨击的所有“不公平商业行为”。《信用卡法案》的实施，有效地结束了超额收费，并禁止了发卡机构提高借款人现有贷款余额利率的行为。它打击了信贷机构向大学生推销信用卡的行为，其中规定，对于 21 岁以下的人，银行只能根据他们个人的收入，而不是家庭收入来评估其还款能力，并以此为依据决定是否向其提供信贷。此前媒体频繁报道了信贷机构对弱势大学生的剥削，而这项措施就是为了解决相关问题。该法案还结束了双循环计息制，即信用卡公司通过查看客户过去两个月的平均欠款，而不是仅查看最后一个月的欠款余额，来提高它们向客户收取的利息。

或许没有什么比皮尤慈善信托基金会（Pew Charitable Trust）的“安全信用卡项目”（Safe Credit Cards Project）更能概括这个时代的典型特征了。该项目启动于 2007 年，得到了桑德勒基金会（Sandler Foundation）和伊丽莎白·沃伦（Elizabeth Warren）的支持。它的任务是研究与消费信用卡相关的潜在危险，其目的是优化而不是取缔信用卡。在 2009 年 3 月的报告中，项目实施者为安全的信用卡提出了 7 个具体标准。除了一条旨在禁止约束性仲裁合同的标准，其余均符合《信用卡法案》的精神。

所有这些措施意味着现在的信用卡是安全的，我们剔除掉了大部分不可预测的信用卡费用，禁止了信贷利率的突然变化。

如果人们信任“安全信用卡”框架体系，那么除了少数例外情况外，消费者都能获得他们所申请注册的信贷产品。

《信用卡法案》出台后，信贷的“隐性”成本急剧下降。在《信用卡法案》通过之前，48% 的持卡人支付了超额费用；法案通过后，只有 3% 的人支付了超额费用。法案通过前，每笔逾期付款的平均滞纳金为 33 美元；法案通过后，平均滞纳金降至 23 美元，滞纳金产生率也从 26% 降至 20%。发卡机构不能再收取“宰客费”，也不能靠突然提高利率来获取收益。为了弥补损失，它们提高了平均初始利率和年费。但总而言之，消费者金融保护局（Consumer Financial Protection Bureau）的研究表明，《信用卡法案》可能将消费者的信贷综合成本降低了约 2%，从 16% 左右降至 14% 左右。而且，即使利率上升，大多数人也会同意以“已知”条款的形式（如会员年费和基本利率）确定的价格，要好于隐藏条款确定的价格或者不可预测的意外费用。

然而，这些改革并未对信用卡的基本机制构成挑战。在经济大衰退刚刚过去的时候，由于银行担心债务违约率上升，并且害怕大量的营销支出可能会导致它们出现季度亏损，于是，银行在贷款业务和营销预算方面做出了一些调整（正如我们稍后将讨论的那样，在美国，获得信用卡的难易程度与信用卡营销预算规模密切相关）。但 2015 年，人均信用卡债务水平再次开始上升，到 2019 年年底，经通胀调整的人均信用卡债务水平上升至大衰退前峰值的 80%。尽管一些不法的金融行为受到了监管的控制，但这一行业大体上恢复了正常业务。

在《信用卡法案》的要求下，消费者金融保护局每两年会评估法案是否对“信贷可获得性”产生了任何负面影响。为此，他们会计算以邮件发送的新信用卡申请数量、每年新审批的信用卡数量、信用卡的批准率、新客户的平均信用额度以及银行提高信用额度的频率。换句话说，根据这套监管体系的设计初衷，如果银行变得不太积极地向家庭提供信贷，那么这将是一个预期之外的效果。

人们的设想是，除非附加了某些离谱的欺骗性条款，否则，大多数信贷都是好的。这种假设让美国的私人债务机器持续运转：它为银行家的行为提供了冠冕堂皇且心安理得的借口，并极大限制了政府为应对私人债务负担而愿意采取的行动。我从不否认信贷的作用，但是，我将反驳信贷“可获得性”本质上是一件好事的假设。

第三个环节：获得信贷是社会认可的标志

在《创新者的窘境》（*The Innovator's Dilemma*）一书中，哈佛商学院（Harvard Business School）教授克莱顿·克里斯滕森（Clayton Christensen）考察了制药、建筑设备和电脑零部件等行业。他认为大多数产品创新都遵循一条熟悉的路径：一家新公司开发了一种新技术，能让产品生产变得更容易、成本更低。最初，这种产品的质量不如“主流”产品，但新产品对一些非常在意价格的客户很有吸引力，于是这家新公司逐渐抢占低端市场的份额。久而久之，公司会想方设法改进产品，最终产品质量比之前更好价格也更便宜，而原来的市场领导者就会被挤出市场。

信用卡走的是完全相反的道路：它一开始便是一种奢侈品，直到几十年后才被广泛接受。

最初的大莱俱乐部（Diners Club）信用卡对客户是免费的，只收取商家 6% 的手续费。大莱的创始人弗兰克・X. 麦克纳马拉（Frank X. McNamara）深知该产品对商务旅行者的潜在优势：他们能够获取到一份交易记录，用于工作报销或税务目的；不需要携带太多的现金就能进行支付；每月用一张支票就可以偿还所有费用。而且，大莱的第一任营销主管马蒂・西蒙斯（Matty Simmons）转述麦克纳马拉说过的一句话。他说：“最重要的是它带来的荣誉感。只有拥有足够信用等级的人才能获取这张信用卡，因此，持卡人会享受到餐馆的贵宾待遇。如果你是一个商人，当你用它招待客户或处理一笔交易时，会给身边的人会留下深刻的印象。”

西蒙斯还表示，大莱卡“是为那些有能力开具空白支票的人准备的一张卡”。

因此，从一开始，这笔贷款就不算是贷款，而是一种归属感。第一批大莱卡的申请者实际上获得了大莱俱乐部推销的“签章卡”。持卡人每月都需要全额还款，他们名义上是在借贷，但还款期只有一个月，而且前提是他们具备一个月内还款的能力。大莱俱乐部在十周年纪念广告上宣称，“记账支付是地位的象征，而现在正是一个讲究地位的时代。商人们为成功而奋斗，而随时随地自动获得信贷，已经成为成功的标志”。

记者希勒尔·布莱克 1961 年写完《先买后付》（*Buy Now, Pay Later*）一书时，大莱俱乐部已经放宽了他们的信贷标准，但信用卡获批的最低收入标准仍然是每年 5000 美元（大约相当于今天的 4.3 万美元）。美国运通公司和希尔顿酒店旗下的卡特布兰奇（Carte Blanche）是美国三大发卡机构中的另外两家，两家机构设定的最低收入标准分别为每年 5000 美元和 7500 美元（大约相当于现在的 6.5 万美元）。

70 多年后，人们依然将信用卡与荣誉感，而不是与贫穷联系在一起。持卡人掏出一张金属信用卡，会引来一阵“哇哦”的惊叹之声，或者会让对方体贴地上前接住持卡人递来的信用卡。这类金属信用卡如大通的“蓝宝石储备卡”、第一资本的“商务卡”或富国银行的“普罗派尔美国运通卡”，其制造成本大约是每张 40 美元，比标准塑料信用卡的制造成本高出 10 ~ 20 倍。它们的年费相对较高，但有些卡，如富国银行的“普罗派尔卡”，或者亚马逊公司的“特等维萨签名卡”（由大通公司发行），并不会收取太高的年费。

当然，你可能会说，一个注重身份的人所拥有的每一件有形物品，如衣服、手机、鞋子、手表、皮夹，都是地位的象征。即使表面上不具装饰作用的物品也能成为身份的象征，如某些榨汁机、高端儿童婴儿车或水瓶。那么，为什么我们不希望把信用卡与其他实物一样，当作阶级或品位的象征呢？这是因为，信用卡这种代表财富的特殊物品，不像上面提到的其他物品，它本身是没有资产价值的。它并不能反映出持卡人到底是家财万贯，还是负债累累。信用卡甚至可以是不富有的标志。它既可以是其表面意义的象征，也可以是其反面意义的象征。每次刷信用卡都可能意味着你穷到不知道该如何支付本月房租的地步，或者情况完全相反。由此可见，信用卡营销人员的能耐到底有多大！

接下来的 5 年里涌现出一些发卡机构，他们试图挑战大莱俱乐部的地位。但没有一家能够作为独立公司存活 10 年。但在此之前一直专注于经营旅行支票和汇款单业务的美国运通公司，于 1958 年推出了自己的签账卡。同年，美国银行成为第一家提供无须每月全额还款业务的信用卡银行。这两项创新巩固了信用卡的重要地位。直到 1970 年，持卡人虽然可以在米其林星级餐厅和高级酒店使用信用卡，但依旧不能在典型的美国杂货店使用信用卡，也不能在百货公司使用信用卡，因为百货公司仍然要求顾客只能使用它们提供的消费信贷。

20 世纪 60 年代和 70 年代初，数百家银行纷纷效仿美国银行，向人们提供信用卡。其中大多数使用美国银行开创的处理系统（一个叫作“维萨”的系统，后来从美国银行剥离了出来）或者跨行信用卡协会开发的系统，即后来的“万事达”。但在那个时代，信用额度很低，信用卡接受度有限，信用卡贷款也很少能够赢利。

在 1978 年最高法院对马凯特案[①]做出裁决之后，银行利率从 12% 左右上升到 20% 的标准。信用卡公司渴望在如此高的利率下提供更多的信贷，于是它们将商户的手续费率从 4% 降至 2%。很快，全国几乎所有商店都接受了这些银行发行的通用信用卡。

就这样，第一次信贷繁荣开始了。这场繁荣将对中等偏富的中产阶级家庭造成严重的影响。从 1977 年到 1989 年，这些家庭经通货膨胀调整后的信用卡债务，从平均每人 706 美元增加到平均每人 1932 美元。

1989 年的信用卡有点像现在苹果公司推出的无线耳机 AirPods。它是地位的象征，代表的不是最富的那“1%”的人，而是比较富裕的那部分人。当时，56% 的美国人拥有信用卡，而今天这一比例为 83%。

---

① 指1978年明尼阿波利斯的马凯特国民银行诉奥马哈第一服务公司案。——编者注

当奈杰尔·莫里斯（Nigel Morris）和他的同事里奇·费尔班克（Rich Fairbank）开启第二次信贷繁荣时，这两名年轻人还是战略规划协会（Strategic Planning Associates）的顾问。他们要从北弗吉尼亚赶到纽约上班，为银行提供如何提高赢利能力的建议。莫里斯表示："我们的想法一般都是把一家银行拆分成各个组成部分，分配股权，然后找出银行哪些业务赚钱，哪些不赚钱。"

"我们一次又一次发现，在为大银行做这项工作时，有一项叫作信用卡的业务每年增长20% ~ 30%，股本回报率为30% ~ 40%。坦率地说，这项业务不是由银行的精英来管理的。精英往往都在投资银行领域，从事外汇交易。我们会对银行说，'让我们多谈谈信用卡业务吧，看看你们在这块赚了多少钱'。银行则回答说，'嗯，好吧，好吧，但我们还是先谈谈其他业务吧'。"莫里斯说道。

大多数银行的信用卡利率都是19.8%，而且这些信用卡只发放给"信用等级高"的人。

莫里斯和费尔班克越来越确信，他们想出了一个更好的主意：采用保险业的"精算"方法来计算每个美国人的具体风险水平，并据此收取信用卡费用。风险较高的美国人也会申请到信用卡，但利率高于20%；而风险最低的美国人会获得利率低于15%的信用卡。费尔班克和莫里斯向任何想听他们解释的人兜售他们的想法，但美国20家大银行中有14家拒绝了他们的想法，直到弗吉尼亚州里士满的宝章银行（Signet Bank）同意让他们尝试他们的想法。1994 年，宝章银行的信用卡部门独立出去，成立了第一资本公司。

2005 年，第一资本执行副总裁玛吉·康奈利（Marge Connelly）在参议院宣称，“第一资本进入这个传统的、服务水平低下的市场后，引发了信贷价格的下降和信贷的扩张，进而引发了一场消费者革命。公平地讲，这是一场‘信贷民主化’的革命”。为了证明自己的观点，她分享了 2005 年一些信用卡公司提供的低利率信息，如第一资本的利率只有 4.99%，大通的利率低至 7.99%，美国银行的最低利率为 5.25%。但她没有提到一个关键问题：美国人很容易因为一时兴起而失去低利率待遇。实际上，信用卡公司可以在任何时候，以几乎任何理由改变客户的利率。但直到几年后，国会才宣布这种行为违法。

1989 年，信用卡持卡人的平均收入为 4.3 万美元。在短短 6 年时间里，他们的平均收入下降到 3.8 万美元。同期，从事零售或体力劳动的信用卡借款人比例上升了 7%，高管或经理的比例下降了 6%。1993 年 4 月《美国银行家》（*American Banker*）的一篇文章在描述宝章银行信用卡部门的快速发展时指出，在调查到的所有信贷产品中，宝章既发行了最好的信用卡，也发行了最差的信用卡。

费尔班克和莫里斯不应为所谓的信贷民主化而独享所有的赞

誉。在 20 世纪 80 年代末，谢利什·梅赫塔（Shailesh Mehta）和安德鲁·卡尔（Andrew Kahr）开始在信贷领域崭露头角，几乎与莫里斯和费尔班克同时推出了低端信用卡。

在第一储蓄银行工作的卡尔和梅赫塔与宝章银行的两位同行一样，发现了信用卡业务中的诀窍。他们研究出了挖掘美国征信机构数据的方法，从而确定应该向哪些人发送信用卡优惠，以及利率是多少［而其他银行通过诸如哪些人订阅了《华尔街日报》或《高尔夫杂志》之类的数据集，来构建营销策略］。他们还学会了如何通过试验来确定向每个人提供对银行来说最有利可图的优惠。费尔班克、莫里斯、梅赫塔和卡尔构造了一个能够回答"这个美国人可以接受的最糟糕的信贷产品是什么"这样问题的模型，永久性地重组了银行业。与费尔班克和莫里斯一样，卡尔得出的结论是，信用卡业务不应是一项由中等人才管理的沉闷业务，而是一种最好交给量化专家掌控的科学机器。卡尔本人是麻省理工学院毕业的数学博士。而卡尔最重要的聘用者，梅赫塔于 1986 年加入第一储蓄银行,《纽约时报》称梅赫塔是"出生于孟买的、极富魅力的数学天才"。两年后，卡尔搬到法国南部，卖掉了他在第一储蓄的股份，把公司的管理权交给了梅赫塔。

从 1977 年到 1989 年，第一次信贷繁荣的先驱们为信贷制定价格，然后确定批准哪些人的信用卡申请能为银行带来利润。从 1989 年到 1998 年，第二次信贷繁荣的先驱们得出这样的结论：

如果价格足够高，几乎每个美国人都可以获得信贷产品。于是相对冷清的银行开始将具有爆炸式增长潜力的信用卡业务剥离。如1994 年，宝章银行剥离了信用卡业务，后者成立了第一资本，由费尔班克和莫里斯担任主管。1994 年，第一储蓄银行更名为普天信公司（Providian）。1997 年，梅赫塔将普天信的信用卡业务剥离出来，成立了一家独立的公司，剥离后的公司保留了其历史悠久的保险业务。为了深耕次级贷款业务，普天信推出了一种信用卡，在信用额度仅为 500 美元的情况下，强制收取 156 美元的“信用保障费”。普天信还推出了从持卡人购物那天开始计息的信贷产品（对传统信用卡来说，没有结余款的持卡人能够享受一定的免息期待遇）。普天信的一名高管断言，他们将从“坏”客户中筛选出最好的客户。在 2000 年的年度报告中，普天信和第一资本都吹嘘自己拥有 1600 多万个账户，其资产负债表上的信用卡债务价值超过 250 亿美元。

不过，第一资本和普天信以及它们更有力的竞争对手，如花旗和大通银行，都继续在信用卡的奢侈品光环效应下开展经营。人们认为，用信用卡支付的人是没有什么财务问题的。在人们眼里，信用卡支付不是持卡人破产的信号，而是财务健康的标志。2018 年，第一资本公司在广告上花费了超过 20 亿美元。虽然在直接发给次级信用评分的人的邮件中，它们可能会粗略地暗示借钱的概念，但在电视和线上广告中，他们却只字不提只有在人们入不敷出时，信用卡才可能会有所帮助。

他们的逻辑是，如果把信贷产品卖给富人，穷人自然会跟风购买；但如果直接和穷人谈论他们的实际财务问题，你会把富人吓跑。

在 1989 年到 1998 年的第二次信贷繁荣期间，工薪阶层家庭（收入在中位数及以下的家庭）持有的债务总额大约增加了两倍。1999 年，纽约联邦储备银行（New York Federal Reserve）发布了一份名为《结识新借款人》（*Meet the New Borrowers*）的报告。报告指出，信用卡公司已经开始以更高的利率来弥补不良贷款造成的损失。报告写道，"20 世纪 80 年代的信用卡运营商就像一个精英俱乐部。到了现在，任何人都可以加入这个俱乐部"。报告还补充道，根据分析，新的借款人"更愿意借钱，而且借钱的目的似乎更能带来违约风险，比如度假……他们的收入比债务要少得多，而且往往从事对技能要求相对较低的蓝领工作"。

基本的信贷产品都是相同的。一部分拥有者占到了大便宜，他们每年从信用卡上获得了数百或数千美元的奖励，而不用支付任何利息；而对另一部分拥有者来说，这些信贷产品的使用代价太过昂贵。然而，后者和前者属于同一个"俱乐部"——"持卡人俱乐部"。对一个 20 ~ 25 岁的年轻人来说，拿到第一张信用卡并不代表自己的财务状况不佳，而是意味着自己拿到了主流社会的入场券。

在我与全国各地苦苦挣扎的信用卡债务人进行交谈时，我惊讶地发现，申请信用卡的最初选择往往是一种漫不经心的决定。一位名叫塔莎的受访者是一个 33 岁的白人母亲，也是密尔沃基大学的一名研究生。早在大学时期，塔莎就拿到了自己的第一张信用卡。

她回忆道："我觉得，我需要找一家离学校近一点的银行。所以，我就在马歇尔艾斯利银行（M&I Bank）开了户。银行柜员问我是否需要办一张信用卡。这完全不在我的计划之内。但我想，办也行，不办也行。而柜员好像在说，'好吧，让我替你想明白吧'。然后，他拿了一张纸回来，对我说了一些话。大致意思是，我只需要签字就能领到一张额度为 2500 美元的信用卡。当时我才十八九岁。就这样，我做了原本没想过的事情。"

阿丽莎是一名 29 岁的非裔小企业主，23 岁时在佐治亚州的一家银行工作，并在同一个月里获得了她的头三张信用卡。"我第一张真正意义上的信用卡是一张额度为 6000 美元的发现卡。我从没想过要申请那张信用卡。当时的一个朋友鼓励我，说我的信用良好，肯定能获得批准。于是，她为我申请了信用卡，我就这样拿到了那张卡。"

34 岁的凯瑟琳 · R. 怀特（Kathryn R. White）居住在首都华盛顿。23 岁那年，还在读研究生的凯瑟琳拿到了人生中的第一张信用卡。她说，"我的一个研究生同学对我没有信用卡的事情感到震惊。在刚拿到信用卡的前几个月，每次去塔吉特百货或杂货店时，我都会使用自己的信用卡。我会用它买一两件东西，然后全额还款。因此，虽然我使用信用卡，但没有欠下债务。但后来，我开始偶尔用它支付酒吧账单，而且也不再全额还款”。

最终，塔莎拖欠了她的信用卡欠款，阿丽莎陷进了她所说的“债务黑洞”，凯瑟琳的信用卡债务总额增长到 2.8 万美元，10 年后的她仍在努力偿还欠款。无论是塔莎、阿丽莎还是凯瑟琳，都没有想到申请信用卡的决定会改变她们的一生。她们都认为，获得信用卡是一种基本的成人礼。

申请到信用卡并不会让人们觉得自己在经济上比别人落后，使用信用卡购物也不会令他们产生这样的感觉。只有当账单到期时，只有当人们将账单与支票账户上的钱进行比较时，只有当人们想起要用支票账户上的钱支付房租时，他们才意识到自己成了债务人。

第四个环节：银行和借款人之间的信息不对称

莫里斯和费尔班克将信用卡行业视为一个“巨大的试验室”。他们希望建立一个根植于大规模试验理念的信用卡业务。每个有信用报告的美国人都成了测试对象。当时如同现在一样，银行可以提取几乎每个美国人的信用报告数据，只需要事后向其提供“实盘报价”。

他们将这种策略称为“基于信息的策略”。这是一种比你可能想到的 A/B 测试更先进的试验体系。当提到公司开展产品试验时，人们可能会联想到，公司会给一半的客户发送蓝色信封的邮件，给另一半的客户发送红色信封的邮件，然后决定是蓝色信封好，还是红色信封好。但像第一资本这样“老练”的公司，不会为了找出适用于每个客户的单一答案，而对单个变量进行一次性随机测试。他们会随机设定利率，同时设定滞纳金、年费等其他属性，来找出唯一有利可图的组合。第一资本公司一名非常重要的聘用者——汤姆·基尔霍夫（Tom Kirchof），曾是密苏里大学罗拉分校（University of Missouriat Rolla）的统计学教授。他向第一资本引入了一种建立多变量测试的方法——D–最优试验设计。一个典型的信用卡邀约涉及 20 多个不同的价格点，比如不同的利率，或者由客户行为触发的金融费用。同时测试五六个这样的价格点，似乎是不可能的，特别是当试验者想测试 3% ~ 29% 的各种利率时。而 D–最优试验设计这种算法可以帮助第一资本决定测试哪些特定的产品属性组合，从而在数万种可能的组合中，得到最清晰的测试思路。这个测试的目标不是找出适用于所有客户的、最有利可图的策略。它着眼于帮助第一资本找到从每个美国人身上赚钱的具体策略。当然，这个目标从没有完全实现过。

莫里斯这样说道，“第二点，是使用净现值作为比较具体策略的标准”。这才是第一资本背后的真实想法。净现值，即 NPV，是赢利能力的一种反映：比较贷款业务中每个策略的净现值，意味着你不仅需要预测每个人每笔贷款的赢利能力，还要预测随着策略的实施，赢利能力将如何变化。当然，制定信用卡策略的困难在于，当有人开了一张信用卡后，你不知道他们会用多久。有些人一张信用卡会用上几十年，有些人第一年就会拖欠贷款。客户的每一个信用卡行为都需要换算为公司将赚取或损失的金额。当你的预测有望持续兑现时，即第一个月、第二个月以及之后的每个月，将有一些钱能够从客户的钱包转移到公司，你就创造了一个“现金流”。最后，你会选择一个折现率，它会反映你一年后得到某笔收益，相对于现在得到一笔收益的失望程度。而这个贴现率将未来可能的收益转化为一个数字——净现值。

你需要预测客户最终还款的可能性，以及向客户收取的费用总额和利息总额，也就是需要预测今天、明天或者未来每个月里，客户可能导致你赢利或亏损的所有用卡行为。如果不这样做，你是无法计算出信用卡的净现值的。

因此，当一个叫珍妮的客户申请信用卡时，第一资本能够预测出她会花掉 3000 美元，并最终为此偿付 7000 美元。第一资本还能预测出珍妮最终违约的概率是四分之一，甚至预测出她在 2022 年 3 月的违约概率。

假设第一资本缩短了客户的还款期，这意味着他们知道，如果给客户 28 天的还款期，有多少人可以按时还款：如果设定 25 天的还款期，又有多少人可以按时还款。我在做第一资本的承包人时，他们就采取过这样的方法。

虽然莫里斯在 2004 年就离开了第一资本，但他利用净现值比较每个策略的想法却保留了下来。当我在 2018 年离开公司时，几乎每个提议都附带着净现值估算。

没有具体的净现值预测，任何重要的决策都不会付诸实施。仅仅靠“我认为这会赚钱”的说辞是远远不够的，因为每个人都认为自己的想法会赚钱。如果所有的经理和主管都把赚钱的想法放在一张附有净现值数字的幻灯片上，那么高管们就能更轻松决定哪些想法可以付诸行动，哪些应该“束之高阁”。

那么，我们来分析一下我担任承包人期间，第一资本做出的缩短现有客户“免息期”的决策（正是这个决策导致我交出了我的承包人证章，并下定决心，再也不会回来）。

免息期指的是账单寄出日期和到期还款日之间的天数。要计算这个决策（到底是维持现有的免息期，还是缩短免息期，或者延长免息期）的净现值，你必须计算每种可能的所有成本和收入流。如果不确定某件事是否会对你的决定产生“实质性”影响，如计算误差超过 500 万美元，你就需要检查一下，以防万一。因此，为了计算将免息期从 28 天缩短到 25 天的净现值，你需要计算出，对那些能在 28 天内还款却无法在 25 天内还款的客户，你能从他们那里得到多少额外的滞纳金，由此造成的财务费会减少多少（毕竟，如果要求客户在更长时间内还款，他们借钱的时间也会更短），然后再减去额外的损失——如果人们没有还足够多的欠款，一些人就会干脆不还欠款，因为额外的 30 美元滞纳金会把他们逼到绝路。简单讲，这种决策的净现值就是用新滞纳金，减去你损失的财务费用，再减去你永远无法得到的额外本金损失。从每个客户那里多得到一点收益，你就能够积少成多，获得几亿美元的额外现金收益。理论上，你还必须减去较低的资金成本。事实上，免息期从 28 天减少到 25 天，意味着银行自己的借款时间缩短了。但对于这种类型的决定，资金成本不是赢利能力的重要组成部分。客户可能会注意到，以前他们的还款日总是在 17 号，现在却改在了 13 号，但银行不会告知他们为什么做出这样的更改，也不会告诉他们，银行之所以做出这样的决定，是因为它知道客户在将来的某一天可能会收到一封邮件，要求他们前往法院，听候法院做出对他们的工资行使留置权的裁决。

莫里斯说，利用净现值，发卡机构可以“充分优化整个试验”。与此同时，大多数美国人甚至不知道如何计算他们要为信用卡支付的利息。

多年来，第一资本一直在向媒体吹嘘他们进行了多少次试验。1999 年，《快公司》（*Fast Company*）杂志上一篇关于第一资本的报道称，该公司每年要进行 2.8 万次试验。

当时的首席信息官吉姆·多内海伊（Jim Donehey）接受《快公司》采访时表示，“对于我们采取的每一个行动，我们都知道人们的反应。如果我们发送了一个蓝信封和一个白信封，我们会知道哪个信封给了哪个客户，并且记录下客户在每种情况下的反应”。当我 2013 年加入这家公司时，公司已经认识到，向外界吹嘘自己把客户当小白鼠一样对待，不再符合公司的最大利益。不过，虽然公司的媒体策略可能改变了，但商业策略却一直没有改变。

缩短客户的免息期，并尽量不告知客户这一更改，会给人们一种欺骗客户的感觉。但这种做法在当时是完全合法的。法律规定，如果发卡机构不提前 45 天通知客户，并在更改生效前给客户注销账户的机会，就不得更改信用卡条款。但免息期的长度并不属于“信用卡条款”，因此，“条款变更”规则甚至根本不适用这一情况。改变免息期的目的是收取更多的滞纳金，这表明发卡机构认为自己没有从客户那里获取足够多的收益。因此，它们会尽量悄无声息地从客户那里多拿一些。

对第一资本的中层管理者来说，他们的情绪会随着所谓的“投资者压力”而起伏。当时流传着一些传言，说是费尔班克从大股东那里得到了某些消息。我们的压力便是对这些传言的反应，它跟公司股价有关，又不完全对应股价。在“投资者压力”下，整个公司在 2018 年的最后几个月和 2019 年的头几个月里过得并不愉快。虽然收入在上升，但成本上升得更快。2018 年夏天，在我提前两周提交辞呈到我离职的那个星期，我们搬进了熠熠生辉的新总部大楼。那是华盛顿最高的一栋大楼，里面到处陈列着高端的现代艺术品，其创作者正是赫希霍恩博物馆彩色线条雕塑的设计者。还有更多耗资不菲的建筑正在建设之中。不过，公司还要花费更多资金，将所有客户数据从本地数据中心转移到云端。

如果第一资本的投资者没有如此焦躁不安，或者如果那个“小镇信用卡”业务的负责人，那个认为“客户根本不在乎你什么时候提高利率”的家伙，已经想出了另一个“精妙绝伦”的主意，来证明自己配得上自己的职位，也许第一资本就不会选择缩短免息期。

毕竟，在经历了一番绝望之后，第一资本早在几年前就得出了相反的结论：公司选择将整个信用卡客户群的到期还款提醒，设置为 opt-out 模式（默认客户同意接收提醒），而不是 opt-in 模式（默认客户拒绝提醒）。2016 年，时任次级信用卡部门执行副总裁的詹妮弗·杰克逊（Jennifer Jackson）在接受采访时解释了这一变化，“我们正在设计新的产品和服务，以帮助客户取得成功。我们正在衡量这样做的影响，我们也知道这种变化正在影响客户行为”。当第一资本推出到期还款提醒服务时，他们知道这样做可以降低客户逾期的可能性；当他们缩短免息期时，他们同样知道这样做会增加客户逾期概率。资本的逐利本质是永恒不变的，不过，第一资本的不同高管小组在不同会议室里，会做出邪恶还是善良的决定，取决于他们本人的个人道德标准、他们对公司遭遇恶意收购的恐惧程度，以及他们对自己在公司等级制度中的地位有多自信。第四章将进一步详细分析发卡机构为增加消费者负债而制定的策略。

对我来说，缩短免息期的决定代表着一个巨大的转变。从其他方面看，缩短免息期的决策与费尔班克、莫里斯，或者他们高薪聘请的副手所做出的其他决定都没有什么不同，甚至与他们的最初决定也没有什么不同。毕竟，当初他们就是希望向一直以来缺乏信贷渠道的人群，提供一种定价结构复杂、大多数潜在客户无法理解的信贷产品。每一次欺瞒客户的决策都是合乎理性的。价值创造的核心前提是知道竞争对手不知道的事情，如拥有更好的数据、更好的统计模型和更精细的试验。当然，这也意味着这些信息也必然不能让客户掌握。

信用卡的故事最终将不同于大多数有关公司集体作恶的故事。第一资本的核心创新是，公司内部没有专门建议设计各种卑鄙计划的“策划者”。从信用卡行业的历史来看，信用卡是否被有意设计为债务陷阱的问题，已经不再重要。信用卡奖励的目的是诱导人们花掉超出支票账户的钱？零利率优惠的目的是诱惑那些会严格遵守预算的人使用信用卡购买高价物品吗？最低还款比例从 5% 降至 2%，是为了从每个借款人身上榨取更多利息吗？

没有人需要回答这些问题。如果合理猜测出客户可能更喜欢某一条款，那么发卡机构就会对这个条款展开测试。比如，有时候，客户可能希望设定较低的最低还款额，而且愿意为此支付更高的金融费用。一旦测试证明特定类型的人都愿意为此买单，信用卡公司就会采用这一条款。

当然，不是每个人都会在诱惑下背上债务。以我的起薪来看，我即使不努力攒钱、不省吃俭用，不为自己做好财务计划，我也花不完工资。我在工作的第一周就申请了一张标准的第一资本旅行卡。虽然它是一张针对学生推出的信用卡，但并不会因为持卡人的非学生身份而降低优惠标准。如果我因为信用卡诱惑比平常多花了 5% ~ 10% 的钱，还不足以让我背负上债务。但很多和我年龄相仿的人，即使有大学学位，挣的工资也只有我的一半，有些人还不到我的一半。除非他们家里非常有钱，或者非常幸运、非常谨慎，否则很难存下应急资金。使用借记卡而不是信用卡，会使日常的账务计算更为轻松容易。人们能看到自己的支票账户余额，并清楚自己在下一笔薪水到账前可以放心花掉多少钱。那些不使用信贷产品的人常常听到别人说，他们的成长过程是失败的。在 2017 年的有线电视新闻网（CNN）财经频道上赫然出现了这样一个标题：“不用信用卡，是‘千禧一代’（通常指 1984 年至 1995 年出生的一代人）犯下的错误。”2014 年 9 月哥伦比亚广播公司（CBS）新闻频道上有一篇文章，叫作《为什么“千禧一代”的很多人没有信用卡》（*Why Many Millennials Don't Have Credit Cards*）。报道中，三个受访者（其中有两名 20 多岁的女性）坚持认为，没有信用卡意味着他们不用担心还不上信用卡欠款，而且他们也不想花自己并不拥有的钱。Bankrate 的信用卡分析师珍宁·斯科夫龙斯基（Jeanine Skowronski）摆出一副专家的派头，指出“‘千禧一代’可能认为不用信用卡可以避免陷入财务问题，但实际上，他们这样做无论是对自己，还是对自己的信用评分都是一种负面影响”。Bankrate 的商业模式和 NerdWallet、WalletHub、Credit Karma 一样。它们为美国人推荐银行和信用卡公司，并在用户开设新账户时赚取介绍费。

稍后我将探讨斯科夫龙斯基关于信用评分的观点。但现在，我们先停下来总结和回顾一下前面的内容。以前，消费信贷相当稀缺，但非常便宜，而且其提供者对消费者实施差别对待。在这样一个社会背景下，美国人逐渐认识到，获得信贷是一件好事。当时，几乎所有的信用贷款都是分期贷款，要求贷款者每月固定还款，而且贷款条款简单易懂。最早的信用卡只提供给最富有的美国人，只能在高级餐厅、酒店和豪华场所内使用，而且最初要求持卡人每月全额还款。随后，法院支持了贷款机构将利率提高一倍以上的做法。于是，信用卡逐渐流向中产阶级，然后流向贫困人群。但信用卡原来的象征意义仍然存在，人们依然认为信用卡是被社会认可的标志，而不是陷入贫困的起点。只有一小部分美国人能够算出用信用卡贷款的成本。尽管在以往任何时期，中等收入者都会面对一定的经济压力，但后来发生的两件事情对他们产生了重要影响。第一件是当价格模糊不清的循环信贷引入信用卡领域时，人们开始认为负债是对经济压力的合理回应。但在以前，情况并不是这个样子。第二件是由于没有法定的利率上限，许多银行开始乐于通过压迫美国家庭来获得利润。银行学会了通过修改信用卡条款来从每个消费者那里获取最大利润。它们会为每个消费者量身定做以前从未有过的信贷产品，确保他们向银行借更多的钱。

第三章　债务人阶级

2017年2月，情况突然变得很糟糕，多琳和她的两个儿子不得不栖身在加利福尼亚州弗雷斯诺（Fresno）的一个公园里。

他们无家可归，只得在公园里的一个地方搭帐篷。多琳根据周围光滑的圆形岩石判断，这里在一个世纪前可能是一条河流的河床。当大雨倾盆而下时，多琳意识到，她栖身的那个山谷也许就是河流的一段，只不过最近5年气候干旱，河流暂时干涸了。她的另一处营地在一座桥下。暴风雨来临时，她通常会在那里搭帐篷，而现在那里也已经有了几英尺深的积水。

多琳是一位55岁的白人女性。她听说，最猛烈的暴风雨还在后面，令她头疼的是她不知道怎么在大雨中保持笔记本电脑干燥。人到晚年的她被诊断出患有囊性纤维性骨炎，这让她很难从事全职工作，但她没有资格领取联邦残疾保险补贴。因此，多琳只能用笔记本电脑打打零工，写点东西，来赚点收入。恶劣的天气迫使多琳申请了发薪日贷款，她用这些钱在附近最便宜的酒店里住了三晚。

她和儿子们洗了个澡，放松一下，看看电视，等待暴风雨过去。但她也犯起了嘀咕，也许自己根本不需要住酒店，白白浪费了这些钱。

当回到原来的营地时，她知道自己做出了正确的决定。她告诉我，“那里看起来就像打过一场仗一样。树枝断落在地上，每棵树都被摧残得光秃秃的”。就连公园的浴室也被水淹没了，那里曾是很多无家可归者过夜的地方。在接下来的一周，她看了新闻，了解到甚至有人在风暴中丢了性命。

虽然多琳希望发薪日贷款的利息能少一点，但她也表示，她从未后悔借了那笔钱。几个月后，她向信用卡公司申请提高信用额度，并获得了批准。她完全没有想到，自己能获得这么多的额度。起初，她只希望得到几百美元的额度，解决当月的吃饭问题。但实际上，信用额度提高了几千美元，足以让多琳过上更好的生活。她靠这笔钱还清了发薪日贷款的剩余欠款，买了去华盛顿州的火车票，还在西海岸最便宜的一套单间公寓交了押金。从那以后，多琳一直住在那里，慢慢地偿还信用卡债务。她坚持认为，金融监管机构不应该采取任何行动，阻塞人们获取信贷的渠道。她说，“人们谴责那些面向底层人群的信贷产品，说它们是掠夺性信贷产品，然后想杜绝这类产品，但同时又不给人们提供另外一种选择。人们需要有其他选择”。虽然她认为发薪日贷款或信用卡并不适合每个人，但她知道，没有这些东西，自己将无家可归。

多琳的遭遇非常普遍，迈克尔的情况也不少见。

迈克尔，一个 40 岁的白人司机兼调度经理，在 22 岁时得到了第一张信用卡。在最初的两年里，他用信用卡来支付日常账单，每个月都全款还清，没有支付任何利息。但到最后，他说，“我开始用它来支付一些不必要的开支，外出吃饭，买书，买唱片。后来由于我每个月都有未还清的欠款，我的信用额度提高了。我觉得真棒！于是我买了更多唱片和书。我原以为自己可以轻松还掉欠款。但由于没有全额还款，1500 美元的额度会产生相当多的利息。突然间，我发现自己欠下了大约 2000 美元。我甚至都不想还款了”。通过他的故事，我们可以发现，迈克尔本不想成为信用卡债务人，但他的一个个选择逐渐令自己深陷债务泥潭，而银行提高信用额度的决定，进一步恶化了他的选择所造成的后果。最后，银行将他的债务出售给了一家债务催收公司，而迈克尔将要向这家公司偿还 2500 美元的欠款。不过，后来他出庭应诉，反对向一家完全独立的催收公司全额偿还债务，并最终打赢了这场官司。

当我开始了解信用卡时，我试图把所有跟迈克尔和多琳类似的案例综合起来，从而弄清楚信用卡对美国工薪阶层和中产阶级的总体影响。

我仍然相信，多琳和迈克尔的故事非常重要。但是，在某些方面，把众多案例综合起来，是一项徒劳无功的工作。这些案例虽然很有价值，但也很容易被当作论战的武器。我访问的人越多，我就越相信，故事本身既能让人困惑，也能让人厘清头绪。

当你与 10 个人、50 个人、100 人或 200 人交谈时，你可能会把注意力集中在最引人注目的对话上，而不是最典型的案例上。我们很容易会记住那些最能证实你脑海中想法的故事，而忽视那些与你想象中的情况不完全相符的故事。

大约有 9100 万美国成年人目前背负着有息信用卡债务，另有 2400 万成年人，在 2017 年某个时候负有未偿还的有息信用卡债务。客观地看，信用卡债务人是学生贷款债务人的两倍。

虽然学生贷款债务总额比信用卡债务总额要多，但信用卡利率要高得多。这意味着每年支付的信用卡利息比学生贷款利息还要多。

信用卡债务人每年支付的信用卡利息总额为 1210 亿美元，平均每人支付的利息略高于 1050 美元。人们借贷的目的通常是应对日常开支。信用卡利息往往高于其他形式的消费者贷款。美国人每年总共要支付大约 250 亿美元的透支费，70 亿美元的短期分期贷款利息，60 亿美元的发薪日贷款利息和费用，以及 40 亿美元的产权贷款利息。另外，为了购买房子、汽车和大学教育等比较昂贵的物品，以及一般情况下算不上“投资品”的东西，美国人要支付超过 1550 亿美元的利息和费用。还有 8600 万美元信用卡持卡人，由于每个月都全额还款，因此不需要支付任何利息。严格地说，这些人在购物和支付账单之间的大约 30 天内，处于“债务”状态。许多关于信用卡债务的统计数据都涵盖了这些即将偿还的欠款。但我认为他们算不上债务人，他们也认为自己不属于信用卡债务人，我觉得读者大概也认同这种观点。

回过头来看这些需要支付信用卡利息的债务人，我们发现，他们的总数相当于美国成年人口的一半。图 3–1 是美国成年人的信用卡使用情况。

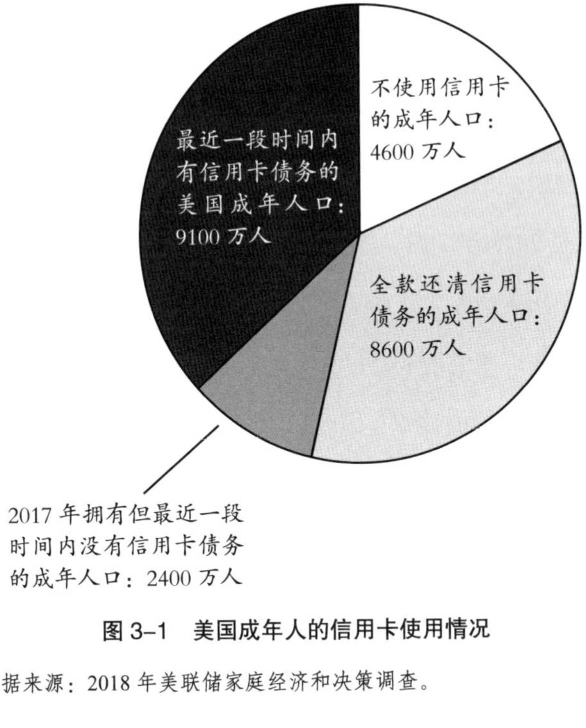

图 3–1　美国成年人的信用卡使用情况

数据来源：2018 年美联储家庭经济和决策调查。

本章将大致分析一下这些债务人的组成以及他们借贷的原因。在这里，我尽可能地从整体上描述这个群体，而且我的描述与最常见的观点截然不同。

在大众的想象中，使用信用卡的主要是那些身无分文或不负责任的年轻人。而且，人们普遍认为，信用卡使用者是一些收入不稳定且需要管理好自己开支的人。在这个不稳定的时代，使用信用卡似乎是一种不该做但又不得不做的事情。

年轻人还没有足够的时间为自己建立安全保障，而且，他们未来的收入很有可能会逐渐增长。因此，他们背负上债务是非常合理的。但是，信用卡债务最多的并不是新兴的“Z 世代”（通常指 1995 年至 2009 年出生的一代人），或者人们眼里无所顾忌的“千禧一代”。事实上，恰恰是中年人负债最多。

截至 2018 年，18 ~ 20 岁的美国人中只有 10% 负有未偿还的有息信用卡债务。这在某种程度上反映了《信用卡法案》的成功。此前，一些信用卡公司诱使大学生背负上他们无力偿还的债务，引发了人们的愤慨。因此该法案禁止各机构向 21 岁以下的人推销大多数形式的信用卡。但是，如果这些年轻人主动申请，而且收入足够高，他们仍然有资格获得信用卡。

但是，即使是 20 多岁的年轻人，也很少有信用卡债务。事实上，只有不到四分之一的 21 ~ 25 岁的美国人有未偿还的信用卡债务。信用卡债务拥有率也没有在 26 ~ 30 岁达到顶峰。在这个年龄段，只有 31% 的人负有信用卡债务，而他们最有可能受到生育子女等意外开支的影响。46 ~ 50 岁的美国人最有可能负有信用卡债务：49% 的 46 ～ 50 岁美国人负有未偿还的信用卡债务，而此时正是他们收入水平最高的年龄段。工薪阶层收入中位数在 48 岁时达到顶峰。如果信用卡债务确实能帮助人们“平稳消费”，这就不能解释美国人为何会在他们的收入高峰时背负上最多的债务。图 3–2 展示了背负信用卡债务的不同年龄段美国成年人的占比。

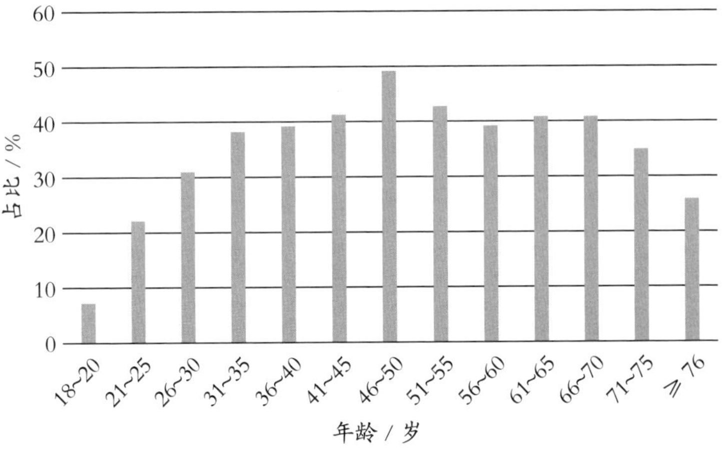

图 3–2　背负信用卡债务的不同年龄段美国成年人的占比

数据来源：2018 年美联储家庭经济和决策调查。

注：本图是根据受访者对 C3 问题的回答情况绘制的，该问题为：“你目前是否有未还清的信用卡债务？”

好吧，你可能会想，也许这些债务是在人们年轻时欠下的，而他们直到中年才有能力还清。

但是，典型的债务人应该会在几十年里一直减少信用卡债务。因此，在 46 ~ 50 岁这个年龄段之前，美国人的信用卡债务在任何给定的年份里都更有可能下降而不是上升。人们开始使用信用卡时，可能会用它应对短期困境，但对大多数信用卡使用者来说，一旦他们开始使用信用卡，信用卡债务将成为他们生活中持续存在的问题。

债务一旦累积起来，人们就很难再把它摆脱掉。超过 60% 的次级信用卡债务人和超过 40% 的优级信用卡债务人，是那些至少在两年内每月都会增添新债务的美国人。但是，一旦人的一生被信用卡所定义，其债务余额并不总会只增不减。同样常见的是，有些人还清了所有的信用卡债务，暂时摆脱了困境。但由于没有足够的安全保障，因此随着年龄的增长，他们会再次陷入信用卡债务困境。如果你认为我夸大了长期背负信用卡债务的人数（持续多年负有信用卡债务的人数），或者反复背负信用卡债务的人数（暂时摆脱了信用卡债务，随后又再次背负债务的人数），那么，请不要忘记，1.15 亿美国人在一年内有过信用卡债务，9100 万美国人在任何给定的时间点都负有信用卡债务。

人们很容易把债务简单地想象成经济困难的自然副产品。在美国，很多工薪阶层的日常生活成本会超过工资。对这样一个国家来说，债务是症状，而不是病因。但是经济困难本身并不会产生债务。形成债务的条件，一是贷方希望利用这种困难来获利，二是人们相信借贷是解决当前困难的最佳方法。毕竟，一个在本月用信用卡买尿布的职场妈妈，下个月可能还得用信用卡买尿布。为此，她要支付相关的金融费用。这样，随着时间的推移，债务可能会让她越来越穷。

多琳就是这样一个例子。即使露宿街头，她也决定尽量不使用信用卡，因为她不想让自己背上利息的负担，而沉重的利息负担只会让未来几个月的街头生活更加艰难。她在博客上写道："宁可短时间挨饿，也不要背上新的债务。"虽然获得信贷帮助多琳暂时摆脱了无家可归的境地，但这并没有阻止她再次无家可归——这是她与丈夫离婚后发生的事情。尽管她在离婚后不久就找到了一份稳定的工作，但多琳还是被婚姻存续期间堆积如山的信用卡债务和学生贷款债务压垮了。当然，她认为其中一些债务是丈夫违背她的意愿欠下的。最终多琳拖欠了许多信用卡欠款，被赶出公寓，无处可去。她最初的问题并没有通过信用卡解决，而且信用卡或许使这些问题变得更加严重了。

对收入较低的美国人来说，信用卡债务和发薪日贷款债务有时只是暂时推迟了困境的出现，并不能取代其他应对困难的方法，如向亲人借钱，求助于食物赈济处，或将开支削减到最低限度等。对收入稍高的家庭来说，他们可能永远不需要更极端的应对办法。但在家庭收入没有突然变化的情况下，使用信用卡仍然会造成同样的基本困境：它只能暂时而不是永久提高家庭的购买力，而且代价不菲。不过，人们一旦使用了信用卡，不仅很难还清债务，而且很难不再继续使用它。图 3–3 展示了不同收入水平的信用卡债务人占比。

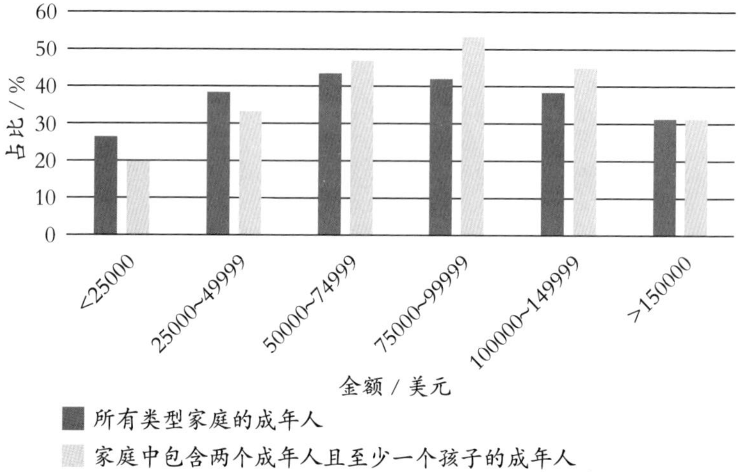

图 3–3　不同收入水平的信用卡债务人占比

数据来源：2018 年美联储家庭经济和决策调查。

注：上述未偿还的信用卡债务数据是根据受访者对 C3 问题的回答得出的，该问题为："你目前是否有未还清的信用卡债务？"

《夹缝生存：不堪重负的中产家庭》（*Squeezed: Why Our Families Can't Afford America*）一书的作者阿莉莎·夸特（Alissa Quart）将美国信用卡债务的上升归咎于生活成本危机。她认为，这一危机是由大学成本、儿童保育和医疗保健成本上升所导致的。夸特形容道，一个"如影随形"的信用卡"债务恶魔"，在不停地袭扰着那些负担不起儿童保育费用、巨额的医院账单和高昂房租的家庭。无独有偶，左派智库德摩斯研究所（Demos）也认为，1989 年以来导致信用卡债务上升的 5 个可能因素是：收入停滞、失业、就业不足、医疗成本和住房成本过高。夸特与德摩斯研究所的观点不谋而合。当然，在某种程度上，夸特和德莫斯是对的。但是，如果说“夹缝生存”假说是解释信用卡债务为何一直在上升的唯一答案，我们就会由此得出猜想：经济负担最重的贫困家庭将背负最多的信用卡债务。但事实上，美国收入较高的一半家庭比收入较低的一半家庭更有可能背负上信用卡债务。当然，中等收入家庭是最有可能背负上债务的。

如果经济困难是信用卡债务问题的根本原因，经济状况不佳要比经济状况良好更容易导致美国人背负更多的债务。正如我们将在下一章探讨的那样，真实情况恰好相反：当经济陷入困境时，信用卡债务反而会下降。

信贷需求和债务之间的这种反比关系一部分是监管制度造成的。法律禁止向最贫困的美国人发放信贷。自 2010 年以来,《信用卡法案》禁止银行向失业或收入极低的人放贷。这些规则就是所谓的支付能力规则，其目的是阻止银行向无力偿还债务的人放贷。这些规则对有足够收入偿债的人下了一个近乎可笑的定义。他们只要求银行估计潜在借款人在扣除住房费用和其他债务后，是否有足够的收入来支付信用卡的最低还款额。这意味着，一个年收入 2.5 万美元、每月房租 800 美元、没有其他债务的人，可以获得高达 4.2 万美元的信用额度。实际上，信用卡支付能力规则阻止了银行向失业者发放贷款，并限制了那些从事非全职低薪工作（或将社会保障作为主要收入形式）的持卡人的信用额度，但在确保债务人能否“负担”债务方面，几乎没有用处。

但这并不是说，中等收入和高收入家庭比低收入家庭有更多债务，仅仅是因为放贷者不太可能（或不太愿意）借钱给穷人。

在各个收入水平的群体中，近三分之二目前没有信用卡债务的人，在上一年既没有申请任何类型的信贷，也没有表示他们想申请但选择不申请信贷（例如，有些人之所以没有选择申请信贷，是因为他们认为自己会被拒绝）。许多人即使面临极度的经济困难，也会避免申请贷款，因为他们不确定借钱能否让自己的经济状况有所改善。这些数据清楚地表明，收入略高的家庭比工薪阶层家庭负债更多，并不仅仅是因为放贷机构认为他们信誉度高，也有可能是因为这些家庭相信，他们有能力负担债务。图3–4展示了2021年10月至2022年10月希望获得额外信贷的美国成年人的占比。

希望获得信贷但未曾申请的成年人口百分比是根据A0问题统计出的（A0问题：在过去12个月内，“你或你的配偶、伴侣是否希望获得信贷但选择不提交信贷申请？”）

人们很容易将信用卡债务归因于金融素养较低。但有和没有信用卡债务的人对金融基础知识的掌握情况基本一致。例如，美联储家庭经济和决策调查的数据表明，有和没有信用卡债务的人

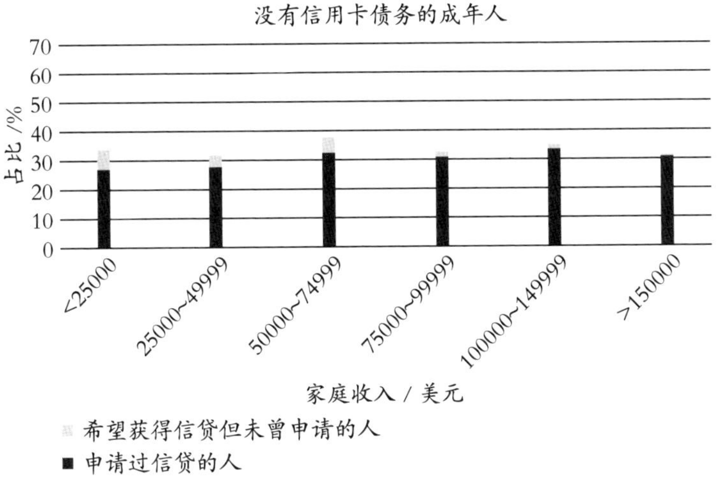

图 3–4　2021 年 10 月至 2022 年 10 月希望获得额外信贷的美国成年人的占比

数据来源：2018 年美联储家庭经济和决策调查。

注：申请过信贷的成年人口百分比是根据受访者对 A0 问题的回答统计出的。A0 问题为："在过去 12 个月内，你或你的配偶、伴侣是否希望获得信贷但选择不提交信贷申请？"

同样可以计算出储蓄和债务的利息。图 3–5 展示了能够正确回答利率问题的美国成年人占比。

知道应该做什么和做应该做的事情，是两个不同的概念。以营养摄入为例，如果意识到要想减肥，"就应该"摄入比消耗更少的热量，但许多美国人（包括我自己）依然存在体重超重问题。

信用卡债务人大多是已婚中年人，他们不在收入分配的底层或顶层，而且，平均而言，这些成年人确实了解复利的基本知识，其比例与其他人群相差不大。

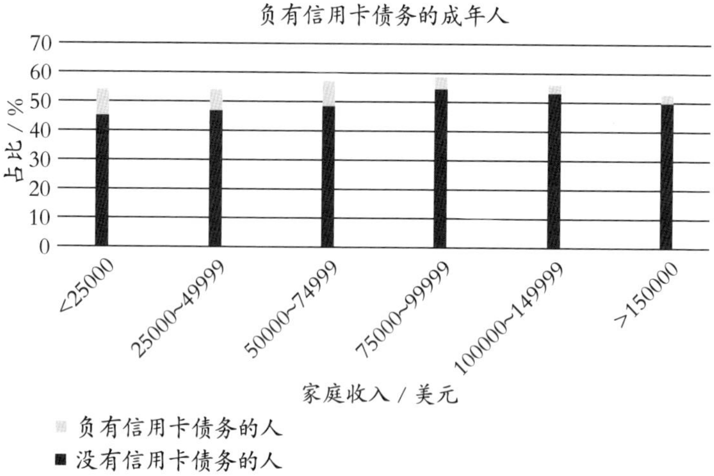

图 3–5　能够正确回答利率问题的美国成年人占比

数据来源：2018 年美联储家庭经济和决策调查。

注："能够准确回答有关利率问题的成年人人口占比"数据是基于受访者对 FL5 问题的正确答案比重得出的。FL5 为："假设你的储蓄账户里有 100 美元，年利率是 2%。如果持续存 5 年，你认为你的账户里会有多少钱？"

换句话说，在其他经济类型下，你可能会认为这些人有实现财务稳定的机会。信贷通常会缓慢而稳定地侵蚀中产阶级家庭的净资产。它不是轻松解决一次性危机的方案，也不是帮助年轻人通往稳定立足点的桥梁。尽管我们一直将人分为两类，负有信用卡债务的人和没有信用卡债务的人；但是，为了了解谁真正负有信用卡债务，我们可以将其细分为三类：有信用卡债务的人，有信用卡并全额还款（和不使用信用卡）的人，以及根本没有信用卡的人。那些拥有信用卡并一直全额还款的人比较富有，而那些根本没有信用卡的人往往是最贫穷的。表 3–1 展示了负有和没有信用卡债务的美国人口统计数据。

表 3–1　负有和没有信用卡债务的美国人口统计数据

单位：%

类别	目前负有信用卡债务的人（这部分人占成年人口的 37%）	有一张信用卡但目前没有信用卡债务的人（占成年人口的 45%）	没有信用卡的人（占成年人口的 45%）	成年人口总体
家庭收入低于 6 万美元的人口占比	38	31	70	41
家庭收入在 6 万到 12.5 万美元的人口占比	40	35	22	34
家庭收入高于 12.5 万美元的人口占比	23	34	8	25
已婚人口占比	60	62	30	55
接受过大学或中学后教育的人口占比	66	73	42	65
至少拥有学士学位的人口占比	31	46	10	34
18~20 岁人口占比	1	2	10	3
21~30 岁人口占比	14	19	27	19

续表

类别	目前负有信用卡债务的人（这部分人占成年人口的 37%）	有一张信用卡但目前没有信用卡债务的人（占成年人口的 45%）	没有信用卡的人（占成年人口的 45%）	成年人口总体
31~40 岁人口占比	18	15	20	17
41~55 岁人口占比	28	20	21	23
56~75 岁人口占比	35	35	20	32
75 岁以上人口占比	4	8	2	6

注：数据出自 2018 年美联储家庭经济和决策调查。

对非常富有的人来说，信用卡是一个很容易获胜的游戏。我无法告诉你，我和多少个这样的富人交谈过，但他们都会私下告诉我，他们是如何用信用卡来赚取奖励的。他们的语气就好像他们是第一个知道这个秘密的人。在某些情况下，信用卡可能并不像看上去那么好。事实上，信用卡只不过延缓了支出带来的心理痛苦。而一些研究表明，这会鼓励人们多花钱。可能有些人用信用卡支付的金额要比用借记卡或现金支付的更多。尽管这些人最终没有负债，但如果存入更多的钱，他们可能会更加富裕。不过，在很大程度上，信用卡是富人的意外收获。接受信用卡的商家通常要支付 1% ~ 4% 的费用，这一费用叫作“手续费”。一小部分手续费流向信用卡网络提供商（如维萨、万事达、发现公司或美国运通公司），其余大部分则流向发卡机构。信用卡奖励率通常为 1.5% ~ 2%，用于信用卡奖励的支出与银行从交易费中获得的收入大致相同。实际上，尽管这些奖励分流到少数拥有信用卡但每月全额还款的人手中，但杂货店等商家会向所有消费者收取更高的价格，来弥补信用卡手续费。经济学家斯科特·舒赫（Scott Schuh）等人估计，这种从信用卡手续费到信用卡奖励和现金返还的再分配，令每个低收入成年人为此支出 21 美元。而对每个富裕成年人来说，他们将获得 750 美元的意外之财。

穷人很少有多余的钱去放纵自己，因此，信用卡对他们来说是一场很难赢下的游戏。如果只参考一个数字，即支票账户里的余额（或者钱包里的现金余额），你能比较轻松地追踪每一分钱的流向。而当你要来回对比信用卡债务余额和支票账户余额时，你要盘算清楚哪些交易已经完成支付，哪些交易还没有完成时，事情就难办得多了。

信贷决策

发薪日贷款虽然名声不好，但有一个优点：每个用它的人都意识到自己是在借钱，而且即使他们最终低估了成本，通常也都清楚它的借贷成本很高。因此，人们几乎从不为发薪日贷款债务的“本金”感到后悔，他们只是后悔自己没料到利息这么高。因此，如果他们能找到一种更划算的借钱方式，他们还会再次购买同样的东西。

密苏里州圣查尔斯（St. Charles）的面包师佩吉这样对我说，发薪日贷款“非常可怕，因为你真的很需要钱，而且你没有其他选择。你会反问自己‘还有其他法子吗’，走投无路之下，你不得不申请了发薪日贷款。然后，你每周都要偿还几乎相同的金额，而且要花很长时间才能还清。就好像，这周要还 100 美元，下周要还 100 美元，下下周还要还 100 美元，就这样还 30 年才能还清”。佩吉第一次申请发薪日贷款，是为了支付丈夫失业后家里的水电费。她说，“早知道这么难摆脱这笔债务，我们会尝试其他方法。我是说，我们没有意识到它就像个无底洞。我们每个星期都要还，而且每次都要花掉那么多工资”。她说，如果她生活在禁止发薪日贷款的州，她会试图从家人那里借钱，或者出售家庭用品，这两种方式都比申请发薪日贷款更好。

相比之下，陷入信用卡债务通常是一系列漫不经心的决定种下的恶果。

在我撰写这本书的时候，一般情况下，人们在遇到紧急情况时再申请信贷，也是来得及的。比如，美国运通公司在申请提交的当天就为大多数持卡人提供了一个信用卡号码，持卡人可以将其添加到手机钱包中，或者将其用于在线购物。花旗信用卡公司

（Citi Cards）首席执行官贾德·林维尔（Jud Linville）在 2014 年告诉投资者，“如果客户买东西时，发现自己没有足够的额度，我们会询问他们是否愿意提高信用额度。我们能够在客户结账过程中，收集我们需要的信息，在适当的情况下处理额度上调手续，并在客户不离开结账页面的情况下，实时通知客户并处理交易”。发卡机构不仅可以立刻提高信贷限额，还可以在极短时间内发放新的信用卡。林维尔表示，“我们有 1700 多个分支机构，能够在 15 分钟内处理完客户的申请，并将一张可以使用的信用卡发到客户手中”。许多个人贷款公司公开表示，他们会在收到申请的同一天把钱转到借款人的支票账户上。美国人可以在紧急情况来临时再申请信贷，他们有充分的理由深思熟虑，但问题并不在于技术本身。

不过，信用卡会鼓励人们在还没有预期到有需要时就做出申请，并鼓励他们寻求较高的信用额度以防万一。申请信用卡、使用信用卡购物以及偿还多少信用卡欠款，这三个独立的决定都是在人们面对未来的不确定性时做出的，在时间上是各自分开的。由于许多消费者在提交申请时并不确定他们是否会使用到信用卡，所以，他们觉得没有太大的必要货比三家，寻找利率最低的信用卡。

人们做出这三个决定的方式与做出贷款决定的方式完全不同。在申请贷款时，人们要了解需要偿还的金额，以及贷款期限内的总成本，然后再理性决定借入特定数额的资金。你可能会觉得为了买机票参加表弟婚礼而去银行申请贷款的想法非常疯狂，但你却觉得，还没弄清楚自己能否负担得起就用信用卡买机票，算不上疯狂的举动。

人们有时会用信用卡支付必要的费用，但更常见的情况是，用它来购买那些至少能在偿还利息前给他们带来快乐的物品。2019 年，美国消费者新闻与商业频道（CNBC）与晨间咨询公司（Morning Consult）对 2200 名成年人进行了一项调查。他们发现，32% 的信用卡债务人将信用卡用于服装和娱乐等可自由支配的支出，另有 9% 将其用于旅行支出。总体来看，37% 的信用卡债务人将信用卡主要用于非可自由支配的支出，如儿童保育、租金、水电费、食品和医疗费用。

我认为，必须承认人们经常使用信用卡进行无节度的消费，这类消费与必需品消费一样频繁。2019 年的一项调查发现，相较于没有信用卡债务的人，信用卡债务人会花更多的钱外出就餐和订外卖（每年 2186 美元），购买服装、鞋子和配饰（每年 1892 美元），订阅服务（每年 1198 美元），以及享受户外娱乐（每年 1538 美元）。

我的目的不是让任何一个美国人为自己的债务感到羞愧。但是，我们必须承认，严格来说，并非所有债务都是必要的。要拆除这座债务机器，我们必须承认这一点。如果我们坚持认为所有的债务都是绝对必要的，这意味着美国人需要这台债务机器。它即使不一定要在现有成本下运行，也要大致维持目前的规模。让公众认为所有借贷都是不可避免的，符合大银行的利益。承认一些但绝对不是全部信贷是可自由支配的，意味着一些信贷产品能够有效诱使人们超前消费，并最终积累下债务。由于左派政客不想让人们以为自己在批评中产阶级，而右派政客则不想破坏消费者理性的基本假设，因此在这种政治氛围下，公开指出人们应该接受省开支、少借钱，似乎成了一种禁忌。不过，承认这一点是非常必要的。只有这样，我们才可以摧毁银行用来诱惑和胁迫人们承担不必要债务的工具。要知道，正是这些债务令银行赚取了丰厚的利润，同时又令工薪家庭付出高昂的代价。问题的关键不在于工薪阶层和中产阶级家庭不配享受美好的东西，不应该偶尔用信用卡去餐馆吃饭，而在于信用卡本质上加剧了人们的经济困境。我们现行的制度对那些入不敷出的人非常苛刻，即便是借款人“额外”购买的东西是他们应该享有的。这是我的真实想法。

现实情况是，我们所有人会同时拥有许多欲望。这些欲望往往是矛盾的，它们竞相吸引我们的注意力，直到我们决定满足某些欲望，忽视另一些欲望。这些决定或出于深思熟虑，或出于一时冲动。比如，假设一个人晚上 10 点下班时选择乘坐优步（Uber）网约车放松一下，而不是坐长途公交车回家。这可能与他想积累足够应急金的愿望相冲突。当自己染上重病，没了收入来源时，这笔资金可以拿来支付房租，确保自己不会被驱逐出住所。大约 40% 的工人每小时只能赚到 15 美元以下的收入。在这样的工资水平下，甚至一些非常普通的事情，如每月和朋友出去喝一次酒，或者给女儿买一双她喜欢的新运动鞋，都是一种奢望。经济困境迫使人们一次又一次地克制自己微小且又普通的欲望。

信用卡不会让债务人凭空产生欲望。相反，它会使债务人优先考虑自己的特定欲望，也就是那些能让信用卡公司受益的欲望，同时压制自己对稳定和更好未来的渴望。

前一章介绍过的塔莎就清楚地知道，没有遇到紧急情况就借贷的行为，比如使用信用卡购买任何非必需品，是不负责任的。她告诉我，在她 20 岁的时候，她解决这个难题的办法是，把支票账户里的所有钱都花在她想要的东西上。她说，“我会用自己的钱买那些给我带来乐趣的东西，而生活用品都是不得不买的东西，我就用信用卡买这些东西”。

在中产阶级的收入水平，人们随随便便就能花费掉超出年收入几千美元的钱。假如你有一张信用卡，而你每年只能赚到 6 万美元，你会在不经意间花掉 6.5 万美元。或者说，当你每年只能赚 3 万美元的时候，你可能会花掉 3.2 万美元，而且感觉这没有什么不正常的。另外，借款人在购买物品时往往不清楚自己是否能在当月还清欠款。

一段时间后，信用卡上的欠款开始变得像一个变化无常的数字。就像电话账单一样，它反映的不是某些特定支出的成本，而是生活的必要成本。这种不把债务当作债务的感觉，对那些有曲折债务经历的借款人来说尤其强烈。他们想还清债务，但又没有完全成功。他们用尽支票账户上的所有现金偿还信用卡欠款，而等到下一次遇到意外支出时，信用卡上的欠款又会增加。就这样，卡上的欠款时而增加，时而减少。在这种情况下，我们很难彻底弄清楚一个人是怎么背负上债务的，因为尽管他们支付的总额已经远远超出了最初花费的金额，但他们仍然负有债务。他们可能会问自己，哪些欠款已经还清了，哪些还没有？

我访问过的大多数信用卡债务人都表示，他们至少在某些时候会使用信用卡购买必需品，但同时他们也表示，希望当初做出了不同的决定，这样就能少用点信用卡。

娜奥米是华盛顿的一名非裔平面设计师和创意家。她在 22 岁生日前夕就拖欠了第一张信用卡的欠款。她对我说，“这就像一个恶性循环，我告诉自己一切都在掌控之中，我会用下个月的薪水还清欠款。但当我用新发的工资还清欠款后，我就一分钱都不剩了。所以，我不得不再次使用信用卡。这样的循环持续了整整一年，直到最后，我完全不去还信用卡了”。在申请信用卡之前，娜奥米并非对信用卡一无所知。然而，事实证明，对于一个拥有信用卡，但没有家庭财富或高收入的年轻人来说，信用卡是一个隐蔽的陷阱。

娜奥米告诉我："可悲的是，我学到的所有教训都是每个人在申请信用卡时听到的警告'一定要把欠款还清。一定要确保自己有足够的钱还款。否则你可能一分不剩'。"她补充道，"我是一个喜欢享乐的人，但事实是，我们没必要对自己太好"。

通常情况下，信用卡债务会悄无声息地降临到债务人身上。它不是人们追求、选择或者想要的东西。实际上，如果你有一张信用卡，而且已经有了一些有息的信用卡债务，那么，你每次刷卡都会给你增添一笔利率为 24% 的新贷款。但你完全感觉不到这是一笔贷款，至少这种感觉不像是到发薪日贷款机构或银行申请贷款时的感觉。因为，在后一种情况下，你会明确告诉他们，"我想要一笔贷款"。

一旦消费者已经背负上了一大笔债务，他们就会破罐子破摔，对再背负更多债务感到麻木。杜克大学福库商学院（Duke University' Fuqua School of Business）的艾梅·沙博（Aimee Chabot），通过 4 个实验证明了这一点。实验中，他要求参与者假想有自己有少量或大量学生贷款债务，然后考虑再借一些钱，去参加能够提供更好职业前景的编程训练营或 GRE 预选班，或者每周再多借 30 美元参加社交活动。与假想自己有 4500 美元学生贷款债务（低债务条件）的参与者相比，假想自己有 4.5 万美元学生贷款债务（高债务条件）的参与者借钱改善职业前景的可能性高 21%，借钱参加社交活动的可能性高出 24%。对没有债务的人来说，第一次使用信用卡是非常重要的决定。一旦消费者已经积累了一定的信用卡债务，再次使用信用卡就不再是一个非常重要的决定了。至少，在艰难偿还最低还款前，人们是这样认为的。

包括我在内的“千禧一代”拥有的信用卡和信用卡债务都比同年龄的“X 世代”少，但我们的学生贷款债务要比“X 世代”多得多。这反映出我们是直接受到《信用卡法案》限制校园信用卡营销规则影响的第一代人。而且据报道，在我们这一代人中，有着更厌恶债务的氛围。这种代际差异表明，信用卡债务并不是由经济困境综合影响的。

面对同样的物质环境，两个人对借钱是否有意义的问题往往有不同的结论。很多人都会借助计算器或 Excel 绘制出摆脱债务的路径，但很少有人在最初借贷时使用这样的方法。与这些借款人交谈后，我明显发现，负债者各自有着截然不同的故事。一些人认为，无论一个人的收入水平如何，信用卡债务都是非常正常的，是身为美国人不可避免的副产品。在南卡罗来纳州的查尔斯顿（Charleston），一名酒保的自行车被盗，而这是她用来上下班的交通工具。她花了几个月的时间才攒够钱买了一辆新自行车。之所以如此艰难地完成了这个目标，是因为当她和朋友没有搭上顺风车时，她会偶尔花钱搭乘优步或 Lyft 顺风车。在这种情况下，借贷可能是合理的，因为这会省下搭乘网约车的费用。但她既没有信用卡，也不想要信用卡。

理论上，申请信用卡的决定是无关紧要的，因为如果信用卡没有年费，那么申请信用卡就不需要任何成本，也不会带来任何真正的责任。然而，事实证明，申请信用卡的决定是非常重要的。原因在于，申请信用卡的决定通常是人们在经济压力较小的时候做出的，而一旦有了信用卡，即使申请人设想自己只会在紧急情况下使用信用卡，也很难避免欠下债务。

分量效应

我在 22 岁生日的那一周开始在第一资本工作，先是在“决策科学”团队做了一年的分析师。这个团队负责为信用卡部门建立统计模型。虽然第一资本的大多数分析师都会就是否改变业务战略提出建议，但我会提出不同的问题，比如我们是否应该修改统计模型？如果需要，应以何种方式修改？这份工作给我的感觉是，它让我平静地远离了任何有关债务的重大问题。所有新分析师都会在一年后“轮岗”，而我“轮岗”到了一个叫“客户契合”的团队。我开始时觉得自己会喜欢上这个团队。毕竟，这个团队的名字里有“客户”两字，而我已经知道自己渴望更好地理解我们的客户为什么会借钱，以及我们的信用卡如何融入他们的生活。但公司似乎认为，客户最关心的是我们的移动应用程序运行得好不好，给他们发送的邮件多不多，以及解决信用卡欺诈问题的速度快不快。客户契合团队是围绕着一个名为“重要事件”的框架组织起来的。但是，人们逐渐陷入债务困境的痛苦，支付利息时的煎熬，都不属于所谓的“重要事件”。我当时确信，对客户来说，最重要的是我们为他们提供了多少信贷，以及以什么条件提供。在与几位高管交谈后，我决定加入所谓的夹子（CLIP）团队，即信用额度上调计划团队。正常情况下，公司是不会允许我这么快更换团队的。但幸运的是，CLIP 团队总是人手不足。

团队交流中少不了 CLIP 字眼。CLIP 可以是一个动词，比如你可以 pCLIP 客户，表示没有征得他们的同意就提高信用额度；你还可以 rCLIP 客户，意思是批准现有客户提高信用额度的请求。CLIP 可以是一个名词，幻灯片会列出我们发出去了多少个 CLIP。CLIP 还可以是一个形容词，如 CLIP 损失、CLIP 团队、CLIP 未偿还款项（指客户的总欠款，包括本金和利息）。

大家都觉得，CLIP 团队是全公司工作压力最大的部门。在我加入 CLIP 团队的几个月后，我聆听了 CLIP 团队前负责人、现任公司副总裁阿尼（Ani）作的一个关于职业转型的演讲。在演讲中，他讲述了自己如何领导一个技术部门的故事。他说，“最后，我告诉老板，如果再让我领导一次 CLIP 团队，我就从楼上跳下去”。第一资本有数百万次贷客户，他们的起始信用额度往往低至 300 美元。在一种被媒体描述为“小额度渐增式”的策略下，发卡机构从这些次贷客户和新信贷客户身上赚钱的唯一方法，就是等待风险最高的客户违约，然后提高那些按时还款者的信用额度。由于起始信用额度如此之低，与决定提高谁的信用额度相比，批准谁、拒绝谁的决定几乎无关紧要。用首席执行官费尔班克的话来说就是，“真正的风险敞口来自信用额度方面，而不是在发展新客户方面”。实际上，发卡机构努力获得更多客户，只是为了以后可以上调他们的信用额度。

谁能或者谁不能获得更多信贷？第一资本会赚取创纪录的利润，还是会在下一次金融危机中破产？我们会给那些想要或需要额外资金的人提供更多信贷，还是把人们推向一个越来越深的深渊？如果我们做出很多工作才能得到答案，情况又会怎样？对我来说，这些就像是所有行动的中心问题，所有权力的中心问题。

当时，23 岁的我既有些迷茫，又雄心勃勃，既有点理想主义，又秉持着中间偏左的立场。我似乎非常直观地感受到，我将以某种宽泛的、立志于造福社会的身份，对公司更大利润版图的中心，产生“最大的影响”。

第一资本的一位管理者曾对南加州大学的研究人员说，“我们这里什么都要计算，甚至可能有一张电子表格计算了自助餐厅里桌子和椅子的比例”。如果连桌子和椅子的最佳比例都要测试，那么公司当然要测试信用额度。正如费尔班克所说，上调信用额度是公司风险和风险敞口的核心，而且，公司很容易观察到不向客户提供更多信贷的反面教训。如果我们随机选择批准或拒绝一个潜在客户的信用卡申请，我们将无法收集关于被拒绝者的任何数据。但是，如果我们随机上调信用额度，我们就可以准确地比较低信用额度或高信用额度客户给公司带来的利润。

在《监控式资本主义的时代》（*The Age of Surveillance Capitalism*）一书中，哈佛商学院名誉教授绍莎娜·朱伯夫（Shoshanna Zuboff）探讨了在硅谷兴起的消费者测试以及相关的道德问题。朱伯夫指出，尽管在对人类进行研究之前，学者们必须获得机构审查委员会伦理学家的批准，必须按照伦理学家的要求，取得测试对象的知情同意。但是，企业对所有美国人进行研究，则不受这种道德规则的约束。我们大多数人可能永远都不会知道自己接受过这类测试。测试的结果通常不会向公众公布，因此也无法纳入共享的知识库中。由于没有考虑到这些问题，我当时并没有觉得测试有什么不妥。相反，我被这些测试的颠覆性潜力所吸引，它们让我理解了信贷渠道改变人们的生活方式。

在生物伦理学中，伦理测试的一个原则是，研究人员不应该事先知道哪种药物或医疗干预效果更好。如果他们已经知道哪种治疗方法更有效，那么不向测试对象提供更好的药物或使用更好的治疗方法，是不道德的行为。如果研究人员在研究中获得了足够有力的证据，证明试验的有效性，他们应该提前结束研究。至少从这个角度来看，第一资本的实验不仅站得住脚，而且是必要的。了解哪些人从信贷中受益，以及高信用额度会在什么情况下会导致人们被沉重的债务压垮，这些难道不重要吗？

2015 年，波士顿联邦储备银行（Federal Reserve Bank of Boston）公布了经济学家斯科特·富尔福德（Scott Fulford）和斯科特·舒赫进行的一项研究。他们的研究与我了解到的完全吻合。富尔福德和舒赫追踪调查了 1999 年至 2015 年美国人使用信用卡的情况，并分析了美国征信机构数据的随机样本。研究表明，大约有一半信用卡持卡人只使用了信用卡可用额度的一小部分，而且很少使用信用卡借贷。对另一半人来说，随着信用额度的增加，他们的债务也会随之增加。如果他们某一年使用了 60% 的信用额度，那么下一年他们还会使用 60% 的信用额度。所以，假设他们的信用额度增加了 1000 美元，他们会等比例地再多花 600 美元。直到他们 50 多岁以后，这种趋势才真正开始放缓。这两名作者指出，“在信用额度增加 10% 之后，循环信贷债务最终会增加 9.99%”。

富尔福德和舒赫所解释的趋势是一种全国性趋势，第一资本当然也不例外。通常情况下，如果我们提高一个信用卡债务人的信用额度，那么，无论他们原先用掉了多少额度，无论是 40%、60%，还是 80%，他们都会再用掉相同比例的额外额度。也许有的客户觉得他们对未来的财务状况最有发言权，可以自主决定是否欠更多债。事实上，这种情况与数据反映出的规律并不相符。数据表明，新增信用额度具有不可抗拒的强大诱惑力。

让我们思考一下这意味着什么。假设你面前有30根薯条。你可以选择吃25根。现在，假设你面前有60根薯条，按照这个规律，你会吃掉50根。在某种程度上，这种现象并不完全合理。如果你“真的想要”50根薯条，当你得到较少的那份薯条时，为什么不把那30根全部吃掉呢?

正如心理学家马里昂·赫瑟林顿（Marion Hetherington）和帕姆·布伦德尔-伯蒂尔（Pam Blundell-Birtill）在英国营养基金会（British Nutrition Foundation）的《营养公报》（*Nutrition Bulletin*）中指出的那样，“分量效应对人的影响是强大、稳定而持久的。”这里提到的“分量效应”是指，人们之所以摄入更多食物是因为他们面前有很多食物，完全感受不到食物的稀缺性。在债务问题上，也存在类似且同样强大的分量效应。我们的主观需求是客观供给的直接副产品。对待信贷，就像对待食物一样，我们的“欲望”和行为在很大程度上都要受到环境的影响。

事实上，第一资本就像一个餐厅。但在这家餐厅，顾客不能点“小份”、“中份”或“大份”薯条。他们只管坐在餐桌前，由第一资本决定上多少薯条，多久重新添加食物。客户通过申请提高信用额度或申请一张新卡来获得更多的信贷，实际上就像是在摆弄一个坏掉的温控器：他们以为自己拥有自主决定权，而事实上，真正决定是否改变温度的，是控制室的那个人。发卡机构会应客户要求，提高他们的信用额度，但提高幅度通常低至100

美元。而第一资本“主动”上调的信用额度通常为 1000 美元或 3000 美元。我们凭什么要屈服于客户的要求，放弃为客户设定信用额度的权力呢？更令人不安的是，事实上，那些随机得到一小盘薯条的人不太可能要求更多的食物：如果面前有薯条，他们就会吃薯条，但如果面前没有薯条，他们也不会想要薯条。

不止一位经济学家问过我，我是否认为消费信贷会让人上瘾。实际上，大多数美国人的信用卡债务是在信用额度提高后，被动积累起来的，而不是在申请新信用卡后主动积累的。有成瘾症的人不仅会受到家里储存的酒的诱惑，还会受到体内化学物质的驱动，主动寻求令他们上瘾的东西。这种不能自拔的行为，这种在强烈欲望驱使下寻求更多信贷的模式，确实可以套用在某些人身上。当然，也有一些有酒瘾的人会申请贷款或信用卡来购买令他们上瘾的东西。但对大多数人来说，信用卡更像薯条或冰激凌：当它们触手可及时，极具诱惑力，而当它们不在人们身边时，人们也能轻松避开它们。

那些永远不会申请新贷款的人，仍然会选择用自己已经拥有的信用卡借更多的钱，尤其是当他们的信用额度提高时。相当一部分成年人，即大约 25% 的信用卡持有者，或者说大约一半的循环信贷债务人，将在几乎整个成年人生中使用超过一半的可用额度。

也就是说，大多数使用信用卡的消费者，即使本来不会主动申请新信用卡或主动要求提高信用额度，也会使用掉大部分由银行每批额外发放的信用额度。当我们认识到这一点时，一个结论呼之欲出：美国人负有的信用卡债务数额并不是由他们想要或需要借多少决定的；相反，是由银行选择放多少贷决定的。

总结一下我们目前学到的东西。信用卡债务人通常是收入在5万到10万美元的中产阶级家庭，而不是收入最低的家庭。于是我们得出一个结论：虽然在这个经济体系中，很多工薪家庭的收入低于支出，但信用卡债务并不是这个体系的必然副产品。信用卡债务的产生要具备两个条件：一是银行乐于让家庭背负上债务；二是家庭相信信用卡能够解决他们面临的困境。对一些家庭来说，信用卡会消耗家庭财富，令他们无法实现财务稳定。

典型的信用卡债务人并不是一个20多岁、在实习和临时工作之间徘徊的大学毕业生，而是年龄在46岁到50岁、本应拥有足够储蓄的“X世代”。事实上，人们并不是在几个星期，或者几个月内负有短期信用卡债务，而是经年累月地背负着如此沉重的债务。由此，我们可以得出结论：信用卡不是帮助人们度过短期困境的桥梁，而是一种长期的依赖，它让美国中产阶级在背负上债务的每一年都变得越来越穷。典型的信用卡债务人对金融和利率基础知识的了解，并不比没有债务的人少。这表明金融素养教育本身不太可能对美国的私人债务问题产生任何影响。但是，令人惊讶的是，信用卡债务在可自由支配和不可自由支配消费之间形成了均衡。这表明我们可以扭转局面，帮助美国人摆脱债务，让美国中产阶级有更多的现金来购买他们看重的所有东西（包括可自由支配和非可自由支配的消费品）。而从美国信用卡债务的分布情况，我们可以得出这样一个重要结论：银行最乐于也最善于向那些收入高于平均水平、收入达到顶峰年龄段且已有额外信用卡债务的人，推销信用卡产品。

非典型债务人

我们已经探讨过了一些“典型”债务人，即在统计学意义上能代表这种模式的人，或者说最大的债务人群体。不过，我还想着重介绍一个规模较小但同样重要的债务人群体。这类群体的家庭收入低于美国收入中位数。简单起见，我将这一群体称为工薪阶层。他们可能会反复经历失业，但这一群体中的绝大多数人都是为了生存而工作（他们是社会不可或缺的工人）。其中有些人是残疾人，有些人则居家提供护理工作。尽管，相对于中产阶级来说，他们较难背负上信用卡债务，但他们之中负有信用卡债务的人也并不罕见。事实上，工薪阶层中有 40% 的人有信用卡债务。他们的平均信用卡欠款往往远低于中产阶级。因此他们的信用卡债务仅占美国信用卡债务总额的四分之一左右。尽管他们支付的信用卡利息占比不大，但在很多方面，他们为此付出的代价却是最大的。

我的一名受访者——佩吉，和丈夫戴夫是在密苏里州同一家多拉多比萨店（Dorado’s）工作时认识的。当时，佩吉 15 岁，戴夫 17 岁。结婚后，两人生育了两个孩子，并在 7 年后一起购买了他们的第一套房子。佩吉告诉我，“我们努力工作，攒钱付首付。我上白班，他上夜班。”她补充说，“我们一拿到房子，就开始收到一些邮件，里面都是信用卡推销广告。”佩吉和戴夫相信日子会越来越好，于是申请了几张卡。佩吉说，“大多数情况下，我们都用信用卡购买大件商品，而不是日常用品。一般来说，我从来不会在杂货店用它”。后来佩吉怀上了第三个孩子，她突然觉得自己完全受不了家里的水床床垫，因为它让自己很难上下床。年轻一点的读者可能不知道，在 20 世纪 80 年代和 90 年代，很多美国人都睡在黏糊糊的巨大乙烯基水袋做成的床垫上。后来，佩吉和戴夫用信用卡买了一个价值 600 美元的床垫。这是在他们根据《破产法》第 13 章申请破产保护之前，最后一次使用信用卡。在一段时间内，他们与信用卡之间的故事算是结束了。根据《破产法》第 13 章，破产申请人必须按月支付破产费用，而每月 126 美元的破产费用最终令他们难以应对。

十几年后的 2012 年，佩吉又拿到了两张用于服装店消费的信用卡。这一次与以往有所不同，她开始用一个小笔记本记录每一笔账单。当她有支付能力时，她会尽量支付高于最低还款额的金额。信用卡账单的到期时间与她的汽车贷款最低还款时间差不多，这样她就能还清每月 373 美元的汽车分期贷款（她每周的工资约为 420 美元）。每过一月，她就记下新的一页。每偿还一个账单的欠款，她就会在笔记本上打个对勾。像以前一样，现在的债务也很难管理。佩吉现在有 12 张信用卡，每张都有欠款。不过，她大部分情况下都用借记卡购物。她告诉我，“我尽量不使用信用卡”。在她接受我访问的前一个月，她的手机坏了，这意味着她要补上话费，才能购买一部新手机。她说，“我总是晚一点付话费，运营商允许这种做法。但要想买一部新手机，就必须及时缴话费。所以，我用了一张信用卡，幸好那张卡上有足够的额度帮我支付 170 美元。我为自己感到自豪”。

虽然每个人的故事都不一样，但佩吉的经历中有几点是工薪阶层债务人的典型共性。典型的工薪阶层债务人会经常刷爆或接近刷爆信用卡（部分原因是银行倾向于向低收入者提供较低的信用额度）。因此，虽然相对他们的收入而言，他们有着相当数额的信用卡债务，但他们的大部分日常购物是通过借记卡或现金完成的。一旦要用到信用卡，他们必须在使用前检查自己的可用额度。与中产阶级债务人相比，他们的债务总额似乎很低（通常不高于 5000 美元），但与本身的收入水平相比，他们的债务相对较高。除非得到一笔意外之财，否则这些欠款很难还清。大多数人，比如佩吉，对每件商品的价格都了如指掌。他们能告诉你每笔账单的具体数额，以及在杂货店买到的所有东西的大致价格，这样的财务意识在高收入的美国人中是非常少见的。许多人，包括佩吉在内，都会算计好每笔账单的还款时间。他们了解哪些公用事业公司或贷款机构的还款期更宽松，哪些有更严格的还款截止日期。在第一资本，我们称上述还款决策为“还款次序”。我们会尽量确保第一资本在其他债权人或账单之前得到偿付。

与其他典型的工薪阶层债务人一样，佩吉也会用每年的退税来偿还账单和债务。她对我说，“我们一直非常依赖税金退款，一直靠它来帮助我们偿还债务”。目前，佩吉在一家有工会组织的杂货店工作，时薪为 15.50 美元。这是她一生中的最高时薪，这也使得所得税抵免成为她年度现金流的主要来源。

虽然最常用的信用评分标准，如 FICO 和 Vantage，不考虑受评人的收入，但是美国工薪阶层往往更有可能经历财务起伏，他们根本不可能偿还清贷款。包括佩吉在内的很多人，要么经历过破产，要么有过失信经历，如汽车被收回，房屋被取消赎回权，或经历过针对无担保债务的工资扣押诉讼。作为工薪阶层社区的美国人的艾可飞（Equifax）信用风险评分中位数为 658。这意味着其中大约一半人拥有“次级”信用评分。相比之下，作为中产阶级社区的美国人的艾可飞信用风险评分中位数是 774。收入和居住位置可能不会严格地决定一个人的信用评分（事实上，它们都不是计算这些评分的直接因素），但它们显然在决定生活状况方面发挥着重要作用，而这种生活状况又决定了人们信用评分的高低。

550 到 660 的次级信用评分通常反映的情况与佩吉非常相似——他们试图还清账单，但钱并不总是够用。拥有次级信用评分并不意味着你不能获得信贷，事实远非如此。许多信用卡公司，如第一资本、普瑞密尔银行（First Premier）、凯尔特人银行（Celtic Bank）和梅里克银行都瞄准了这一群体。一些大型银行和信用卡发行机构，如美国运通公司、大通银行，则完全避开了次贷市场。而像花旗和发现公司等企业则在边缘地带徘徊。他们涉足高端次贷市场，监控市场行情，并每年选择进入或退出次贷市场。如果一个处于工薪阶层的成年人从未使用过信用卡，他可能不知道自己有资格申请哪种类型的贷款。而一旦他使用了信用卡，即使在宣布破产之后，也会受到来自少数几家公司的信用卡推销广告的轮番袭扰。从这个意义上说，工薪阶层获得信贷并不“困难”，只是他们很难获得更好的信贷。因此，他们为此支付的价格要高得多。信用评分高的人可能会在开户时享受新客户零利率的福利，但像佩吉这样的人几乎永远都无法享受这种“优惠利率”。

债务问题的肤色属性

佩吉的家乡是密苏里州的圣查尔斯，位于密苏里州弗格森镇

（Ferguson）以西约 15 英里（1 英里 ≈1.61 千米）处。而弗格森镇则位于圣路易斯的市中心西北约 12 英里处。虽然圣查尔斯和弗格森相邻，但圣查尔斯的白人人口占 88%，弗格森的非裔人口占 67%。佩吉出生在圣查尔斯，但圣查尔斯的许多白人居民大约在一两代前就离开了弗格森或圣路易斯市北部的其他地区，为的是避免居住在种族混居的社区。

圣查尔斯和弗格森相距仅 20 分钟车程，但几个世纪以来，种族主义政策使两地产生了巨大的隔阂。虽然同为密苏里人，但两地居民的信用卡债务经历却大为不同。2013 年，也就是白人警察达伦·威尔逊（Darren Wilson）开枪杀死手无寸铁的非裔少年迈克尔·布朗（Michael Brown）的前一年，弗格森这个只有 2.1 万居民的小镇发出了 3.2 万多张逮捕令，其中大部分涉及交通违规案件。正如美国全国公共电台（NPR）记者约瑟夫·夏皮罗（Joseph Shapiro）所说，"密苏里州总检察署的数据表明，在弗格森，警察在拦截白人司机时更有可能发现违禁品，但非裔司机被拦截的次数与其人口不成比例"。警察对非裔的治安管理更为严格。针对轻微的违法行为，如尾灯坏掉、停车标志前滚动停车，或者没有使用转向灯，警察动不动就会给非裔司机出具罚单、进行罚款和收费。而相同的违法行为，白人则可能只会受到警告，甚至根本不会被拦下。对低收入的美国人来说，罚款可能会迅速升级为其他处罚，尤其是在治安管理严格的社区。未付罚款可能会导致驾照被吊销，如果被抓到无证驾驶，则司机会受到更严重的罚款或加收费用处罚。当然，大多数美国人如果不能开车去上班，就无法支付最初的不公平罚款，这样就形成无法破解的两难境地。而任何由此产生的惩罚性债务都不能在破产中免除。遭遇不公平执法与其他因素，使许多美国非裔在有机会做出任何个人财务决定之前，就走上了与白人不同的财务轨迹。这降低了他们的信用评分，提高了他们的信贷成本——美国白人的平均信用评分比非裔高出了 125 分。

弗格森镇可能会成为全国的头条新闻，但种族主义在美国是常态，而不是例外。2014 年至 2018 年，在典型白人社区里，白人比重为 71%。与此同时，在典型的非裔社区里，非白人比例为 69%。而在典型的拉丁裔或西班牙裔社区，非白人比例为 68%。在理论上，地理位置与信用卡行业没有什么关系。虽然你可以在银行分支机构申请信用卡，但大多数信用卡申请都是在网上完成的。信用卡公司会向全国各地发送信用卡开户邀约。但非裔收到的信用卡邀约邮件较少。即使在收入和信用评分相同的情况下也是如此。非裔获得信贷的选择较少，他们支付的信用卡利率平均比白人高 2%。

来自最贫穷社区的非裔有时完全没有进入正规银行系统的渠道，包括信用卡渠道。在密歇根州最贫穷的城镇哈姆特拉马克（Hamtramck），我访问过一个叫本尼的中年非裔。他这样总结道，

“非裔不容易获得信贷。一个非裔要回答的问题太多，你必须完全具备这个条件或者那个条件”。他的邻居大卫也认为这种信用制度很难给非裔开辟信贷渠道。他上次申请的任何类型的信贷都被拒绝了。此后，他再也没有申请过任何形式的信贷。他说，遭到拒绝彻底改变了他的人生轨迹。他补充道，如果他的申请得到批准，“我可能会有一所房子……我可能不会犯下重罪。我的人生会有很多可能”。

同样值得注意的是，当成年非裔信用评分处于平均或良好水平时，他们以比白人高出 70% 的概率认为自己的信用评分很低。希拉·阿兹（Sheila Ards）和小威廉·达里蒂（William Darity Jr.）等非裔学者指出，造成这一现象的原因可能是，非裔过去遭遇过差别对待，在申请贷款遭到拒绝，或者那些被金融渠道拒之门外的非裔，对正规金融系统的了解甚少。

在信贷经历上，第二章提到的像阿丽莎这样的非裔中产阶级，与本尼和大卫等生活在最边缘社区的美国非裔有很大的不同。信用卡债务在非裔中产阶级中尤其普遍。在家庭收入超过 7.5 万美元的成年非裔中，有 56% 的人有信用卡债务。而同一收入水平的成年白人中只有 34% 的人有信用卡债务。

以阿丽莎为例，大学毕业后，她便去了佐治亚州的一家银行工作。当时，她感觉自己“不仅年轻，而且信用良好”，于是在一个月内申请了 3 张信用卡，总可用额度高达 2.7 万美元。信用报告上没有任何负面记录，且有一些成功还清贷款经历（如阿丽莎还完了学生贷款）的美国人，经常发现银行会主动给自己提供很高的信用额度，尤其是当整个经济运转良好时。阿丽莎告诉我，“我缺钱的时候，信用卡能帮助我支付账单。在此之前，我从未独立生活过，学校教会了你关于金钱的一切，除了如何精打细算外”。

尽管非裔家庭负有的信用卡债务平均额低于其他家庭（前者平均额为每年约 1900 美元，后者约为 2630 美元），但由于非裔家庭遇到困难时通常没有那么多世代累积的财富可以依靠，因此受到债务负担的影响更为严重。总体而言，43% 的成年非裔有信用卡债务，西班牙裔和白人的这一比例分别为 39% 和 35%。

经济学家往往低估了信用卡债务在多大程度上属于种族公平问题。一些人错误地认为，非裔社区的信贷渠道普遍较少——85% 的成年白人拥有信用卡，而只有 68% 的成年非裔拥有信用卡，因此非裔家庭在很大程度上避免了债务负担。但是，尽管非裔家庭不太可能从这台债务机器中获得一些好处，如获得带有奖励的支付卡，但他们也同样可能受到债务机器本身成本的影响。

回避理论

在本章前面部分，我们讨论了信用卡债务“夹缝”理论的局限性。这一理论认为，减少信用卡债务的最佳方法是让中产阶级家庭能负担起生活必需品。如果美国人的信用卡债务问题可以用美国各个金融危机来一一解释，那么，信用卡债务就不可能在经济繁荣时达到最高，并在经济不景气时降到最低。此外，即使在夸特自己的书中，她也谈到了像贝拉米一家这样的纽约家庭。他们的家庭收入虽然高达 16 万美元，但只能勉强确保收支相抵。隔了几章，她又谈到了纽约市的保姆埃斯特。她的年收入在 5 万美元左右，却能够把足够的钱寄回她的出生地肯尼亚，养活 8 个亲人。对比埃斯特和贝拉米夫妇，我们可以轻松得出结论，"钱不够"的感觉不仅仅取决于数额的绝对大小，还受到人们的期望以及世界观的影响。我并不是在暗示，即使仅有 6 位数的年收入，在纽约养活一个家庭也很不容易，我只是想谈谈一些看法。

媒体经常将年收入 4 万美元和 16 万美元的人归为一类，称之为"陷入挣扎的"中产阶级，完全不顾他们物质的巨大差异。例如,《纽约时报》2019 年关于中产阶级的系列报道，介绍了亚利桑那州、密苏里州和明尼苏达州等地 7 个家庭所面临的困境，其中 6 个家庭的年收入达到了 6 位数。尽管在相同的城市里居住着数百万靠较少收入为生的人，但该系列节目明显地暗示，降低这 7 个家庭的收入，他们将无法生存下去。年收入 16 万美元的人可能会认为，他们与年收入 4 万美元的人财务状况相同，但相反的情况却很少发生。大多数美国人认为年收入超过 10 万美元的人就是富人。他们明白，自己要是有如此高的收入，生活将完全不同。

在这本书中，我不打算过多地讨论美国如何才能让人们买得起房子，买得起医疗保健服务（或普及免费医疗），买得起儿童保育服务（或普及免费的儿童保育服务），付得起教育费用（或普及免费教育）。毫无疑问，解决了这些问题，将会使一些人避免背负上信用卡债务。这些问题每个都值得人们专门撰写一本书加以深入探讨。但同样重要的是，即使这些问题的解决将从根本上改善美国人的福祉，但债务机器依旧继续运转，这是因为在每个收入水平和每个必要支出水平上，人们都可能在信贷产品的诱使下入不敷出。

另一种理论认为，美国人之所以有如此多的信用卡债务，是因为他们缺乏耐心而且易于冲动——他们就像选择立即吃掉棉花糖的孩子一样。沃尔特·米歇尔（Walter Mischel）等人在《人格与社会心理学杂志》（*Journal of Personality and Social Psychology*）上发表了一项著名的研究。研究人员要求孩子们选择现在得到一个棉花糖，或者约 15 分钟后得到两个棉花糖。结果表明，与选择立即吃掉棉花糖的孩子相比，那些选择等 15 分钟后获得两块棉花糖的孩子，“学习和社交能力更强，语言更流利，思维更理性，更有专注力和计划性，能够更好地应对挫折和压力”。棉花糖理论的支持者指出，信用卡债务是债务人的性格缺陷导致。持这一观点的人通常认为，不成熟的美国人应该受到保护，避免自己错误决定的影响；或者得出结论，试图帮助那些明显有性格缺陷的人，是注定要失败的。

经济学家斯科特·舒赫和斯科特·富尔福德在一篇探讨信用卡债务的论文中指出，“超过一半的人是因为非常没有耐心，也不在意风险问题，才背负上我们所研究的循环债务”。纽约大学斯特恩商学院（NYU Stern School of Business）的经济学家特蕾莎·库赫勒（Theresa Kuchler）认为，缺乏耐心是导致人们背负上信用卡债务的一个重要原因。她还表示，你可以通过比较人们在拿到工资后的头几天和下一份工资到来前几天的花费占收入的百分比，来“衡量”他的耐心程度。除舒赫、富尔福德和库赫勒外，还有一些学者也将信用卡债务归因于人们“缺乏耐心”。他们认为，如果美国人不那么缺乏耐心，就不会有那么多信用卡债务。“缺乏耐心”不一定是一种贬义，但这个词确实在暗示信用卡债务反映了一种个人性格缺陷。

除了信用卡债务外，缺乏耐心的概念也在很大程度上塑造了“精英”（包括自由派和保守派）对中低收入美国人的看法。《纽约时报》专栏作家大卫·布鲁克斯（David Brooks）认为，棉花糖实验证明，如果我们不注重提高美国人的自我控制能力，改进教育或减轻贫困的任何努力都将“显得微不足道”。沃尔特·米歇尔还与美国公共广播公司合作，讨论如何将“棉花糖研究”的成果融入儿童教育节目——《芝麻街》(*Sesame Street*)上。在后来的《芝麻街》节目上，节目组安排剧中角色甜饼怪（Cookie Monster）伴着爱卡娜女王组合（Icona Pop）的《我爱它》(*I Love It*)曲调，演唱了弘扬自控美德的《我想要但我要等》[*Me Want It*(*But Me Wait*)]。米歇尔的研究结果在文化和政治领域引起了共鸣，但他的结论在某种程度上与最新的研究相矛盾。《心理科学》(*Psychological Science*)期刊2018年的一项研究发现，愿意等待一段时间获得两块棉花糖的儿童，在青少年时期的能力水平只有最初研究发现的一半。该研究还表明，当控制住社会经济变量后，童年时缺乏耐心对青少年能力的影响有三分之二会消失。只有那些不能等待20秒（而不是整整15分钟）以上的孩子，在长大后与同龄人存在显著差异。

对信用卡债务问题，我提出了一种不同的解释，我将其称作"回避理论"。我认为"夹缝"理论与真实数据严重不符，"缺乏耐心"理论是错误的，且对大部分美国人来说是一种侮辱。为了解释"回避理论"，我想首先向读者讲述凯瑟琳·G.的故事。

现年65岁的凯瑟琳先是做了13年的护士，后来在明尼苏达州圣保罗（St. Paul）以东靠近威斯康星州边界的一个小镇上，做了全职妈妈。离家最近的杂货店也需要半小时车程以上。她和丈夫都是白人，两人在小儿子开始上大学时离婚了。离婚后，凯瑟琳突然发现自己独自住在一个与世隔绝的房子里。家里都是别人的东西。因为前夫拿走了一半他们共同购买的东西，所以房地产经纪人用模型家具布置了房子。尽管《离婚协议》规定，在房子出售之前，全额赡养费协议不会生效，但她还是觉得待在空房子里太压抑了，于是搬到了自己在圣保罗的公寓里。她完全不知道，卖出这栋空房子需要多长时间。经济衰退还在加剧。在等待全额赡养费的过程中，凯瑟琳为了支付律师费、汽车贷款和房租，最终积累下了高达 8 万美元的信用卡债务。2019 年，当我访问凯瑟琳时，这个数字降到了 6 万美元。同时，她还支付了孩子们上大学的一部分费用，帮助他们完成了学业。

凯瑟琳的前夫是一名医生，比她富裕得多。他承担了孩子们上大学的大部分费用。虽然孩子们都申请了一些学生贷款，但凯瑟琳仍然觉得自己有义务分担一部分。凯瑟琳告诉我，“我的孩子知道这对我来说很难，但完全不由他们自己支付学费只是他们的一种奢望”。你可能会说，或许应该让孩子们申请更多学生贷款，反正利率也就 4% ～ 5%。这要比凯瑟琳帮孩子支付大学费用更加合理，因为她可以用这些钱偿还信用卡债务。但凯瑟琳不想告诉孩子们自己帮不上忙。先考虑孩子再考虑自己，是一种明显的“着眼未来”的做法。在这一点上，我们很难说凯瑟琳没有耐心。“缺乏耐心”，意味着人们愿意为了今天的快乐而牺牲明天的快乐。“缺乏耐心”不是一个合适的字眼，它无法形容人们拒绝亲人时的煎熬，也无法形容我们承认自己失败时的犹豫，不管这种失败是物质上的、职业上的、社会上的还是道德上的。虽然生活不一定总是那么艰辛，但我们很难有勇气承认这并不是我们想要的生活。用缺乏耐心描述此时的窘境，也并不恰当。

当我们真正探讨“想要”和“需要”的概念时，令人惊讶的是，我们会发现这两个概念之间的边界非常模糊。你需要参加表姐的婚礼吗？需要参加母亲的葬礼吗？如果你的孩子被霸凌了，你需要送他们去私立学校吗？你需要给你的孩子买生日礼物吗？为了让孩子踢足球，你需要为他花钱买队服吗？你需要为孩子买新的婴儿床，或者新的汽车座椅吗，还是继续使用旧的？在大学毕业前夕，你需要和朋友们一起出去喝个酒吗？你需要吃多少食物或者多么高档的食物？你需要修理家里破碎的窗户吗？需要换掉发霉的地毯吗？你和丈夫还有两个孩子会挤在一套两室一卫的公寓里吗？或者还要挤在一起住多久？你显然需要不只一双鞋子，那么总共需要多少双呢？你的猫需要兽医照顾吗？你需要每行驶一万英里换一次机油吗？有些事情即使在一段时间感觉像你想要的，但后来也会变成一种需要。假设你在整个人生里都要过着国会女议员亚历山德里亚·奥卡西奥 - 科尔特斯（Alexandria Ocasio-Cortez）所说的“仅仅是动物般的生活”，那么，这和人们在困难时期放弃一些享受，是有很大区别的。

最近，我和儿时最亲密的两个朋友进行了交谈。按照“千禧一代”的标准，他们生活得还算不错，但都面临着沉重的学生贷款负担。我们谈到了我们青少年时期对成为有钱人的看法，还讨论了现在如果有更多可支配收入，会买什么。十几岁的时候，我们以为有钱就意味着拥有名牌衣服、昂贵的汽车，或者每个房间都有一盏吊灯。作为成年人，我的朋友们希望他们有足够的钱买一台洗衣机、一台洗碗机，以及一个能装得下洗碗机的厨房。这些都不算是幻想。他们都29岁了，也都过着相对比较富足的生活。

信用卡债务正是在这种“想要”和“需要”之间的交集里，逐渐累积起来。而一般来说，这还不是没有控制住冲动消费的结果。信用卡债务还在那些情有可原的日常消费中，逐渐累积起来。它有时源于一种纯粹的需要。但在通常情况下，它是由于人们不愿意采用那些自己很不喜欢的应对方法而产生的。这些方法往往是一个人摆脱糟糕财务状况的唯一途径。比如，你可以搬到一个更便宜的公寓，但这意味着你要把孩子们转到别的学校。你也可以再找一份工作，即便你已经到处碰壁、筋疲力尽。我的意思不是说，美国人为了生存必须做这些事情。相反，我的观点是，许多信用卡债务人发现，信用卡只能延迟他们做这些事情的时间，而且代价异常昂贵。

比起棉花糖测试，我们在思考信用卡债务时，更应该联想到一场闯关游戏。在任何一场闯关游戏中，你都应该尽自己所能，进入下一个关卡。一旦你在游戏中死掉，你背包里的任何战利品都会不再管用。游戏中的挑战来得太快、太激烈，你根本没有机会集中精力提前做好计划。把力量或资源留到以后用，不仅毫无用处，还会适得其反。每个人都会遇到一些会让他们无法接受的事情，人们往往会尽一切所能避免这些事情。它们有可能是物质上的，比如被驱逐出住所或失去自己的车子。也可能是情感上的，比如当异地女友陷入困境时，自己却不能赶上飞机去看她；还比如不能给上大学的孩子金钱支持，帮助他们度过无薪实习期；或者在与家人过了几十年的中产阶级生活后，自己不得不在60多岁时去养老院与室友拼一间房。棉花糖测试是定量的：我可以选择现在吃一块棉花糖，也可以选择15分钟后吃两块棉花糖。淘汰游戏是定性的：如果我这一轮失败了，就无法继续前进。在“回避思维”看来，所有可以算作“危机”的东西，其实都差不多。所以，如果你今天借钱来避免困境，可能发生的最坏情况就是，你只不过把危机推迟到了明天。

当然，并不是所有被视为危机的事情，都像我们想象的那么糟糕。但是，假如你觉得，自己玩杂耍时掉了任何一个球，你的世界就完蛋了，那么，靠借钱来维持球的运转，并不完全是“缺乏耐心”的副产品，也可能因为自己没能找到其他可用的替代方案，或者是因为自己高估了其中一个球破损会带来的后果，觉得这会带来灾难性后果。

以2018年《轻松赚钱》（*WealthSimple*）杂志《金钱日记》（Money Diary）栏目中提到的凯特和汤姆为例。两人是对夫妻，年龄在 40 岁以上，且都在保险行业工作，汤姆还兼职做酒保。他们每年总共赚 16 万美元，同时负有 6 万美元的信用卡债务，1.8 万美元的个人贷款债务，两笔总计 36 万美元的房贷，以及超过 10 万美元的学生贷款。在他们的“金钱日记”中，没有财务方面特别罕见的悲情故事：他们没得过大病，没经历过长期失业，也没有遇到过超出中产阶级正常生活起伏的特殊事件。在某种程度上，人们很难同情凯特和汤姆，因为有很多人确实在比他们收入低得多的情况下，不仅没有背上债务，还攒了积蓄。这就是我们要探讨这个案例的原因。

他们的钱到底都去哪里了？你可能会猜测到，凯特和汤姆的税后收入约为每年 11.4 万美元，或每月 9500 美元。你可能也会猜测到，考虑到他们的房贷规模（36 万美元），月供应该在 2400 美元左右，而如果他们房贷利率较高，而且住在房产税高的地区，月供可能更高。保险起见，我们可以把这笔钱估算为 4000 美元。根据他们提供的数据，私立学校的学费是 1.5 万美元，也就是每月 1250 美元。到目前为止，每月支出总计大约为 5250 美元。凯特和汤姆表示，他们之所以租车，是因为一旦自己的车子坏了，他们很可能没有钱修车。如果我们算上两辆车子的租金，即每辆 300 美元，再加上总共 250 美元的汽车保险，那么，每月总支出就是 6100 美元。他们透露，两人的学生贷款在暂缓还款期，也就是说，他们现在无须偿还。如果他们所有的信用卡债务和个人贷款债务的利率都相对较高，比如 24%，那么，他们的贷款利息就是每月 1200 美元。也就是说，到目前为止，每月总支出是 7300 美元。这意味着在支付了税收、房贷、汽车租金、债务和学费之后，汤姆和凯特每年还有 2.7 万美元的可支配收入。这虽然不是一笔巨款，但考虑到前面已经列出的所有支出，这是一笔还算不错的金额。许多美国人在扣除住房和交通费用后，收入远不到 2.7 万美元。那么，为什么凯特和汤姆依然举债生活呢？

在读了凯特和汤姆自己所描述的经济困境时，我们很容易发现，他们有很多事都不该做。汤姆表示，“我们一直想把孩子送进公立学校”。凯特接着说，“去年女儿去了一个学习氛围不好的地方，产生了厌学情绪，还被人打了。所以，我们当时决定，明年送她去私立学校”。他们上不起私立学校，但又放不下这个念头。他们觉得，自己绝不会拒绝儿子买一套毕业舞会衣服的请求。而他们又不会养成工薪阶层的饮食习惯，因为他们习惯了在全食超市（Whole Foods）买新鲜农产品、寿司和奶昔。他们也不可能申请破产。也许在某种程度上，这是由于“缺乏耐心”所致。更准确地说，汤姆和凯特对他们的这些选择有一种扭曲的理解，他们没有把这些事情看作是选择，比如他们也可以让孩子上公立学校，或者让 18 岁的儿子去找工作。而这些都是工薪阶层的生活策略。汤姆和凯特还会把其他人绝不会做的事情当作一种选择，比如用高息贷款弥补支出缺口。

《金钱日记》并没有讨论汤姆和凯特在 5 年、10 年或 20 年后会发生什么，甚至连汤姆和凯特都很有可能并不真正清楚未来会发生什么。媒体经常暗示信用卡债务不好，说花掉超出收入的钱是不顾后果的选择。这是在暗示，信用卡债务之所以不好，可能是因为它腐蚀了一个人的灵魂。它们并没有解释像汤姆和凯特这样的故事通常是如何收尾的。要弄清楚为什么这种债务会对美国家庭构成如此大的威胁，我们必须探讨故事的可能结果。在接受《金钱日记》采访时，债务令汤姆和凯特倍感压力，但这还没有到达故事的终点。未来一些事情可能会导致他们的生活发生重大变故，比如申请不到新的信贷，或者失去学生贷款延期优惠。

在接受《金钱日记》采访时，汤姆和凯特使用新的贷款来支付各项支出，这似乎是在借新债还旧债。如果贷款机构不再批准新贷款，他们的整个策略可能会迅速失效。如果汤姆和凯特的最低还款额超过了他们的还款能力，就可能出现这些情况：由于拖欠还款，他们的信用评分将会下降，获取新信贷的渠道会完全堵塞；或者即使能获得信贷，利率也会非常高，而与高利率相伴而来的是更高的最低还款额。如果连续 9 个月不还款，他们的债务就会成为“坏账”，贷款机构将不只是要求汤姆和凯特还款，而是会起诉他们，以扣押他们的个人薪资。在大多数州，扣押率为 25%。对汤姆和凯特来说，数额大约是每月 2400 美元，这远远超过了违约前的最低还款额。当然，获得一笔新贷款的难易程度不仅仅取决于借款人，也取决于经济环境。尽管 2018 年汤姆和凯特仍然找到了愿意提供信贷的银行，但到了 2020 年，两人会发现银行将更加谨慎。事实上，2020 年，美国银行发放的新信用卡数量下降了 60%。

如果汤姆和凯特失去了学生贷款延期优惠，另一个问题可能会接踵而至。两人之所以还没有偿还学生贷款，是因为他们已经申请了延期还贷。延期还贷有两类，一类是"法定延期"，另一类是"意定延期"。已就业的成年人通常只有在每月还款占收入的 20% 及以上时，才有资格获得法定延期。汤姆和凯特可以在 10 年内，以 7% 的利率，偿还 13 万美元的学生贷款，这样他们每月需要偿还 1509 美元。这是一笔不小的支出，但远远不到他们收入的 20%。因此，显然两人申请的是意定延期。对于意定延期，学生贷款机构或服务机构有权决定是否批准或拒绝借款者的请求。汤姆和凯特似乎已经获得批准，享受了一定时间的延期，但他们的运气随时可能会用光。2019 年，美国进步中心（Center for American Progress）高等教育部门主任科琳·坎贝尔（Colleen Campbell）曾在电话中向我解释，"延期不能超过 3 年期限"。她继续解释道，有一种方法可以钻这个系统的"空子"，你可以先延期 3 年，然后合并债务，再延期 3 年。但她补充道，"最终，你还是必须偿还贷款"。

如果汤姆和凯特的下一次延期申请遭到拒绝，他们将不得不开始偿还学生贷款。以他们的收入，他们不太可能有资格获得基于收入的还款优惠，从而降低每月还款额。当然，他们也可以选择延长贷款期限。每月 1500 美元的还款额将迫使汤姆和凯特想办法减少花销。如果他们还不上款，就会构成债务违约。与信用卡债务违约一样，这会导致他们的薪资被直接扣掉。

换句话说，除非汤姆和凯特中了大奖，否则，他们很难一直维持这种生活方式。对从未拖欠过贷款的人来说，不偿还债务的后果是一种令人困惑、难以理解的抽象概念。而对十分之一的劳动年龄人口来说，他们对这些后果有着切身的感受，因为，他们的债权人每年都会依据法院裁定对他们的工资进行扣留。

掌握选择权

2018 年 7 月，在第二章提到的“领导团队”会议召开前的一周左右，我和朋友山姆通了电话，并在电话里放声哭泣，我说我讨厌在第一资本的工作。我和新上司在如何帮助客户的问题上意见不一致，而且由于职责调整，我还承担了其他人的职责，并为此加了不少班。

山姆问我：“为什么不辞职呢？”我坚持认为自己绝不可能辞职。我的理由很多：我还要确保团队某些成员得到晋升；有些职员是我招募进团队的，他们本应该在几周内到岗。我觉得在他们到岗前我就辞职，会让他们失去依靠。我手上还有一些能让第一资本改善客户服务的项目。虽然我怀疑新上司可能不愿意实施，但我非常关心这些项目。我还承担了很多的运营工作，如果我突然辞职，可能会让公司陷入困境。

我把这些理由都告诉了他，但我并不认同他的观点。后来我把这个故事告诉了其他几个朋友。我发现，不同家庭背景的人对此有着不同的看法。那些父母更富裕的人倾向于站在山姆一边，而那些没有太多家庭财富的人往往会觉得，在没有找到另一份工作的情况下辞职，是一个不理智的选择。但在和山姆谈话后不久，我就按规定提前两周递交了辞呈。当然，山姆是对的，辞职一直都是一个选择。而且，考虑到我在第一资本公司工作时攒下的钱，这也并不是一个特别鲁莽的选择。也正是这些钱，让我有了撰写这本书的财务自由。

人们必须拥有选择权，也必须运用自己的选择权。我们不是在所有假设的可能中做出选择，而只是在我们承认存在的可能中做出选择。我们的选择清单中往往会漏掉一些潜在的选择，比如我们从未听说过的选择，我们当时没有想到的选择，以及不符合我们主观意愿的选择。

凯瑟琳·G.、汤姆和凯特的故事都表明，很多选择取决于我们认为哪些事情是必需的。选择清单之外的，不在我们生活中日常权衡体系之内的，我们统统不会考虑。如果你觉得你必须为某个东西花钱，即使透支也在所不惜，那么，你最终会选择借钱，并寄希望于“未来的你”能想出办法，顺利解决问题。

通常情况下，人们会认为明天一切都会更好，因此今天借钱是值得的。这种期望虽然有风险，但也不是妄想。乔纳森·默多克（Jonathan Morduch）和雷切尔·施耐德（Rachel Schneider）在《财务日记：美国家庭如何应对充满不确定性的世界》（*The Financial Diaries: How Americans Cope in a World of Uncertainty*）一书中指出，美国人，尤其是低收入和中等收入者，每月和每年都有巨大的收入波动。典型的美国贫困家庭每年有 3 个月能赚到很多额外收入（比平均月收入多 25%），而每年有 2.7 个月的收入远远低于平时收入（比平均月收入少 25%）。因此，收入不稳定的家庭，一旦遇上困难，就会寄希望于下个月。

我曾在费城的一家咖啡馆里，访问过一位年长的白人女性。为了“帮助”陷入困境的成年儿子，这位女性于晚年陷入了信用卡债务危机。她告诉我，她觉得她不能在“能够”帮助儿子们时拒绝他们。她对我说，她后来才意识到，如果自己只能依靠信用卡来帮助他们，那么这就意味着，从一开始她就无法真正帮助他们。

在探讨回避理论时，你可能会注意到，我用了很多关于儿童的例子。这是有意为之的。这不仅仅是因为，养育子女，尤其是把孩子送到日托所里，是非常耗钱的。当然，这是事实。更重要的是，当涉及信用卡债务时，有了孩子从根本上改变了我们对花钱的看法，也超出了育儿所产生的任何直接成本。与有子女的家庭相比，没有子女的成年人为避免入不敷出所需要的认知技能是完全不同的。后者只需要自律和创造力，而前者需要学会果断放弃自己想要做的事情。一个只需要对自己负责的人，可以在必要时做出极端的选择。2020 年 7 月，我访问了一名失业的非裔女性。这名曾在服务行业工作的女性，在不知道原因的情况下，被拒绝了失业保险。于是，她仅仅保留了能装下一个背包的财物，在休斯敦找到了租金更便宜的临时住房。她甚至都不舍得接打电话。这些极端的办法让她避免了信用卡债务。当她在夏天结束后找到一份新工作时，已经花光了大部分（但不是全部）积蓄和上一份工作的遣散费。

如果借钱也是一种选择，有多少父母会让子女采取如此极端的办法？没有子女的成年人往往会有壮士断腕的决心，而有子女的成年人却容不得子女有半点闪失。毕竟，我们希望孩子们的童年不仅是快乐的，还是不同寻常的。没有哪个父母想让自己的孩子看到生活的不易。值得注意的是，信用卡债务额在假期时节是最高的，在圣诞节前后或刚过圣诞节时达到峰值。这说明，我们与他人的关系，而不是个人的自私愿望，往往促使人们做出看似鲁莽的决定。美联储家庭经济和决策调查的数据显示，中产阶级父母最有可能靠借贷来支付节日费用。一年之中，有

18 岁以下子女的中产阶级父母中，超过四分之一靠借钱来购买节日礼物。

征信服务商 Credit Karma 联合调查公司 Qualtrics，对美国 1000 名父母进行的一项调查发现，53% 的父母借钱为孩子购买了他们眼中的“非必需品”。就“回避”理论而言，当父母不能给孩子提供快乐和惊喜的体验时，他们就会产生挫败感。父母对待子女的标准远远超过了大多数人对自己的期望。得克萨斯大学法学院的安吉拉·利特温（Angela Littwin）对低收入女性进行过一项调查。在调查中，一位受访者说，“你不能剥夺穷人的信贷。有时，这是他们给孩子过圣诞节的唯一方法”。一个每年在圣诞节用信用卡消费的父母，在偿还完到期利息后，能花在孩子身上的钱就会越来越少。尽管这是不言自明的，但仍值得反复强调。

归根到底，回避理论探讨的是美国人如何构建他们的选项清单——毕竟我们不会在所有的可能性中做出选择，而只会在我们可以接受的可能性中做出选择。

假设，一个房间有两个青少年，分别位于各自的对面，房间里还有一名引导者。引导者把小球放在一个青少年的手中，然后告诉另一个青少年，他有一分钟的时间去拿到小球。当芝加哥非营利组织“青年指导”（Youth Guidance）进行这个实验时，他们发现，几乎每个参与者都会先试图抢夺小球。他们很少会直接要求对方把球递过来。事实上，大多数参与者表示，如果对方提出这个请求，他们会把球直接递给对方。但是，人们从来没有想过向对方要球。

在思考暂时或永久的经济困难与美国人的信用卡借贷倾向之间的复杂联系时，我们有必要思考这样一个事实：没有任何收入水平上限可以完全让一个人摆脱钱不够花的感觉。

1982 年，《纽约》（*New York*）杂志上刊登了一篇题为《向下的阶层流动：你以为你会比父母活得更好？》（*Downward Mobility: You Thought You'd Live Better Than Your Parents Did*）的文章。文章中列举了很多例子，来说明在任何收入水平上，人们都会感到收入不足。文中提到的玛莎·罗斯（Marsha Rose）是一名 20 岁的社会服务管理员，在纽约斯卡斯代尔（Scarsdale）长大。在谈到自己的经济状况时，她表示，“我不会放弃我在乡下的土地，也不会解雇我的清洁女工。这样做会让我很痛苦”。社会学教授约瑟夫·本森（Joseph Benson）表示，虽然他花了 25 年的时间才学会了欣赏美酒，但孩子们“内置的生活成本”是他所没有的，因为他们“在孩提时期就习惯了高品质生活”。一位年轻的终身教授（文章中没有提到他的名字）虽然结了婚，但还没有子女。他说，自己“蜗居”在曼哈顿的“一套四室公寓里”，而他的父母有 8 间卧室，这很“荒谬”。图 3–6 展示了按家庭收入和阶层流动方向划分的美国成年人信用卡债务占比。

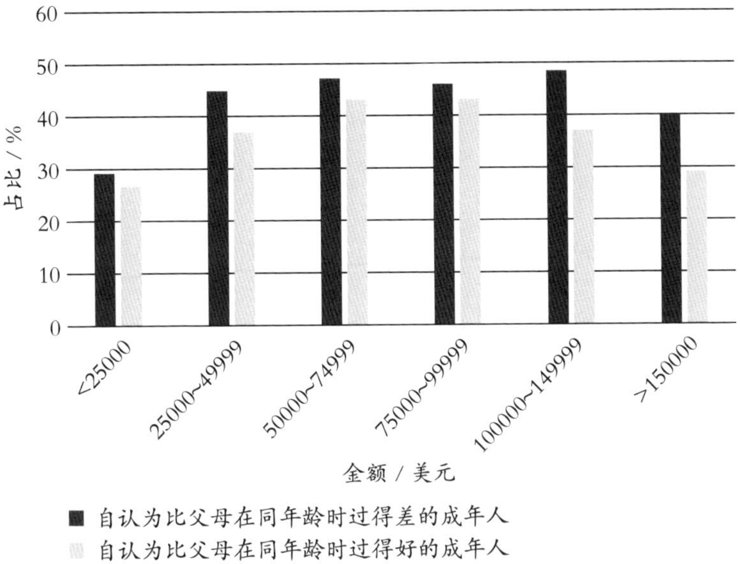

图 3–6　按家庭收入和阶层流动方向划分的美国成年人信用卡债务占比

数据来源：2018 年美联储家庭经济和决策调查。

注：数据基于受访者对 B6 问题的回答。B6 问题是："想想你的父母在你这个年龄时的情况，你会认为你（包括与你居住在一起的家人）的经济状况比他们更好、更差，还是一样？"

我们的文化没有教会人们为生活水平的下降做好准备。我们的看法和期望植根于一个绝大多数人挣的钱都比父母多的时代。这对回避理论来说，意味着什么？我们对我们眼中的"必需品"的期望，在很大程度上受到阶层背景的影响。那些发现自己比父母挣钱少的人，往往很难适应比他们从小形成的预期值更低的物质生活水平。不足为奇的是，自认为比父母"过得更差"的高收入者负有信用卡债务的可能性，比自认为比父母"过得更好"的人高 37%。尽管有些中产阶级为了接济亲人而背负上债务，但从统计数据上看，相反的情形——为了维持从童年开始就习惯的生活方式而背上债务，似乎更常见。

贫穷或富足的感觉不是物质生活条件的简单副产品。对许多我这个年龄的成年人来说，拥有玛莎·罗斯所拥有的一切，是一件令人兴奋不已的事情。

当美国人遇上收入少于必要支出的困境时，影响事情发展走向的其中一个重要因素是，借贷是否列在他所意向的选择清单里。一些家庭直接在清单里划掉了信用卡借贷这一项。戴夫·拉姆齐（Dave Ramsey）就是这一做法的最著名倡导者之一。拉姆齐是名个人理财大师。据报道，他的广播节目每周有超过 1200 万听众。拉姆齐的理财原则很简单，在《金钱答疑书：日常理财问题速答》（*The Money Answer Book: Quick Answers to Everyday Financial Questions*）一书中，他毫不含糊地告诉读者，“人们应该拒绝信用卡”。他认为，许多人预计他们会全额支付信用卡账单，但最终还是欠了不少钱。事实也确实如此。当听众打电话给他的谈话节目，谈起发薪日贷款时，拉姆齐要求对方承诺将来坚决不考虑申请发薪日贷款。“永远不要再碰这些东西了，”他说道，“如果你没钱吃饭，去找你的牧师去吧。”

媒体广泛报道称，“千禧一代”比前几代人更厌恶债务，因此，他们更有可能使用借记卡而不是信用卡。大众媒体对这一选择不以为然。信用卡分析师珍宁·斯科夫龙斯基在消费者新闻与商业频道上表示，人们选择使用借记卡而不是信用卡，“这样做无论是对自己，还是对自己的信用评分都是一种负面影响”。消费者新闻与商业频道也质疑，为什么人们不使用信用卡消费，然后全额还清，从而赢得奖励，并获得更好的防欺诈保障呢？然而，对那些量入为出的人来说，没有信用卡可以迫使自己不去花不属于自己的钱。尽管我很聪明，但如果我和某个消费者下棋，输的总是我，那么，不下棋可能是“最聪明的”决定。虽然人们将拉姆齐的策略抨击为“次优策略”，但考虑到如此多的美国人深陷债务泥泞，也许这种简单的经验法则并不坏。

信用卡债务的起因到底是像一场棉花糖测试，还是一场闯关游戏？这是一个非常重要的问题。如果我们面对的是一场棉花糖测试，有一套干预措施可以帮助我们克服冲动。比如，心理学家提到了一种概念，叫作“未来自我的逼真度”。它指的是，我们与未来自我的主观关联程度，我们对未来自我的在意程度，以及我们对未来自我的目标和需求的关注程度。斯坦福大学的研究人员发现，向人们展示一张自己年老时的照片（如使用 FaceApp 应用程序生成的照片），会让他们更倾向于为退休储蓄。为了克服“缺乏耐心”的缺点，我们应该让人们更加重视未来的自我。

如果我们面对的是一场闯关游戏，我们应该尝试不同的策略，也就是突出各项选择的重要性，而不是信用卡借贷的重要性。例如，我们可以积极向民众宣传他们有资格享受的所有政府福利计划，并弱化信用卡的角色。或者，我们也可以阻止银行未经消费者申请，主动向其提供过高的信用额度，从而将是否承担更多债务的选择权交还给消费者本人。

弄清一笔信贷对消费者是有利还是有害，这两个问题非常关键。一是如果没有信贷，你会怎么做？二是未来当你回想起来时，你是否希望自己当初这么做？在对第二个问题回答“是”的受访消费者中，很多人对第一个问题的回答是“我根本不会买这个东西”，或者“我会从朋友或家人那里借钱”。我在新奥尔良采访了一位名叫琳达的中年白人护士。她在孩子还小的时候用信用卡借了钱，几个月后，账单和抵押贷款月供超过了她的工资。她觉得自己当初应该求助于父母，这样就可以避免所有“该死的利息”。同样，另一名受访者塔莎也表示，她希望自己能早点向家人要钱，并指出当她还不上信用卡债务时，她最终还是不得不向他人寻求帮助。显然，并不是每个人都能从别人那里借到钱。在年收入低于 2 万美元的最贫穷的美国人中，46% 的成年白人和 27% 的成年非裔表示，如果遇到紧急情况，他们可以从朋友或家人那里借到 3000 美元。对于那些危急关头有亲人可以求助的人来说，下面是一个非常好的判断标准：这件我认为靠借钱才能解决的事情，是否重要到向亲近的人借钱的地步？如果不是，支付高额的信用卡利息可能也不值得。向朋友或家人借钱和向银行借钱有着完全不同的“痛苦体验”。假如我们向银行借钱，在开始借钱时，我们不会感受到任何痛苦或耻辱，所有的痛苦都出现在我们偿还欠款时。当我们向朋友或家人借钱时，情况正好相反。在张口借钱时，我们会感到异常不自在，但还钱时，代价往往不会那么昂贵。

归根结底，当我们使用信贷购买物品时，最重要的不在于它们是真正的“必需品”还是“欲望品”。如果把钱花在你“需要”的东西上，会导致下个月可以用来满足同样需求的钱更少了，那么无论是使用高利率信用卡购买“必需品”，还是“欲望品”，都会事与愿违。在评估信用卡借贷对个人福祉的影响时，最重要的是看借贷是由个人生活中“正常”，还是“不寻常”的情况所驱动的。我访问过里士满的一位分析师。他告诉我，自己在研究生毕业后，用信用卡支付了旅行费用，并在开始工作的几年内还清了债务。他说，对自己来说，用信用卡支付旅行费用要比用现金支付多花 50% 的钱，但这样做是值得的。因为，在保住自己工作的前提下，游历东欧各国并不是一件容易的事情（而且，花费也不菲）。当时他的收入几乎为零，远低于一年后的收入，因此，使用信用卡符合他的利益。

美国人在信用卡债务方面最常见的行为模式，即在长达二三十年的时间里持续背负高息债务并不符合保持家庭财务稳定的理念。这一点是显而易见的。不管一个人的情况、收入或支出如何，长期负有高息信用卡债务都是不合理的，是对一个人一生财富的巨大消耗。一个令这种现象普遍存在的信贷体系绝不是一个好体系。

第四章　破碎的金融保障体系

如果信用卡能够有效减轻我们经济生活中的起伏，那么，我们或许可以原谅这个行业里的所有罪恶。据估计，25 岁到 61 岁之间的美国人中，十分之四的人至少有一年处于贫困状态，而在任何给定的时间点上，有大约十分之一的人处于贫困状态。这样看来，难道我们不需要信用卡来帮我们渡过难关吗？

显而易见，高息债务减少了借款人的终生平均财富。当然，平均值并没有太多意义。如果一条河最深处的深度为 20 英尺，那么，即使它的平均水深为 2 英尺，也会把人淹死。人们之所以觉得信用卡是必不可少的，原因在于，人们认为它虽然减少了借款者的平均财富，但能够帮助人们渡过经济生活这条大河中最具挑战性的部分。

悲剧随时可能发生，而经济衰退是一种特殊形式的公共悲剧。2020 年 4 月，美国 41% 的 12 岁以下儿童的母亲称自己没有钱购买足够的食物，这一比例在短短几个月内几乎增加了两倍。在帮助人们度过经济风暴的过程中，信用卡扮演了什么角色？在之前的经济衰退中，信用卡又扮演了什么样的角色呢？

2020 年 4 月 23 日，第一资本与投资者举行了季度收益电话会议。投资分析师唐 · 范德提（Don Fandetti）向第一资本的首席执行官费尔班克提出了一个问题：这场危机将如何影响第一资本的信贷增长？换句话说，第一资本的客户最终会比危机开始前借到更多还是更少的钱？费尔班克表示，从他在其他经济衰退中的经验来看，“信用卡行业往往会自发地发生一些事情。显然，消费大幅度减少，尤其是在目前的经济低迷期。但是，对信贷的需求，提高信用额度的申请也减少了。我想暂时缓一缓，因为我觉得一个有着理性直觉的人会认为，‘好吧，先等一等。当客户感受到经济低迷的压力时，他们中的许多人肯定会想方设法获得更多的信贷’。但过去的经验和现在的形势告诉我，有条件的消费者总体上倾向于未雨绸缪，变得更加保守，并增加储蓄。有时，他们也会偿还债务”。

事实诚如费尔班克所言。到 7 月份的下一季度收益电话会议时，第一资本的信用卡总余额下降了 100 多亿美元。同期，大通银行的信用卡余额减少了 200 亿美元，美国银行减少了 80 亿美元。而其他年份的同一时期，即每年的第二季度，通常是信用卡行业的一个旺季。首席财务官斯科特·布莱克利（Scott Blackley）将信用卡余额的下降归因于客户还了更多钱。他说，“我们发现，人们的欠款余额减少。一方面是因为人们的还款比重提高了，另一方面是因为未偿贷款有降低的趋势”。

那么，在经济衰退期，为什么人们偿还债务的速度更快呢？

在前一章，通过研究美国人一生中的债务，我们发现，美国人在 20 多岁的时候，最不可能负有信用卡债务，此时他们正处于收入最低的阶段；而在 40 多岁的时候，美国人最有可能负有信用卡债务，这个时期也是他们收入最高的时期。本章将考察信用卡债务在整个经济周期的变化。我们同样可以从中发现一种反直觉的趋势——当经济低迷，人们收入较低时，信用卡债务会下降，而当经济形势相对较好时，信用卡债务反而上升。信用卡并没有帮我们克服经济困境，反而放大了经济的波动性。

在回答华尔街分析师范德提的问题时，费尔班克当然不希望抹黑信用卡，但他还是揭露了一个重要的事实：美国人在经济繁荣时借贷最多，而在经济萎缩时最不愿意借钱。费尔班克承认，这一事实令人惊讶，但他没有进一步解释其最终的意义——在美国人最需要钱的时候，借贷反而减少了，这对我们所有人来说意味着什么。

信用卡债务与失业

回顾过去 25 年的历史，我们能看到一个明显的趋势：当失业率下降时，信用卡债务就会上升。

仔细考察大衰退时期历史，我们能更加清楚地看到这一趋势，同时也会更加困惑。从 2007 年到 2010 年，尽管失业率大约翻了一番，但每个家庭的平均信用卡债务下降了近 1000 美元。

面对一生中最严峻的就业形势，面对房产价值和净资产的暴跌，人们是从哪里找到额外的钱，来偿还 1000 美元的信用卡债务的？2020 年 2 月至 6 月，美国的信用卡债务总额下降了 11%，即 1000 亿美元。

在大衰退以及其他经济衰退期间，债务下降的部分原因是人们拖欠还款或信用卡债务“坏账”。当一个人欠款超过 180 天且没有偿还时，他的账户就会被注销。银行依然可以试图说服这些客户还款，将账单寄给第三方讨债公司，提起诉讼要求法官没收他们银行账户中的钱，或者迫使聘请者扣押他们的工资。坏账债务仍然是债务，尽管其中一部分债务最终会在诉讼后得到偿还，但银行、政府和消费者对这些已冲销债务的看法有所不同。纽约联邦储备银行的经济学家剔除这些坏账后发现，2009 年和 2010 年的信用卡债务和汽车贷款债务总额下降了 500 多亿美元。这 500 亿美元才是在这场毁灭性的经济衰退中，真正还清（或未累计）的债务。图 4–1 展示了截至 2016 年 12 月，“消费者财务状况调查”（SCF）公布的美国家庭平均信用卡债务额（a）和失业率（b）。

当然，有些人在失业时确实会使用信用卡。芝加哥大学经济学家彼得·加农（Peter Ganong）和帕斯卡·诺埃尔（Pascal Noel），对近 20 万曾在 2014 年 1 月至 2016 年 6 月，通过直接存款方式领取失业保险的摩根大通银行客户进行了研究。他们之

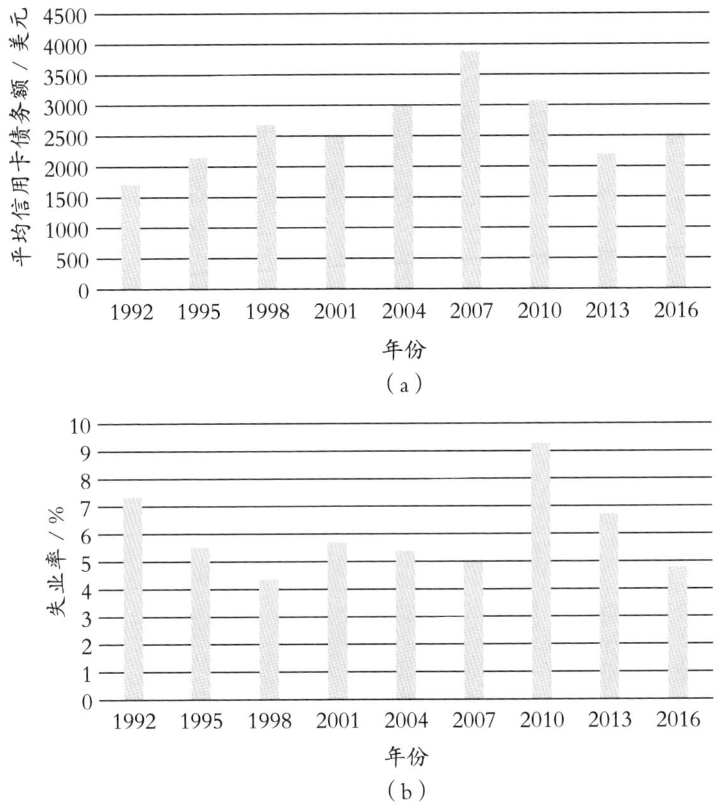

图 4-1　截至 2016 年 12 月，“消费者财务状况调查”公布的美国家庭平均信用卡债务额（a）和失业率（b）

中，有 42% 的人拥有摩根大通信用卡。这些拥有大通信用卡的家庭平均负有 2445 美元的大通信用卡欠款。在家人失业之前，他们的每月信用卡支出为 263 美元。而在失业两个月后，他们的信用卡欠款只增加了 23 美元。这并不是因为这些失业家庭使用信用卡增加了大量支出。事实上，每月的信用卡支出减少了 14 美元。平均而言，他们偿还现有债务的速度更慢，还款额更小。失业两个月之后，在领取失业保险期间，每多失业一个月，他们的大通信用卡债务就会增加 21 美元。迫于突如其来的收入损失，家庭削减开支的程度远远超过了使用信用卡来弥补的收支差额。

在失业救济金用尽前仍找不到工作的家庭中，五分之一家庭的大通信用卡欠款会再次增加——在失业救济金用尽后的两个月里平均增加了 45 美元。相比之下，同样是这些家庭，在失业救济金用尽时，他们每月的支出减少了 190 美元。

总的来说，真实情况并不是人们无法用信用卡借款。在刚开始失业时，他们的大通银行信用卡的平均额度为 12897 美元，而在失业期间，平均信用额度略有上升。换句话说，虽然这些人在失业之初通常有一些信用卡债务，同时还有近 1 万美元的可用信贷额度，但他们在失业期间大多会避免使用信用卡。

削减开支是这些家庭应对危机的首选应对方法。他们每月减少的支出是新增信用卡债务的 10 倍。那些在大通卡上有循环信贷债务的失业家庭，最终比没有循环信贷债务家庭支出减少得更多：前者每月支出减少 279 美元，后者，即全额偿还账单的家庭，每月支出减少 125 美元。失业前用信用卡借钱并不意味着一个家庭愿意完全用信用卡来缓解失业的打击。其他研究表明，最后靠借钱来缓冲经济冲击的失业者比例在四分之一到三分之一之间。这个比例可能比人们想象的要低。要知道，在任何一个特定的年份，近一半的成年人都有信用卡债务，而且只有 60% 的成年人表示，在紧急情况下，他们会用现金或银行存款支付 400 美元内的意外开支。

这一切都令我们感到非常意外。如果人们打算使用信用卡，难道失业不是使用它的最佳时机和最佳理由吗？

或许如此，但从另一种意义上说，大多数人不使用信用卡是因为他们有所顾虑。通常情况下，人们使用信用卡是因为他们心态乐观，认为自己能够获得更高的工资，更好的工作，更轻松的生活，这样，他们就能还清债务。虽然一般来说，失业只是暂时的，但它也粉碎了人们的乐观心态。借款人每承担 1000 美元的信用卡债务，最低还款额将增加大约 30 美元。而当人们突然失去了主要或唯一的收入来源时，一想到最低还款额会升高，他们会感到特别不安。

分量效应似乎也起了一定作用。上一章我们曾讨论了富尔福德和舒赫的研究。他们发现，在大衰退期间，信用卡的信用额度平均下降了 40%，平均额度从 1.4 万美元降至约 1 万美元。考虑到份额效应，债务成比例地下降也就不足为奇了。消费者会根据自己的信用额度做出财务决策，即使他们的欠款还没有达到受可用信贷额严格限制的水平。

当然，大通银行的信用卡债务研究，以及富尔福德和舒赫的研究，针对的都是拥有信用卡的人。但波士顿联邦储备银行的经济学家艾莉森·科尔（Allison Cole）指出，更年轻、更贫困的工人更有可能失去工作。事实并不是一旦人们失去了工作就很难获得贷款，而是当经济不景气时，最有可能遭到解聘的那类人也是最不可能获得信贷的。科尔发现，2009 年至 2014 年，80% 的就业者拥有信用卡，而只有 60% 的失业者有信用卡。失业者信用评分低于 600 分的可能性是就业者的两倍，获得信用卡循环信贷的可能性也比就业者低 22%。

经济衰退似乎会挫伤所有人的信心，无论是贷款机构还是借款人。经济衰退期间私人债务的减少既反映了银行不太愿意放贷的事实，也反映出尽管面临经济困境，借款人在借贷问题上却有了更多的顾虑。也可以说，经济困境使借款人在借贷问题上有了更多的顾虑。2007 年至 2009 年，申请各类信贷的家庭比例从 63% 下降到 43%，这反映了信贷需求下降。而与此同时，信贷供给也下降了，信贷批准率下降了 6 个百分点，从 81% 下降到 75%。弗吉尼亚大学的经济学家扎卡里·贝休恩（Zachary Bethune）追踪调查了大衰退期间的失业者和就业者。在经济衰退开始前的 2007 年，这两类人都有工作。他们在 2009 年申请信用卡的比例都比 2007 年低：没有失业成员的家庭的信用卡申请率下降了 21%，而有失业成员的家庭则下降了 7%。

2020 年，有一半美国成年人失去了收入来源。51 岁的白人男子里克就是其中一个。2020 年 2 月，里克和 15 岁的儿子以及他的许多同事，挤在加利福尼亚州贝克斯菲尔德（Bakersfield）的一所房子里生活。房子的面积仅仅是他们办公室的两倍大。里克不得不把自己的床安置在车库里。作为一名货运经纪人，他负责联络卡车司机和把货物运到全国各地。里克在这个行业工作了大约 15 年。他告诉我，冬季是货运行业的淡季。在加利福尼亚州的“居家令”生效之前，上司告诉他，他们无法在办公室继续开展业务。里克工作的公司专门为建筑行业安排货运，主要是超大货物的运输。疫情暴发之时，相关机构不再颁发新建筑许可。里克的钱很快花光了，他需要找一个新的地方住，因为全国性暂缓驱逐令还未生效。

里克有两张信用卡，都是他在 2015 年申请的，一张是第一资本信用卡，另一张是第一信贷信用卡。他平时按时偿还欠款，两张卡的信用额度都得到了上调。第一资本信用卡的信用额度从 400 美元提高到 650 美元，第一信贷信用卡的信用额度从 3000 美元提高到 4500 美元。里克的老板把他归类为独立承包商，而不是雇员，因此他的收入取决于他带来的业务额。他告诉我，直到 2017 年，他的经济状况都相当稳定，每年的收入大约为 4.5 万美元。不过冬天的收入总是比较少，每周的薪水接近 400 美元或 500 美元。而在其他时间，他的周薪能达到 800 美元或 1000 美元。在冬天不景气的时候，里克会使用信用卡。2018 年后，他的业绩开始下滑，到 2019 年，他的年收入下降了 20%，每年只能赚到大约 3.6 万美元。里克告诉我，从那时起，他的信用卡债务“开始飙升”。他没法再在生意好的月份偿还更多的债务，而在生意不景气的月份，他甚至连最低还款都还不起。新冠疫情暴发后，里克的信用卡已经刷爆了，无法再使用。

起初，里克住在自己的车里，而儿子跟母亲住在一起。尽管他在 2020 年 3 月申请了疫情失业补助（PUA），但直到 5 月的第二周，他才收到补助款。于是，他靠这些钱住进了一家经济型酒店“旅行之家”（Travelodge），并偿还了一些信用卡欠款和私人学生贷款。由于他的学生贷款不符合与疫情相关的联邦学生贷款利息减免政策，因此他无法享受相应的福利。到了 7 月 31 日，疫情失业补助到期，于是他的经济情况进一步恶化。从 7 月开始，他便不再偿还第一资本信用卡的欠款。到了 9 月，他又停付了第一信贷信用卡的欠款。当他的失业保险因涉嫌欺诈而暂停发放时，情况变得更加糟糕。加利福尼亚州的机构花了一个多月的时间来验证他的身份并重新开始支付失业保险。12 月 9 日，他已经没钱支付“旅行之家”的费用了，于是不得不回到他的车里住，只不过这次是和儿子一起。他儿子的母亲会尽可能地接济里克。这些钱能保证里克和儿子每周至少在汽车旅馆里度过一个晚上，这样儿子就可以用旅馆提供的网络补上落下的功课。

1 月中旬，重新收到失业保险后，里克马上靠着失业救助机构发放的美国银行预付借记卡，住进了一家可以长期居住的汽车旅馆。他告诉我，幸运的是，汽车旅馆每月只收取 100 美元的押金，每两周退还一次，而且旅馆也准许他在收到失业保险的第二天，即周二，支付住宿费。

2021 年 3 月，里克接受我的访问时，他正在申请新工作，并希望能够时来运转。不过，他认为，即使很快能找到工作，情况也不太可能立即好转。里克表示，由于自己的信用评分很低，他可能需要攒一大笔保证金才能找到一个可以长期居住（且更便宜）的住处。如果能再次收到一张纾困支票，他希望用这笔钱申请破产，并摆脱掉一部分债务。而如果没有这笔钱，他连破产申请费都付不起。

里克的故事说明了个人债务是如何随着经济形势的变化而起起落落的。里克收入微薄，因此在 2015 年到 2019 年，他需要用信用卡提供额外的缓冲。在经济形势高涨时，信用卡公司很乐意借钱给他，有时是同意他的上调额度申请，有时则是主动提高他的信用额度。随着经济的升温，他的欠款增加了，最低还款额也随之增加。而到经济衰退时，里克已经债台高筑了，但他仍然竭尽所能偿还债务。他没有申请任何新的信贷，信用卡公司也没有主动向他提供新的信贷。

对数以百万计像里克这样的美国人来说，他们的经济状况从来没有真正好转过。他们的处境要么艰难，要么更艰难。当就业形势相对较好时，人们使用信用卡来进一步扩大支出；而当经济增长放缓时，消费者的信贷需求减少，银行也更不愿意提供信贷。这意味着什么？这意味着，无论我们是否使用信用卡，我们都很容易受到经济周期的影响。总的来说，消费者在经济繁荣时期和萧条时期的支出差距，会因信用卡而变得更加突出。

正如经济学家阿提夫·迈恩和阿米尔·苏非在《房债》（*House of Debt*）一书中所解释的那样，“债务增加得越多，支出下降得越厉害”。他们指出，经济灾难“几乎总是发生在家庭债务大幅增加之后”。出版于2014年的《房债》进一步指出，经济衰退很少是由任何能改变经济“基本面”的因素引起的，这里的“基本面”指的是世界各地能够生产的商品和服务总量。相反，作者认为，当债务负担过大时，每月还款额的上升、房产价值的下降、丧失抵押品赎回权或债务追讨诉讼，会迫使人们减少支出，进而把国家经济拖垮。在我写这一章的时候，我们正在经历一场全球性经济衰退。而这场衰退实际上与债务问题并没有直接联系。造成这场衰退的原因是，新型冠状病毒使人们外出工作和消费变得不那么安全。虽然疫情是人们眼中头等紧迫的事情，但对数百万人来说，还债仍然是萦绕在人们心头的问题。

对于一个负有5000美元债务的典型家庭来说，他们的每月最低还款额约为150美元。联邦政府很快将会为陷入困境的家庭提供一笔新冠疫情救助金，以满足信贷机构的要求。费尔班克在

2020 年 4 月的投资者电话会议上证实，在美国人收到 1200 美元的纾困支票后，第一资本的信用卡还款出现了一波激增。

违法放贷

1979 年，19 岁的雷切尔刚结婚。当时她“身无分文”，和丈夫住在怀俄明州的乡下。夫妇两人在婆婆的带领下去银行共同申请到了他们的第一张信用卡。他们用这张信用卡从 U-Haul 公司租了一辆车子，搬到了科罗拉多州居住，以方便她丈夫在当地读研究生。这是一个很容易做出的决定，因为如果没有足够的钱，他们是不可能在科罗拉多州立足的。他们只借了大约 300 美元，而且用了一年左右就还清了。丈夫的高学历让她的家庭走上了一条与大多数来自工薪阶层的小镇居民不同的道路。现在，她的家庭收入约为 25 万美元。雷切尔也找到了一份临床社工的工作。

雷切尔和丈夫在科罗拉多州生活了 20 多年，并生育了两个女儿。她的丈夫是科罗拉多州惠普公司的工程师。2006 年，公司裁员超过 1 万人。雷切尔的丈夫面临着一个抉择：要么去南加利福尼亚州工作，要么接受裁员。于是，他们最终选择前往南加利福尼亚州的奥兰治县。当地房价很高，每月都会上涨数千美元。搬家后，雷切尔和她的丈夫再次使用了信用卡，这次他们欠下了 8.3 万美元的债务。在 2020 年 7 月接受我的访问时，她仍然有 3.5

万美元的债务，并计划在一年内还清。她告诉我，“这太可怕了”。

像许多经历过房地产泡沫高峰期的家庭一样，当雷切尔一家搬到加利福尼亚州时，他们觉得如果现在不赶紧买一套（负担不起的）房子，以后就更不可能买到房子。在卖掉科罗拉多州的房产之前，他们花了 65 万美元购买了加利福尼亚州的一套房子。但就在他们的交易快要达成时，贷款机构要求他们在成交时额外支付 3 万美元——房产商为了在竞争激烈的市场中胜出，最初提供的报价低于最后成交的价格。这是雷切尔一家完全没有料到的。从那时起，她的家庭开始背负上信用卡债务。雷切尔认为他们会在几年内卖掉加利福尼亚州的房子，所以他们借了更多的信用卡贷款来增加一间额外的卧室，指望着能收回投资。很快，他们的抵押贷款债务比房产价值高出了 20 万美元。周围的邻居有一半丧失了房产赎回权。2010 年，他们的大女儿——一位 25 岁的已婚全职妈妈，被诊断出患有多发性硬化症。确诊后不到一年，丈夫就和她离了婚。她不仅没有收入来源，也没有医疗保险，直到《平价医疗法案》（*Affordable Care Act*）颁布后，才有资格获得所在州的医疗补助。雷切尔和丈夫承担起了照顾女儿和孙女的职责。很快，他们的信用卡债务开始激增。就像第三章提到的凯瑟琳 · G. 一样，为了给孩子更好的东西，雷切尔和丈夫很难做到量入为出。在经济困难期，雷切尔找了第二份工作。这样，她的小女儿就可以继续在私立高中读书。几年后，他们给小女儿买了一辆车。

在搬到加利福尼亚州 7 年后的 2013 年，也就是小女儿上大学的那一年，他们对房子进行了短售处理。之所以现在才卖掉房子，是因为雷切尔夫妇不想在女儿才十几岁的时候就没有了家。原本每月 5000 美元的月供令他们捉襟见肘。现在他们终于从房贷中解脱出来了，他们的信用卡债务也不再增加。虽然雷切尔觉得自己从来没有使用信用卡挥霍过，但她坚持认为，信用卡对她的伤害比所谓的帮助更大。“如果没有信用卡，我可能已经建立了家庭应急基金，这是我们面临的最大问题之一。”雷切尔说，“我们犯过的最大错误之一就是使用信用卡，我把它用在了很多我买不起的东西上，如用它为女儿们购买回家的飞机票。但我们从来没有用信用卡外出旅行或买过奢侈品。”直到最近，雷切尔和她的丈夫才偿还了大量债务。她说，“在此之前，我们要供 3 套公寓、4 辆车，还要缴纳医疗保险和汽车保险”。

如果在雷切尔年轻的时候，《信用卡法案》已经颁布，她可能就没法离开怀俄明州了。在制定这项法案时，议员们提出了一项名为“支付能力”的规则。该规则规定，银行必须在确认借款人有足够高的收入，或足够的资产来支付信用卡账单后，才能发放新信用卡，或提高信用额度。这项规则旨在解决 21 世纪初信贷政策过于宽松的问题。在抵押贷款领域，贷款机构会认为，每一栋房子都会大幅升值，因此他们不必担心抵押人偿还债务的能力。因为一旦抵押人债务违约，贷款机构就可以出售担保资产以获得利润。而在信用卡领域，银行用来收取高利率和费用的各种合法或不合法的策略，能够确保他们依然能从一个信用卡违约概率高达 50% 的借款人身上赚取利润。

支付能力规则是对消费者的一种保护，它依赖于借款人的诚实。信用卡公司不需要检查借款人申报的收入，除非这些信息明显不合理。如果信用卡申请人未满 21 岁，发卡机构只能考虑其个人收入，而不能考虑其家庭收入。《信用卡法案》明确规定，银行向任何失业者提供贷款都是非法的，无论他们未来是否有机会找到工作。当然，除非借款人有意欺瞒。现在，没有工作的人想要像雷切尔那样靠贷款搬家，哪怕是只借 300 美元（雷切尔支付给 U-Haul 的数额）这样小小的一笔钱，都是不可能的。

雷切尔有过两次债务经历。其中一次给她造成了沉重负担，虽然她认为这是一个错误，但这次借贷行为依然是合法的。另一次给她提供了人生转折的机遇，但这样的借贷行为目前已经不符合法律规定。这两次经历似乎说明监管机构对信贷使用方式的理解存在巨大的偏差。虽然雷切尔的两次经历只代表了我采访过的一小部分人，但很多受访者都明确表示，他们很高兴自己一生中至少使用过一次信用卡。这些人包括第三章提到的雷切尔、多琳，还有第一代古巴裔大学毕业生、目前在马里兰州从事研究工作的詹妮弗，以及房子被哈维飓风摧毁的老年非裔多丽丝。

他们的共同点是，当他们需要借贷时，基本上都已身无分文，而且他们的情况无论从哪方面看，都是不寻常的。在新的信贷规则下，一个家庭的收入越高，就能从银行获得越多的信贷。与此同时，较高的收入也意味着借贷或许是一种不明智的行为。一个人的收入不可能永远都是零。虽然不是每个低收入工人将来都会赚更多钱，但一个典型工人的收入会在他 25 岁到 50 岁之间增长 60%。但如果一个人的收入已经很高了，就不太可能再增长了。

此外，尽管人们乐意尝试兼顾各种选择，但一个人的收入越高，他就越有可能找到某种舒适或者不舒适的生活方式，确保自己的支出低于收入。从某种意义上说，雷切尔在加利福尼亚州遇到的问题也是暂时的。比如女儿突然遭遇变故，一家人还要艰难偿还抵押贷款，而这两个问题最终也都得到了缓解。但是，从 2006 年到 2016 年，她的高额支出持续了大约 10 年，这么漫长的时间已经不能用“暂时”来界定了。

大衰退暴发时，她的信用评分高达 800 多分。她说，她一生中从未拖欠过任何一笔账单，而且她的信用额度已经高到她无须申请新卡就能获得 8 万美元信贷的地步。2009 年，美国银行注销了她很久没用过的信用卡。她说当时很沮丧，但她也告诉我，“这可能是件好事，不然，我可能欠更多债”。同我访问过的几乎所有债务人一样，雷切尔会尽量使用已有的信用卡，即使达到最高额度，也不会申请新卡。换句话说，她承担的债务数额在很大程度上会受到银行政策的影响。

支付能力规则似乎有效地禁止了一些对某些人最有用的信用卡借贷。他们本可以利用信用贷款寻找新的工作，或者在找工作期间利用信贷维持收支平衡。这些规则会禁止像雷切尔最初搬家时所急需的那类贷款，但无法阻止债务最终演化成沉重的负担。

截至 2015 年，大约 4.5% 的信用卡申请仅仅因为支付能力规则而遭到拒绝。21 世纪初，众多媒体报道了信用卡毁掉大学生人生的事件，这些规定在一定程度上是对媒体报道的一种回应。2006 年的纪录片《信贷时代》获得了“西南偏南”艺术节评审团特别奖，部分原因是它讲述了两个大学生在信用卡债务的重压下自杀的故事。乔·莱登（Joe Leydon）在《综艺》（*Variety*）杂志上发表的评论总结了这部电影的一个关键要点：“信用卡发卡机构鼓励收入有限、涉世未深的大学生逐渐背负上巨额债务。”当然，很多大学生靠兼职获得收入，也有些大学生连兼职收入都没有，只能靠学生贷款或家庭供养。由于收入有限，一些大学生在进入劳动力市场前，就欠下了大量的信用卡债务。公众由此得出的结论是，大学生信用卡借贷是一个特殊的问题，因此需要一个特殊的解决方案。

大学生和其他收入较低、信息闭塞的弱势借款人很容易成为信贷体系改革的针对目标，但改革后的解决方案却没有把握住信用卡问题的基本性质。通常情况下，信用卡问题的产生，并不是因为它剥削了没有收入来源的人。正如本章所讨论的那样，那些收入最低的人最有可能有效利用小额信贷。信用卡问题的产生，往往是因为它瞄准的是那些相对有钱的人。不管是年收入 2 万美元的人，还是年收入 20 万美元的人，都有可能在它的诱使下，在短时间内过上高出收入水平几万美元的生活。但这会阻碍他们实现财务稳定和财富积累，或者最终阻碍他们安享退休生活。

支付能力规则生效后，消费者新闻与商业频道、美国全国公共电台和有线电视新闻网报道了一位名叫霍莉·麦考尔（Holly McCall）的全职妈妈的故事。尽管霍莉的信用评分很高，但她在申请塔吉特信用卡时却遭到了拒绝。原因是，虽然她的家庭收入很高，但由于她没有外出工作，个人收入为零，因此根据支付能力规则，她没有资格获得信贷。于是，霍莉与一个名为“妈妈崛起”（Moms Rising）的组织联手发起了一场声势浩大的网上请愿活动，并在消费者金融保护局总部外举行了抗议活动。霍莉和“妈妈崛起”吸引了媒体的关注，并与消费者金融保护局局长理查德·科德雷（Richard Cordray）进行了面对面的谈话。他们认为这项法律“贬低”了家庭主妇，是对家庭主妇的歧视。消费者金融保护局在考虑了她的观点后，起草了一项拟议的规则变更，允许 21 岁以上的成年人（但不包括 21 岁以下的大学生）获得与家庭收入相匹配的贷款。在公众广泛讨论之后，该规则开始生效。

《点名》（*Roll Call*）杂志的一篇文章以《人民的新力量》为题，报道了霍莉的胜利。消费者新闻与商业频道、美国全国公共电台和有线电视新闻网的报道忽略了一个事实，那就是霍莉·麦考尔一直在第一资本工作到 2008 年，而在她发起倡议时，她的丈夫克里斯正担任着第一资本的高级主管。克里斯是我第一任上司的同事。在我刚入职的前几个月，我和他，还有另外七八个同事，在一间 1000 平方英尺的封闭式工作空间一起办公。由于办公场所条件较差，因此，作为补偿，我们每周五会得到一份免费午餐，可以轮流选择餐馆外卖。尽管我确实认为，媒体将霍莉的成功错误地形容为一场民粹主义运动，但我提到她的经历和背景，并不是在暗示第一资本是霍莉发起这场运动的幕后推手。《赫芬顿邮报》（*Huffington Post*）似乎是唯一一家质疑过霍莉过去职业经历的媒体，甚至提到了她与第一资本之间的关系。尽管霍莉的愿望和第一资本显然一致，但在接受《赫芬顿邮报》采访时，她否认第一资本在她发起的运动中发挥了作用。

在 2020 年出版的《监察利器：保护消费者就是保护我们的家庭、经济和民主制度》（*Watchdog: How Protecting Consumers Can Save Our Families, Our Economy, and Our Democracy*）一书中，科德雷讲述了“妈妈崛起”的故事。他写道，“我知道，如果我母亲还活着，肯定会加入他们”。在科德雷看来，消费者金融保护局对这场请愿运动的反应表明，“我们会对意见做出回应，并找到方法来帮助那些因先前的监管措施而受到不必要伤害的消费者”。事实上，霍莉的故事是书中提供的唯一一个“消费者”诉求成功促成法律变更的直接例子。这场被描述为草根发起的变革，实际上是由一位信用卡公司高管的妻子策划的。这着实值得我们深思。退一万步讲，霍莉是一个受过高等教育的人，代表着更广泛的消费者群体，她需要用到之前的行业经验来了解其他全职妈妈是如何受到信贷监管影响的。受支付能力规则影响的其他群体，如大学生、失业者或正在寻找第一份工作的人，有机会表达自己的诉求吗？

在本章，我们讨论了为什么消费者在衰退期间借贷最少，而在经济增长时借贷最多。造成这一现象的一个原因是消费者在经济困难时期变得更加谨慎，更愿意忍痛从预算中削减支出。另一个原因是，在经济衰退期间，银行在信用卡营销上的支出减少，申请遭拒的比例也更高。自 2010 年以来，根据法律规定，失业者通常没有资格申请新的信用卡。第三章曾经指出，收入略高于平均水平的消费者更有可能背负上信用卡债务，而消费者最有可能在 40 多岁的时候背负上信用卡债务，这个年龄段也是收入达到顶峰的时期。

综上所述，我们可以从中得到两个重要启示。第一个重要启示是，信用卡债务不仅会减少人们的一生中的总财富，还会加剧经济波动。换句话说，我们把人们的经济活动比作过河。人们都希望能够安全过河，但信用卡既会使这条河总体上变得更深，也会拉大最深处和最浅处之间的差异。第二个重要启示是，过去 60 年不断上升的债务不是持续加剧的经济困境造成的。这是因为，在经济困难时期，美国人会减少借贷。这两个结论都是我的主要论点的关键组成部分。美国人的大部分债务是在经济形势相对较好时欠下的。当经济低迷时，他们一边要承受其他的经济压力，一边还要努力偿还欠款。因此，降低借贷总额能够使人们更容易应对失业和其他经济压力。如果我们能够降低这台债务机器的运转速度，如果美国人能够在就业期间持有更多现金，他们就能更好地应对经济形势的起伏动荡。

第五章　见效最快的杠杆

我认为，信用卡公司通过营销和产品设计诱使人们负债，从而达到剥削的目的。但我肯定不是第一个提出这个观点的人。

在第一资本工作时，我认为我们的工作不是欺骗别人。我觉得自己的工作就是在 Excel 中修改匿名数据，接受邀请加入企业内部运动队，搞清楚代码为什么不能正常运行，策划多样性方案，编写绩效评估，制作清单以确保新项目合法合规，以及讨论这个季度是重新优化信贷政策更重要，还是升级一下我们的技术更重要。同事们也都非常友好，似乎都不愿意跟其他人发生任何争执，公司里的新人也都有这样的感觉。公司的每一层办公室都有两台咖啡机。我与一位名叫帕维尔的副总裁共事过一段时间。虽然他是这层楼里收入最高的两三个人之一，但只要发现咖啡壶空了，他就会亲自动手煮咖啡。然后走到这层楼的另一侧，看看那边的咖啡是否也需要煮。如果需要，他会礼貌地启动第二台咖啡机，最后再回到原来那个咖啡壶旁边。

这里似乎没有人是骗子。乍一看，这里也没有酝酿什么阴谋诡计。每当我在公司遇到一些特别粗鲁或傲慢的人，我就会想，他们真的不适合第一资本公司。事实上，这样的人通常会在一两年后跳槽去别的公司。当时的我自我标榜为一个直言不讳的自由女权主义者。我既坚持市场导向，又追求社会正义，并且很快得到了晋升。周围的人很友好，让我觉得自己也是一个好人。在某种程度上，大家很容易接受这样的逻辑：既然有这么多友善的人在第一资本工作，那么，我们所做的事情可能就没有问题。人们想借钱，我们就借钱给他们。事情就是这么简单。

当然，为了让人们相信他们确实需要信用卡，我们花了很多钱。

征信机构允许信用卡公司在支付一定费用后，查询所有符合公司标准的美国人的邮寄地址。例如，信用评分在 550 到 650、有抵押贷款、不在加利福尼亚州居住且信用卡债务在 2000 到 20000 美元的人。然后，信用卡公司就会向这些人发送一份“信贷邀约”。有时候，银行也会建立自己的统计模型，将这些模型提供给第三方信息搜集机构，后者将每个落入指定分数范围的人的姓名和邮寄地址等信息反馈给银行。第一资本关注的问题通常不是应该给谁发邮件，不该给谁发邮件，而是在每次营销活动中应该给谁发一封、两封、三封还是四封邮件。能带来更多利润的潜在客户，收到的邮件也就越多。不过，对银行来说，大多数消费者都有足够的吸引力，因此他们每人至少能收到一份邮件。

直邮是信用卡行业里特别重要的一种营销渠道。在脸书 [Facebook，现已改名元宇宙（Meta）] 和谷歌的时代到来之前，信用卡公司可以通过直邮向每个潜在客户发送个性化的营销邮件。换句话说，有了直邮，信用卡公司就能找出特定人群可能感兴趣的最糟糕产品。2003 年,《华尔街日报》报道称，美国邮政总局（USPS）将首次专门为一个客户——第一资本，降低服务费率。在交易达成之前，作为美国邮政最大的客户，第一资本平均每年发送 12 亿封邮件。2006 年是直邮业务的高峰期。当年，信用卡公司总共发出了 75 亿封营销邮件。互联网，当然还有大衰退，降低了直邮的重要性。但在新冠疫情暴发之前，直邮仍然是银行的重要营销渠道。银行的信用卡直邮业务量已经稳定在每年 30 亿封的可观数量上。

尽管科技巨头承诺提供更经济的定向广告途径，但直邮营销仍然非常重要。原因主要有以下几个。在线广告能将客户引导到信用卡公司的网站，客户只需点击几下鼠标就可以看到适合自己的所有信贷产品，但邮件可以更有效地显示比其他人看到的产品更好或更差的产品。这个优点使它成为测试新产品组合的理想选择。信用卡公司可以通过邮件展示他们认为对客户来说“最好”的信贷产品，并权衡各种组合的利弊：更少的费用、更低的利率或更好的奖励会增加客户的回应概率，同时也会降低产品的平均利润。在邀约邮件里，公司可以推出一些自己网站上不会出现的全新信贷产品，即大多数人了解不到的产品。这样做或许是因为，新信贷产品非常好，公司不希望非目标客户申请，省得多此一举；或许是因为新产品非常差，公司不希望令公众望而却步。

最重要的是，直邮仍然是一种告知人们银行提前核准信用卡申请的最简单方式。这些都是网络营销做不到的。信用卡公司通常无法确定谁在观看在线广告。而且，谷歌或脸书可能会提供有关人们收入或爱好的数据，但这些信息与人们有多少债务以及是否按时支付账单等信息是不一样的。预先核准的隐性保证对信用记录不佳的美国人尤其重要。因为他们知道，如果自己申请电视广告上推出的信贷产品，很可能会遭到拒绝。每当美国人申请信用卡时，他们的信用报告上就会出现这次“查询”的记录，这会降低他们的信用评分。信用卡申请遭到拒绝会给人们带来真正意义的负面影响。这会使得以后的申请更难获得批准。预核准确实非常有意义，因为在 2018 年，信用卡的总体批准率仅为 40% 左右。信用评分低于 620 的美国人获得批准的比例不到 20%，评分超过 720 的人获得批准的比例达 80% 以上。而且，对信用评分低于平均水平的成年人来说，他们很难保证自己能够获得更多信贷。因此，预先批准的信用卡邀约邮件有时像是一个特殊的机遇，他们应该及时把握住这个机会。

美国第二大联邦特许信用合作社——五角大楼联邦信用合作社（PenFed Credit Union）的首席执行官詹姆斯·申克（James Schenck），曾在电话里向我透露，“美国消费者已经充分了解了多次申请信贷的负面影响，以及信贷申请遭拒的后果。因此，当消费者收到预先批准的有效报价时，他们往往会抓住这次机会”。对信用评分处于或低于平均水平的美国人来说，预先核准的重要性赋予了大银行很大的优势。申克指出，尽管邮件的回复率很低，但大银行愿意在预先核准邮件上花费数亿美元，而这是小银行或小型信用合作社难以承受的前期成本。申克表示，“业界发现，有针对性的预先批准的信用卡优惠比人们主动申请信贷获得的优惠要好很多倍”。他还补充说，两者的转化率存在“天壤之别”。

第一资本在与大通银行、美国银行、发现公司和花旗银行等公司竞争的同时，也有相当大比重的次贷业务。这一领域的竞争对手包括第一信贷和普瑞密尔银行。人们是否熟悉“第一信贷”这个名字，在很大程度上反映了他们的家庭类型。截至 2019 年，第一信贷公司的报告显示，他们拥有 1100 万个活跃账户，这与证券经纪商嘉信理财（Charles Schwab）的账户数量大致相同。前一章提到里克就是这 1100 万账户的持有人之一。当然，尽管第一信贷也设立了一个网站，但用户无法通过它浏览公司的所有产品。那些没有收到第一信贷直邮邀约的潜在客户，需要将自己的个人信息输入网站上的“信用卡预审资格”工具中，然后点击上面的小字，就能将申请信息提交。随后，公司就会考虑向客户提供各类信用卡。有些信用卡的年费高达 99 美元。网站还会贴心地提示，“如果您的最低信用额度是 300 美元，而年费是 95 美元，那么您的初始可用信用额度将只有 205 美元左右”。

在大通银行和发现公司等大型信用卡公司发出的所有邮件中，大约只有 10% 的邮件提供预先核准报价。专业次贷公司提供的邀约中超过一半包含预先核准承诺。如果没有必要，银行不会做出预先核准承诺。其原因是，如果银行的批准率不够高，这种做法会招致法律上的麻烦。虽然没有哪部法律明确定义了“预先核准”一词的含义，但法律却禁止欺骗性营销。当信用卡公司瞄准的是富裕、财务稳定的人群时，他们没有真正的理由做出默示的承诺。财务稳定、信用评分高的消费者不会对这个问题产生不安全感，所以他们不会关心或注意到预先核准承诺。

20 世纪 10 年代出现了一种新的信用卡营销渠道，它可以向人们提供有关个人的复杂财务记录。通过 Credit Karma、Credit Sesame 等公司网站，人们可以查看自己的信用评分。银行也可以利用网站，使用征信机构的数据来评估申请人的信用价值，这些数据与直邮营销方式所用的数据类型相同。类似地，当这些网站的批准率很高时，也能够让害怕遭拒的消费者放心。到 2018 年，超过四成的新发次级信用卡是通过这些“第三方比较网站”批准的。这些网站似乎能向消费者提供公正的建议，但它们推荐的信贷产品在一定程度上会偏向那些出价最高的银行。对信用评分较高的客户来说，通过第三方比较网站获得新卡的比例要低得多，大约只有十分之二。

这些网站很少在提供建议时突出显示信用卡的年利率。比如Credit Karma网站在推荐有奖励的信用卡时，不会把年利率信息放在第一页。事实上，推荐页面的第一页只列出了每个产品的两条关键信息。只有在推荐无奖励信用卡时，网页上才会出现信用卡年利率信息。即使针对“一般 / 普通”类别的信用卡，信用卡对比页面的第一页也不会列出年利率。要知道，这类信贷产品主要是次级信用卡，其目标客户是极有可能背负上循环贷款债务的消费者。

信贷市场在不断演化。在当前的信贷市场中，假如你只是众多努力偿还欠款的普通美国人中的一员，那么，申请信贷就跟在海里钓鱼一样。你不能挑挑拣拣，不管什么鱼上钩，你都要把它钓上来。信贷就像是一种稀缺产品。人们会觉得，明智的人会在收到邀约时立马行动起来，填写申请，以防万一。因为当真正遇到危机时，你也不知道自己的申请是否会被批准。

上面的比喻能够很好地帮助我们理解信贷市场。信用卡行业是世界上第一个被持续的产品试验所塑造的行业。信用卡公司的分析师本没有打算压榨中产阶级，但中产阶级还是受到了压榨。在这个市场里，消费者沉重的债务负担为信用卡公司创造了高额的利润。通过开发产品试验引擎，不断测试什么是“有效”产品，什么是“无效”产品，整个债务机器干起了肮脏的勾当，而分析师却没有沾上任何污迹。

当一个人申请到第一张信用卡时，他的信用额度通常在 300 美元到 3000 美元。如果首次申请者拥有同一家银行的支票账户（特别是当他亲自前往银行支行申请时），或者他已经有过某种信贷经历，那么，他往往能够获得一张额度超过 1000 美元的信用卡。前面提到的信贷经历包括申请者获得过学生贷款或汽车贷款，或者父母授权他使用过自己的信用卡。后一种情况会令申请者沿用父母的信用记录。也就是说，如果你的父母为你办理了一张信用卡附属卡，而他们的信用卡是 1980 年开通的，那么，你的信用评分同样反映了父母这 40 年来的信用记录。附属卡的用户数据会上报给征信机构，并成为借贷机构发放信贷的考虑因素，其部分原因源于第二章讨论过的《平等信贷机会法》。当时的国会担心，如果贷款人不考虑授权者的信用记录，那么，家庭主妇或其他非主账户持有人将会受到歧视。这部法律的副作用是，它为特权阶层的子女大开了方便之门，成为他们获得超高信用评分和低成本信贷的一条捷径。从某种程度上说，它赋予了这些年轻人不公平的优势。来自低收入家庭的成年人（大多数是非裔和棕色人种）却因此遭到了不平等对待。

亲自前往银行分行申请信用卡也会产生不同的影响，因为事实证明，向没有太多信用记录的人提供信用卡的最大困难在于，借贷机构需要审查清楚申请表上的姓名、社会安全号码等信息是否属实。毕竟，在 25% 的利率下，如果借款人能在最终违约之前努力偿还债务，借贷机构才会有较高的机会赚取利润。真正的风险是，借贷机构把信用卡发给了一个批量制造假身份的犯罪集团。这个犯罪集团可能申请了数百张信用卡，却从来没有偿还过一笔欠款。这是一个非常严重的风险，因为犯罪集团可以重复运用这种手段，申请许多账户。

在第一资本，我们把信用卡客户拒绝偿还任何一笔欠款的债务违约叫作“恶意赖账”（diabolical chargeoff）。当然，“恶意赖账”的客户也有可能是真实存在的人。他可能为了渡过难关申请了一张信用卡，努力维持收支平衡，但没有攒到足够的钱来偿还欠款。而在多数情况下，信贷机构最终会发现客户的身份是“伪造”的，不仅姓名，还有社会安全号码都是虚假的。通常，信贷机构也没有办法知道自己遇到的到底是哪种，而且很多情形介于两者之间。所有分析师都对坏账率非常感兴趣，但除了专门从事债务催收和债务收回工作的分析师，以及一些负责解决第一方欺诈问题的分析师外，客户违约的具体情况对我们大多数人来说都是一个谜。毕竟，我们并不总能弄清楚哪些客户陷入了困境，哪些客户有意欺诈。

我们最终将“diabolical”简写为“diablo”。这让我不得不探讨一下这个术语。因为，在英文里，“diabolical”指的是“放肆的”，但在西班牙文里，“diablo”指的是“恶魔”。于是，我委婉地向公司建议重新使用正式的行业术语“首次还款逾期”，但这个建议并没有获得整个公司的采纳。在次级贷款行业，首次还款逾期率高达 15%。不过，对借贷机构来说，这是一件很稀松平常的事情。

我访问过几家金融服务公司的现任或前任员工。根据他们的说法，公司对它们能够容忍的最高终身违约概率都有相应的内部规定，即使有些贷款能给公司带来利润，也不能超过这个概率。金融服务公司将这些内部规定看作是对消费者的保护，因为正如他们的员工所指出的那样，即使是向那些终身违约概率为 45% ~ 50% 的人提供贷款，也是有利可图的。这些公司自愿选择这么做，实际上是划出了一道底线。

如果客户没有错过首次还款，那么他的信用额度就会迅速上升。第一资本的竞争对手梅里克银行对此进行了大肆宣传，推出了“额度翻倍白金维萨卡”。在次贷市场，客户拖欠还款的概率很高。在两年的时间里，信用评分为 500 ~ 600 的客户中，79% 的将至少拖欠 3 个月的账单，而对信用评分为 601 ~ 660 的人来说，这个概率是 44%。当银行借钱给那些经济状况不佳的“月光族”时，问题通常不是他们是否会拖欠还款，而是这些拖欠的债务是否以及何时会成为不可挽回的损失，或者是否可以通过诉讼来弥补。

信用卡公司会提供较低的初始信用额度，并在客户按时偿还前几笔欠款后提高信用额度。这种做法可以淘汰那些财务状况很糟糕的客户。这样，在客户的财务状况恶化之前，信贷机构很有可能就已经收回了几年的利息（以及一些逾期费用）。

收入杠杆

在第一资本，作为中层管理人员，我的一项主要工作就是协助完成“杠杆”清单。

在我入职第一资本的第二周或第三周，我和所有新来的分析师一起去上了一堂 SQL 课程。老师是一个在第一资本工作了 15 年的人。SQL 是分析师用来获取客户数据的编程语言，它能帮助我们回答诸如“在信用评分相同的情况下，安卓用户的违约率是否高于苹果用户”或者“客户从另一家公司获得新信用卡后，他在第一资本的欠款余额会增加或减少多少”等问题。

有一次，工程师出身的老师在课堂上要求所有在场的“工程师”举起手来。当然，他实际上是想知道在这些新毕业的大学生中，有哪些是工科毕业生。如果我没记错的话，这个比例低于 50%。我记得当时我在想：“如果这些人都是工程师，那我岂不成了数学家？”如果我学的是艺术史，那我在第一资本工作时，还能自称为艺术史学家吗？我当时觉得，他们根本不是什么工程师，因为他们的工作不是设计什么东西。

但最终，我才意识到我们的工作是设计第一资本的资产负债表。

当然，在某种层面上，公司所有投资者最关心的是利润，巨额的利润，以及理想的、可以预见的利润增长。公司对外宣称的企业宗旨是“以善为本，革新金融”，但它最大的投资者都是共同基金、交易所交易基金或对冲基金，它们都希望从自己的投资中获得可观的回报。最大的单一股东道奇考克斯（Dodge & Cox）是一家资本管理公司。它向投资者承诺提供一种保守且长期的价值投资策略。当然，这里的“价值”不是指道德方面的价值，而是一种回报低廉的价值。向普通美国人提供高利率信贷不过是一种借入贷出的手段。他们借钱给那些赚多少花多少的人，而在扣除掉那些收不回的欠款后，他们每借出 1 美元，就会还给投资者 1 美元 6 美分。

但投资者无法检查公司内部的运作细节，因此他们总是担心出问题，担心第一资本会借给太多无力还款的人，担心他们的投资会血本无归。因此，设计资产负债表不仅仅关系着长期利润的最大化，还意味着我们要将一长串其他指标组合进行调整。这些呈现给投资者的指标会向他们表明，一切都在按照他们的预期进行，这会让他们感到满意和乐观。有时，削减长期利润是很有必要的，因为这会帮助我们调整其他指标组合。投资者认为这些指标，如次级客户的贷款比例、贷款违约率、收入、效率比（即非营销成本与收入之比），以及客户欠款增长速度，预示着我们公司的财务前景。其他指标也很重要，比如公司在君迪（J.D.

Power）排行榜上的名次。当然，我们还要达到政府设定的指标水平，这些指标要求我们保留足够的资本，并在设有分行的城市向中低收入社区的人们提供足够的贷款。

似乎每个季度，这些指标中都会有一个没有达到标准。因此，我们努力设法纠正。有时，我们会放弃一两年前实施的举措来确保能够达标。损失率和增长率之间的此消彼长关系最为明显，其中一个数字越好，另一个数字就越差。实现平衡的最佳方法就是更积极地向处于最糟糕财务状况的美国人放贷。

我们这样的中层管理人员就像是大厨，我们编制包含各种指标的“菜单”，说明调整这些指标的各种可能，解释每个选择可能产生的影响，而高管就像是餐厅的顾客，他们可以选择自己想要的组合。刚工作一两年的分析师则是流水线厨师和服务员，他们负责执行订单，检查并汇报实际情况，让人们知道冰箱是否坏了，或者厨房里是否发生了火灾。

我们公司有很多信贷控制杠杆，如向更多还是更少的客户提供余额转账，或更高奖励，提高或降低信用卡费用，增大或减少营销支出。但最快、最有力的杠杆始终是上调信用额度。

可以预测的是，信用额度的大幅提高会在几个月后给银行产生大量收入。我们从不质疑这种因果关系，就像钢琴家把手指放在琴键上时一样自信——“如果我按下这个琴键，就会有一个声音响起。”唯一的问题是，在我们提高了几亿或几十亿美元信用额度的几个月后，客户到底会花掉 30%、40%、50% 还是 60% 的新增额度，换句话说，有多少比重的潜在债务转化成了实际的债务。

如果最终结果是 45%，而团队预测的是 50%，那么，即使信用额度上调能够持续带来巨额利润，也会带来一个严重的问题。因为这意味着我们的资产负债表存在漏洞。如果高管们已经将这笔预期的资金用于营销活动、技术革新或新大楼建设，那么，问题将格外严重。于是，我们就需要对造成这种情况的原因认真展开调查，搞清楚为什么实际情况不符合模型预测的结果。如果一个本应带来巨额利润的策略没有达到预期，或者其利润实现方式不符合预期，比如产生的收入高于团队的预期，但损失也同样高于团队预期，那么这样的策略仍然会被视为失败的策略。

提高信用额度是信用卡公司最好用的杠杆，原因有以下几个。这种手段见效快。如果信用卡公司试图通过提高或降低发展新客户的营销支出来调整指标组合，那么，从实施这些措施到实现预期结果需要一段时间。相比之下，一些客户会在信用额度提高的同一天使用增加的额度。而且，提高信用额度没有任何前期成本。信贷机构既不需要在邮费上花一分钱，也不需要向在线广告商支付客户推介费。唯一的缺点是，如果客户违约，第一资本将损失更多的钱（当然，更高的信用额度可能正是造成他们违约的原因）。幸运的是，只要不给目前已经违约的客户增加信用额度，相应的坏账至少在 9 个月内（通常是一年或更长时间）不会出现。提高信用额度可以有针对性地满足公司的任何需求。

与大多数受监管的银行一样，第一资本的重要信贷扩张方案必须交由至少两个人单独批准，而且他们不能是制定这一方案的分析师。第一个人是信用卡部门的一位高管，如果你是信用卡部门的分析师，这个人可能是你的上司或你上司的上司。在第一资本，我们把上司的上司干脆称作“大老板”。第二个人是信贷风险管理部门的一名高管，这个部门是独来独往的聪明人最愿意去的地方，因为在这个部门，即使不做管理者也能获得晋升机会。信贷风险管理部门遇到的最头疼的问题是：信用卡部门会因为信用额度的上调而耗尽所有“弹药”。也就是，如果信用卡部门提高信用额度的幅度太大，那么在一两年内，当公司更加渴望提高收入时，就没有更可靠的客户值得公司进一步提高其信用额度了。因此，分析师们必须努力证明自己没有涸泽而渔，证明即使今天已经提高了数百万人的信用额度，明天依旧有机会提高更多人的信用额度。

在公司工作了大约两年半时间后，经过两次晋升，我受命领导了一个名为“循环信用额度自主上调项目”的团队，即 Revolver pCLIP 团队。这个团队将决定哪些已经负债的客户可以获得更高的信用额度。pCLIP 中的 p 代表“自主”，这意味着我们可以自主决定提高客户信用额度，而不是仅仅是对客户的上调请求做出反应。

我在这里所说的一切都不是秘密。我只是在重复里奇·费尔班克向投资者公开做出的解释。他表示："发展新信用卡用户和调整信用额度是两个独立的杠杆，我们一直在说，真正的风险敞口来自信用额度方面，而不是在发展新客户方面。各位一直在注视着企业的管理运作，因此也都知道，我们一直在努力积蓄由发展新客户以及暂时收回信用额度所带来的潜在能量，也一直在努力获得尽可能多的客户信息，并仔细了解他们的情况。一段时间后，我们会开始扩张信贷规模，但贷款增长将更多地来自信用额度方面。这是我们在经济低迷期间要管理的一个调节器。"

换句话说，人们能获得多少信贷并不取决于他想要多少或需要多少。增加信用额度是一个"调节器"，能保证第一资本在需要的时候得到它想要的东西。也就是说，"发展新客户"，或者说寻找新客户，只是在为提高信用额度"积蓄能量"。

人们很难把信用额度的提高当作一件坏事。政府也认为提高信用额度不是什么坏事。而要想降低客户的信用额度，企业必须遵守一整套规则。因为降低信用额度会被视为一种"不良行为"，意味着银行必须致函解释他们的理由，并在适当的情况下提供信用报告。相比之下，银行不需要解释他们为什么提高客户的信用额度，也不需要征求客户的许可。

1970 年，国会认为美国人有权了解自己的财务状况，于是通过了《公平信用报告法》（*Fair Credit Reporting Act*）。这部法律规定，当银行拒绝向客户提供贷款时，必须解释其原因。如果征信机构的信息是银行拒绝贷款的一个原因，那么，银行需要向消费者提供一份信用报告。上调信用额度的杠杆出现后，这项法律在信用卡领域已经基本起不到作用了。因为如果银行不想解释为什么他们认为客户没有资格获得信贷，他们可以给出非常小的信用额度，而不是直接拒绝客户。所有决定分配多少信用额度的变量都是保密的。在左下角或右下角写有“维萨签名”字样的高档信用卡，其最低信用额度为 5000 美元。这个最低额度是由维萨公司设定的，维萨会对持卡人的每次刷卡操作向银行收取较高的处理费。通过对维萨签名卡设定更高的最低信用额度，维萨确保银行不会向所有客户发放维萨签名卡。相比之下，不那么出名的维萨白金卡就非常普遍了。因此，如果你申请任何印有“维萨签名”字样的信用卡，如美国银行的高级奖励卡、富国银行的维萨签名卡或者大通银行的蓝宝石优先卡，但又没有足够的信用评分，那么，你会被银行直接拒绝。不过，除此之外，更常见的情况是，如果银行认为你没有申请资格，它会给你一个额度非常小的信用卡。

虽然监管机构对银行提高信用额度的操作没有太多疑虑，但消费者肯定有。我不能保证读者在推特（Twitter）[①] 上搜索“第一资本信用额度”“美国银行信用额度”或“发现公司信用额度”

① 现已更名为X。——编者注

后，会得到什么结果。当然，确实有人想知道如何申请提高信用额度。但是当我搜索这些关键词时，我看到了以下信息：

“是谁允许第一资本未经我许可就提高我的信用额度。”

“第一资本没有通知我就提高了我的信用额度”——上面附有一张图片，写着骂人的话。

“真卑鄙……我今天醒来收到一封来自发现公司的电子邮件，里面写着‘我们已经为您提高了信用额度’。坏蛋，绝对不行。”

“刚还清信用卡欠款。结果发现公司把我的信用额度提高了3100美元，又想引诱我花钱！”

“美国银行就像恶鬼一样，不断提高我的信用额度。”

这些说法显然与同事们对信用额度上调的看法相矛盾。我的同事们认为，如果有人不希望获得更高的信用额度，那么即使额度增加，对他们也没有什么坏处。他们的观点是，如果一个人不希望信用额度增加，那不用它就好了。但是，人们对额度上调的不满在于，他们不是不希望使用增加的额度，而是他们知道自己会忍不住使用。很少有人喜欢别人拿自己特别喜欢但对自己有害的东西来挑逗自己。这和我一般不在杂货店买冰激凌的道理是一样的——不是因为我不喜欢冰激凌，而是因为我喜欢冰激凌。这甚至不是“今天享福明日遭罪”的问题。即使是信用额度上调的那一刻，也会给许多消费者带来很多痛苦。他们会对债务感到恐惧，因为他们自知没有意志力拒绝信贷的诱惑。

增加信用额度之于银行，就像奥施康定（OxyContin）之于普渡制药公司（Purdue Pharma）一样。阿片类药物毁掉了我们的国家：在整个21世纪10年代，每年大约有4万美国人死于阿片类药物。其中大约一半的死亡与阿片类处方药有关，奥施康定就是其中一种。然而，它是唯一能治疗慢性疼痛的东西。有了它，饱受慢性疼痛折磨的人才能工作，或者照顾孩子。未经治疗或治疗不足的疼痛会导致严重的焦虑和抑郁、高血压和肾脏疾病。记者布莱恩·戈德斯通（Brian Goldstone）在《哈泼斯杂志》上指出，在1000万服用阿片类药物治疗慢性疼痛的美国人中，只有8%的人最终被诊断出成瘾症。我们不可能证明，没有人能从信用卡中受益，或者没有人能从处方阿片类药物中受益。当涉及阿片类药物和信用额度上调问题时，仅仅问一问消费者是否想要，或者是否需要，或者是否有权拒绝，会得出误导性信息。这些东西效力大，吸引人，效果明显，但同时又高度危险，也都令人难以抗拒。制药公司和信用卡公司等企业将这些东西既卖给了能从中受益的人，也卖给了深受其害的人，并从中攫取了巨额的利润。当然，区分谁会受益，谁是受害者，并不总是那么容易。但公司的动机是将他们的产品交到尽可能多的人手中。在这两种情况下，消费者和公司之间都存在明显的不对等：公司的动机总是尽可能多地销售他们制造的危险产品，而消费者则面临着一系列相互矛盾的目标、恐惧和冲动。

关于提高信用额度的问题，我了解到的最重要，也是最令信用卡公司不安的事情是，如果公司不主动提高信用额度，即使大多数客户能轻松申请到信用卡，公司的客户贷款总额也不会明显增加。我们曾将客户随机分为两类，一类是信用额度得到上调的客户，另一类是信用额度未得到上调的客户。比较这两类客户，我们可以清楚地发现，是我们将那些本来可以避免债务，甚至都不会考虑申请新信用卡的客户，推入了债务陷阱。在这个试验中，既有“测试组”，也有“对照组”。因此我们不仅可以比较测试组和对照组客户的信用卡欠款，还可以比较每组客户在所有发卡机构那里欠下的信用卡债务总额，以及他们提交的贷款申请数量，或者说他们信用报告的被查询次数。诚然，通过提高信用额度，客户在我们公司的欠款确实有所增加，但是，单纯从其他发卡机构那里“转移”来的比例却非常小。对照组的信用报告被查询次数也并不比测试组多。我们很难找到证据证明，负债较小的对照组过得更差。

当然，尽管大多数“循环借贷者”会随着信用额度的逐渐增加欠下更多债务，但也有例外情况。有些人不会使用额外增加的信用额度，他们的信用评分会因此升高。原因在于信贷利用率，即信用卡债务与信用卡总额度的比值，也是计算信用评分的一个依据。这就是为什么媒体经常鼓励人们申请更高的信用额度，而不鼓励他们要求银行降低额度。拥有但又不利用较高的信用额度，对个人的信用评分是有好处的。

因此，信用额度的提高会给客户两个选择。如果客户没有使用增加的信用额度，那么，他很快就会发现自己将有资格获得更好的信用卡，比如有 18 个月或 24 个月无息期，以及 1% ~ 2% 现金返还奖励的信用卡。另外，如果他继续使用增加的信用额度，那么他的最低还款额将稳步增长。最终，在支付完房租、电话费和健康保险后，他没有额外的钱偿还最低还款。于是，他开始逾期还款。第一次逾期后，他要缴纳 25 美元的滞纳金，第二次则要缴纳 35 美元。由于有了逾期还款的记录，他的信用额度也不会再增加。有些人会在这种恶性循环中徘徊数年，不断周旋在“剃刀”边缘，先是落后于还款期，然后重新赶上还款，并缴纳上滞纳金，经过一番周折后，最终还是还清了欠款。

2018 年，信用卡公司估计，滞纳金总额高达 130 亿美元，平均每个美国持卡人要缴纳 64 美元的滞纳金。虽然信用评分低于 720 分的人只占信用卡客户的 40%，但他们支付了这些滞纳金的 80%。换句话说，信用状况不佳的持卡人平均每年要支付价值 128 美元的信用卡滞纳金。滞纳金本身也可能会把客户逼到债务违约的边缘，其中一个重要原因是滞纳金通常会被加到客户的最低还款额中，而且必须当期全额缴纳。有时，信用卡费用和利息的数额太大，最终导致客户无力偿还。于是，这些债务就成了坏账。

客户杠杆

中层管理人员必须列出一个杠杆清单，里面有收入杠杆、损失率杠杆、次级信贷混合杠杆、增长杠杆，还有一项叫作“客户杠杆”。这个杠杆要求第一资本做一些会让客户更喜欢我们的事情，或者一些提高公司道德水准的事情。在第一资本，没有人会说“提高道德水准”。因为这意味着，我们现在的道德水准不高。但在商业领域，没有绝对的善与恶。

客户讨厌所谓的“剩余利息”。尽管收取剩余利息的做法是完全合法的，而且名义上也是非常合理的，但这种做法不断引发了社交媒体和监管机构的不满。让我简单解释一下什么是剩余利息。如果你已经提前还清了汽车贷款或住房贷款，你可能会很熟悉这个概念，而其他人可能会对这个概念感到困惑。信用卡债务的利息每天都在增加。因此，当信用卡公司发出纸质对账单时，上面的“对账单结欠款”指的是客户在对账单日的欠款，但由于利息每天都在增加，因此实际欠款会稍微高一些。已经负债一段时间的客户会根据对账单上的欠款额来还款。而到了下个月，他们会很不理解为什么自己的欠款不是零，他们觉得自己明明还清了债务。

有时，客户认为已经还清了债务，以至于不会检查下一个对账单。而当他们错过下一次还款时，他们就必须为此支付一定的滞纳金。到底是应该免除剩余利息本身，还是只免除由剩余利息造成的滞纳金，或者只免除投诉者的滞纳金，一直是人们争论的焦点。剩余利息并不完全是个骗局，但它确实让我们的客户感到意外，同时也受到了损失。每个人都赞同取消剩余利息，但这是否意味着保留它是件坏事呢？

2019 年，我在得克萨斯州休斯敦采访了一名非裔大学生伊萨。她曾切身感受到了剩余利息和信用额度上调带来的影响。我问她，如果只能改变一件事，她希望银行或信用卡公司做出什么改变。伊萨告诉我，“有一段时间，我已经还清了信用卡，但他们仍然对我收取利息”。她表示，虽然自己只用信用卡购买生活必需品，但她认为自己当初就不该拥有信用卡。她说，如果没有信用卡，“我会省钱，还会省下不少钱”。信用卡公司“让你很容易欠下债。因为你花得越多，他们就越喜欢提高你的信用额度”。

2013 年我入职第一资本时，高管们经常吹嘘公司的政策调整是多么“无懈可击”。这里的调整指的是公司放弃了一些虚伪到完全不合理的消费者政策。其中一些调整是迫于《信用卡法案》而做出的，还有一些可能是为了取悦于新成立的消费者金融保护局。为了解释“无懈可击”的政策调整，高管们还拿出了一张图表来呈现第一资本在 2004 年或 2005 年左右的赚钱方式，并将它与 2013 年或 2014 年的赚钱方式进行了对比。在这段时间内，对整个信用卡行业来说，来自手续费而不是利息的利润比例大幅下降，第一资本也不例外。公司里的大多数人（以及监管机构）都认为，靠利息赚钱比靠手续费赚钱更为可取。因为对借款人来说，手续费更不可预测，而且在某种意义上更带有惩罚的意味。我记得一位高管告诉我，公司唯一保留下来的费用是滞纳金。这名高管表示，滞纳金非常重要，因为如果没有它，客户就不会按时付款。这实际上是自作自受，最终会减低自己的信用评分。这位高管辩称，收取滞纳金对客户来说不算坏事，事实上，这是一种双赢政策——这就是第一资本内部流传的说辞。

当然，我也很想知道，滞纳金对客户有所帮助的说法是否属实。但我的想法是，假如这种说法属实，那么 1 美元或 5 美元的滞纳金与 39 美元的滞纳金在敦促客户还款方面的效果是一样的，而对入不敷出的人来说，前者的伤害性更小。无论如何，比起滞纳金实际上有利于消费者的想法，人们更关注有关付款截止时间的持续争论。

2020 年，我与第一资本的一位前高管进行了交谈。这名高管是从一家竞争对手那里跳槽到第一资本公司的。为了熟悉自己在第一资本的新工作，她查阅了一份幻灯片演示文稿，里面讨论了这样一个问题：客户在到期日的哪个确切时间点付款，会被视为逾期。也就是说，错过哪个时间点，客户必须缴纳滞纳金。她告诉我："这个时间点大概是下午 5 点。有一项完整的分析表明，如果你把时间推迟到晚上 8 点、9 点、10 点，甚至午夜，避免逾期还款进而避免缴纳滞纳金的客户数量就会增加。设定截止时间点是个重要的信贷决策。公司一直知道这项分析，决策者应该根据它做出安全可靠的决定。但我们的决策者决定不延后截止时间点，理由是成本问题。说得好像我们负担不起这个成本似的。我当时想，'有些人要打两份工，直到晚上 10 点才能到家，而且他们的到期日恰好就是发薪日。这种情况下，他们只能在当天 10 点还款。这样，他们的还款就会逾期，并且要缴纳 35 美元的滞纳金。而公司却不打算解决这个问题'。这是我见过的最没有意义的事情。"

显然，平心而论，将截止时间推迟到东部时间的午夜，或者太平洋时间的午夜，甚至推迟到第二天的中午，是有益于第一资本客户的。因为，除非逾期超过一个月，否则，错过还款的记录是不会上报给征信机构的。在到期日下午 6 点（太平洋时间）还款的西海岸客户，可能会认为自己没有延迟付款。事实上，如果客户在晚上 11 点而不是在下午 4 点登录第一资本的网站进行还款，不会给第一资本增加任何成本。这里也不存在任何道德风险问题。截至 2019 年 8 月，根据第一资本的规定，所有客户，无论住在哪里，其付款截止时间都是东部时间晚上 8 点。对客户来说，这个时间要好过东部时间下午 5 点，但肯定不如午夜。

高管们经常暗示，如果能赚更多的钱，我们就能更好地利用这些客户杠杆，如延后付款截止时间。当然，前提是我们“负担得起”。起初，我坚信，如果能帮助公司赚更多钱，我们就会为客户做更多“好”事情。当时，我并不觉得这是一个完全天真的想法。毕竟，节约公司成本会降低信贷价格的想法，大致符合市场逻辑。我的老上司杰夫是个和蔼、热情的人，我曾在他手下工作了很长一段时间。作为公司最大的创收中心——信用额度上调团队的负责人，他告诉下属，“我们的工作是为造福顾客这个使命提供动力”。这话说得好像我们赚到的每 1 美元都直接还给了客户一样。在第一资本工作的时间越长，我越觉得他的说辞虚伪。2018 年，也就是我辞去全职工作的那一年，第一资本完成了 12 亿美元的股份回购。这令我对“我们别无选择，只能向在到期日晚上 9 点付款的客户收取滞纳金”这套逻辑深感怀疑。

还款分配问题也是类似的情况。许多客户的欠款不止一种利率。比如，如果客户使用了余额转账优惠，相应欠款的利率就比较低。而如果客户借支了现金，相应欠款利率就比较高。问题是，当客户还款时，首先还清的是哪种欠款。《信用卡法案》通过后，如果客户偿还的金额大于最低还款，超出部分必须首先分配给利率最高的欠款。但是，最低还款金额依然首先分配给利率最低的欠款。这会让银行从中受益，但损害了客户的利益。

第一资本的一位前任高管是这样说的:“公司里的人对我说,‘你知道,客户不会真正注意到还款分配问题。这是一个相当费解的问题。而且,大多数客户理解力不强,并不理解这个问题。’”这位前高管最初对这种商业行为感到惊讶,她说:“这种说法对还款者来说是有多大的侮辱?你能想象这种和客户交流的方式吗,‘你太笨了,根本搞不懂我们分配还款的方法,所以我们直接替你选择了分配方式’。”

2013年,第一资本的首席执行官里奇·费尔班克公布了一个全新的企业宗旨——以善为本,革新金融。费尔班克自豪地告诉同事,公司此前从来没有过企业宗旨,正因为如此,我们才相信这项新宗旨确实意义重大。据说,制定企业宗旨的决定在一定程度上受到了阿尔卡季·库尔曼(Arkadi Kuhlmann)的启发。库尔曼曾是网上银行荷兰国际集团直接银行(ING Direct Bank)的行长,这家银行于2012年被第一资本收购。在他的领导下,直接银行致力于帮助美国成为“储蓄者之国”。据说,库尔曼曾对费尔班克表示,自己对第一资本这么长时间都没有制定企业宗旨感到震惊。

伴随着一场华丽的演讲,各种各样的标语牌和宣传文案出现在第一资本办公大楼周围,“以善为本,革新金融”的宗旨就这样确立下来。员工们有时会在谈话中提到这个宗旨,把它当作追求或不追求任何既定目标的理由。但这句口号对不同的人来说,意味着完全不同的东西。事实上，按照要求，管理人员必须对下属的八九项能力做出评价，其中一项便是“践行企业宗旨”的能力。但是，如果你在讨论诸如“为什么将低还款额分配给最低利率债务”这样的问题时，提到这个企业宗旨，同事们就会辩解说，如果我们要为践行企业宗旨而做一些事情，那么这个事情起码得是客户会注意到的事情。

人们普遍认为，把牛奶放在商店的后面，是为了诱惑那些需要牛奶的人在穿过过道的时候挑选更多的东西。不过，经济学家迈克·芒格（Mike Munger）指出，当把牛奶放在商店后面时，冷藏成本会更低，也更方便商店补充库存。芒格估计，如果商店把牛奶放在入口处，为了支付额外的劳动力和能源成本，他们可能需要把牛奶的价格提高 20%。如果顾客真的想尽快买到牛奶，他们可以去便利店购买。虽然那里的牛奶可能更贵，但可以节省购买时间。芒格认为，如果所有消费者都想把牛奶放在商店前面，那些把牛奶放在后面的商店就会倒闭。因为每个人都会去那些把更贵的牛奶放在前面的商店购物。芒格认为，从某种意义上说，顾客实际上已经做出了选择，他们希望牛奶一直放在商店后面。

在这个案例中，牛奶放置位置的问题在一定程度上是对自由市场的一个比喻。它揭示的道理是，在自由市场，要想欺骗或剥削消费者并不容易。我同意自由主义者芒格的说法，欺骗或剥削消费者确实不是一件易事。

但问题是，将不容易欺骗普通人等同于不可能欺骗普通人，是一种概念偷换。我并不是有意指责芒格犯了这个逻辑错误。但消费者选择的东西并不等于消费者想要的东西，也不等于消费者需要的东西。美国企业界和国会山却经常将这三个概念混为一谈。

人们或许认为申请贷款非常容易。毕竟，金钱是可替代的，所以无论从银行 A 还是银行 B 贷来的 1000 美元，好像都是一样的，都是一种东西。最重要的似乎是借多少钱，以及什么时候必须偿还贷款。当然，事实证明，那些陷入经济困境的人实际上也非常关心其他因素，比如，贷款获得批准的概率，以及资金发放速度。这两个因素有助于解释为什么高利率的发薪日贷款，有时会击败低利率的银行贷款和信用合作社贷款。

但是银行可以利用很多方法巧妙地改变信用卡贷款的利率。到目前为止，我们已经讨论了免息期的长度（账单日到最后还款日的时间间隔）、还款截止时间、还款分配方式、剩余利息，还有最低利息。

除此之外，还有一个概念叫作“追溯利息”（有时也称“递延利息”）。信用卡公司有时会向客户提供一段时间的零利率优惠，但如果客户未能在优惠期结束前偿还全部贷款金额，就要全额支付所有利息，而不是优惠活动最后一天开始累计的利息。这种情况下支付的利息就是追溯利息。通常，借款人不清楚优惠期结束的确切日期，而且这个日期与客户账单到期日无关。与特定商店绑定的零售信用卡，而不是随处可用的通用信用卡，是追溯利息问题的重灾区。即使你认为自己有一个明确的还款计划，能在优惠期结束前还清账单，也很难避免追溯利息。消费者往往认为自己得到了一笔免费贷款，认为自己已经按时还清了账单，最后却惊讶地发现自己还是没有躲掉追溯利息。一位客户曾经用康蒙尼蒂信用卡购买了一枚钻戒，让我们看一看该客户的投诉：

"销售人员向我保证，根据康蒙尼蒂银行的还款计划，我只需要分期付款 12 次就可以还清欠款，而且没有利息。他没有给我任何书面合同要我签字。大约一周后，我拿到了信用卡，并根据提示找到了为我设置还款计划的网页，上面显示我总共需要进行 12 次还款。但是，康蒙尼蒂银行设置的优惠期是年末的那一天，而不是最后一次计划还款日。我还完欠款后，他们向我收取了 880 美元的额外费用。他们设定了一个你根本无法执行的还款计划。所以，等你还清了欠款，他们马上就会发给你一笔大额账单。他们本可以将第一次还款期稍稍提前，也可以将贷款分成 11 期，这样我就能避免这个问题了。他们的这种做法是不公平的，令我难以接受。尽管我设置了自动还款，并严格遵循了还款方案，我还是被收取了信用卡利息。"

花旗发行的百思买卡、家得宝卡，同步银行（Synchrony）

发行的劳氏卡以及亚马逊卡，都属于这类信用卡。这些信用卡的持卡人在购物时也都可能会遇到这种问题。

银行还有很多做法，如双循环计息制、“一触即发式罚息机制”（指的是银行对持卡人轻微违约处以罚息的做法），都已被《信用卡法案》严令禁止。随着时间的推移，除受监管限制的方式外，信用卡的计费方式变得越来越复杂。这并不是说信用卡公司之间根本没有竞争。事实上，研究表明，银行提高隐性费用的部分原因是，银行渴望通过它获得更多现金，以便在信用卡的显性指标（如奖励或者标准利率）上，展开激烈的竞争。

我们可以发现，随着隐性费用的提高，银行降低了标准利率。人们或许会说，这证明相比利率为 24% 的银行卡，消费者更喜欢利率为 22% 的信用卡，并愿意为此接受较早的还款截止时间和更高的最低还款额，也愿意接受银行将客户还款分配给利率最低的贷款。实际上，银行知道后面这种信用卡能带来更多利润（对消费者来说更不划算）。但在这类情况下，很难说将消费者的选择等同于消费者想要的东西是一种概念偷换。

芒格认为，杂货店的设计者没有打算让你在去商店后面拿牛奶的路上，顺便买上 20 件自己本不打算买的东西，他们只是把牛奶放在了最显眼的地方。相比之下，毫不夸张地说，信用卡公司实际上是在拿客户进行试验，从而找出最不引人注意的方式，向客户收取额外的费用。理性地说，这种微小的调整，或者所谓的“创新”对消费者没有任何价值。虽然信用卡公司可以明确地预测这些调整将如何影响任何给定客户的最终欠款，但客户自己却意识不到自己的到期账单总额是发卡机构各种操作的副产品。大通信用卡会比发现信用卡更实惠吗？第一资本的信用卡会比花旗信用卡更实惠吗？或者说，运通信用卡会比巴克莱信用卡更实惠吗？我们很难做出比较，也不要指望媒体能帮我们弄清楚。毕竟，即使涉及信用卡最具影响力的一个特征——利率，发卡机构宣传的利率范围也互有重叠。例如，截至 2020 年 9 月，发现公司所宣传的发现（Discover It）信用卡利率为 11.9% ~ 22.9%，而第一资本的快银信用卡利率为 15.49% ~ 25.49%。媒体也不知道每个申请人获批的具体利率是多少。钢丝钳（Wirecutter）网站和《消费者报告》（*Consumer Reports*）杂志都能帮助消费者挑选吸尘器。而在吸尘器市场，大多数美国人只要能上网，就能在相同型号的吸尘器之间进行比较，做出选择。而且一般来说，它们的价格是一样的。但钢丝钳网站的信用卡推荐却远远没有那么有用，因为它根本不了解任何特定消费者的信贷利率，更不了解发卡机构的政策对各种费用的可能影响。另外，当消费者根据它的推荐申请信用卡时，钢丝钳网站会从中赚取推广费用。对不同的人来说，哪些费用和利率组合看起来更实惠，哪些组合实际上更实惠，这两者并不一致。很多被信用卡公司委婉地贴上“消费者偏好”标签的东西，实际上并不是一种实惠的选择。

2012年，责任贷款中心（Center for Responsible Lending）发布了一份报告，列举了23种不同的营销和定价手段。他们认为这些做法使信用卡更加复杂，而且都是掠夺性商业手段。这些做法中有9种是非法的，或者是《信用卡法案》明令禁止的做法。有3种被部分性禁止，其余的依然合法。责任贷款中心还发现，已经采取一种掠夺性定价手段的银行和信用合作社，倾向于采取更多的掠夺性定价手段。同等规模下，发卡机构采取的掠夺性行定价手段越多，他们从商业改进局（Better Business Bureau）那里收到的投诉也就越多。这表明，虽然消费者无法通过阅读信用卡的条款和条件，来了解他们的待遇有多糟糕，但是一旦受到不公正对待，他们确实也非常在意它。根据这份报告，公司的信用卡定价方式越复杂，越模糊，他们在经济衰退期间的信贷流失率就越高。在衰退前流失率相同的发卡机构中，消费者待遇最差的发卡机构在衰退期间的流失率，比消费者待遇最好的高出6.3个百分点。这是个相当巨大的差异。要知道，信用卡产品的流失率一般为3%左右，次级贷款的流失率约为8%。因此，正如责任贷款中心所指出的那样，这些数字再加上6.3个百分点，足以威胁发卡机构的安全性和稳健性。

这句话的含义是，欺瞒客户的信用卡公司最终会付出代价，尤其是在经济低迷时期。如果结论正确，那么这是一个不错的想法。当然，在第一资本，关于在衰退前做好准备的最佳方式，有不止一种观点。一派认为，为经济衰退做准备的最佳方式是在衰退前谨慎放贷，防止将债务提高到客户难以偿还的水平。但另一派也能拿出理论和证据证明自己的观点。他们认为，在经济繁荣期过于谨慎，实际上会损害第一资本的自身利益。因此，第一资本应在繁荣期，尽可能多地收取费用和利息，这才是确保公司有足够资金轻松度过衰退的最佳方式。

2020 年秋天，我在 Zoom 上访问了一位信用卡公司的前任高管兼风险投资家。我们探讨的一个话题是，与分期贷款相比，信用卡促使人们欠下了更多债。他同意这一点，但坚持认为信用卡是现在，也是未来的主流借贷方式。在他看来，消费者对信用卡的偏好占据了主导地位。他认为，消费者之所以经常选择信用卡而不是更易理解的个人贷款，是因为消费者更看重它的灵活性。

在我们的谈话之后，我想到了朱华敏（Andrea Long Chu）在 2019 年出版的《女性》（*Females*）一书中写下的一句话，“每个人都强烈渴望权力，这是因为在人们内心深处，每个人都不想受到权力的支配。”人们有时暗示消费者喜欢拥有权力和选择权，但信用卡占信贷市场主导地位的现象，既支持这种说法，又与之相矛盾。

个人贷款会迫使人们认真考虑贷款决策。人们会在了解了借贷成本，知道了自己要用多少薪水偿还贷款后，做出理性的贷款决策。相比之下，信用卡通常会让人们放弃任何理性的决定，比如借多少钱，如果有钱的话什么时候还款。当然，表面上，信用卡提供了更多的选择权和自主权：消费者可以灵活选择借钱金额，在信用额度内想借多少就借多少。而且在偿还了一些债务后，如果想借更多钱，也不需要征求任何人的许可。数额较小的最低还款使消费者可以更自由地决定每月偿还多少。这样，相对于个人贷款，信用卡赋予了借款人更多的权力。但信用卡也很容易让借款人盲目从众，放弃理性思考，放弃决策的权力，推卸掉知晓后果的责任。个人贷款是弥补预算不足的工具：人们会意识到自己的收入和支出之间存在一定的差距，需要额外的钱来弥补这个差距。如今，人们不需要几天或几周的预见力就能做到这一点。信用卡是应付预算外短缺的一种工具，是人们在没有、不想或者不需要制订明确支出计划时，解决资金不足的一种工具。

借款人与我的谈话绝大多数反映了他们的矛盾心理。这或许是因为，与之前探讨债务问题的一些作者不同，我寻找受访者，靠的不是联系小报式故事的主角（如“19岁的职员用赊购的菲力牛排喂他的可卡犬”，或者“23岁的参谋少校因购买凯雷德轿车和使用军事采购信用卡进行整形手术，而被关进海军禁闭室”）。我访问过我的二度和三度联系人（与自己有直接联系的人为一度联系人，与自己的一度联系人有直接联系且与自己没有直接联系的为二度联系人，以此类推）。任何有过信贷经历的人，无论他们的债务有多重或者多轻，也不管信贷是帮了他们还是害了他们，我都非常乐于采访。我在街角、公园里、大学校园里，采访任何愿意和我交谈的人。本书的附录提供了受访者的更多细节。我访问过的大多数人都为自己辩解，认为自己购买的大部分或全部物品都是必要支出。但同时，他们也表示如果可以重新来过，他们就会做出不同的选择；如果有时光机，他们就会想办法少花钱或多存钱。

信贷收缩时期

如果说，信用卡公司在 21 世纪 10 年代的主题是单方面上调人们的信用额度，那么，到我写这本书的时候，也就是 2020 年，这个趋势已经开始逆转。受新冠疫情影响，四分之一的美国信用卡用户称，至少有一家信用卡公司降低了他们的信用额度，或者完全注销了他们的某个账户。2020 年夏天，第一资本注销了我女朋友父亲的账户，并给他寄了一张 1 美元 37 美分的支票——这是他未兑现的信用卡奖励的余额。第一资本还给了他一封信，上面写着祝他“周末愉快”。

在第一资本工作时，我们发起了一项活动，试图鼓励公司的次贷债务人在第一资本开设储蓄账户，以备不时之需。表面上，这并不是一件令人反感的事情。大多数个人理财书都建议人们在偿还高息信用卡债务之前，至少建立一个适当的应急基金。之所以给出这个建议，是因为这些作者认为，银行可能随时降低客户的信用额度。他们还建议，如果银行不会降低信用额度，人们应该在积攒应急储蓄金前还清自己的高息信用卡债务。因为一旦发生紧急情况，人们可以使用已经还清部分欠款的信用卡。这意味着，从数学上看，客户已经提前做好了准备。

但是我们不想失去客户。至少在第一资本，是否降低客户的信用额度是由我们决定的。我们鼓励客户以 1% 的利率储蓄，而不是还清 24% 利率的债务，是为了让他们做好准备，以应对他们还清债务后第一资本会降低信用额度的这种可能性（当然，无论客户以 1% 的利率存了多少钱，我们都会以 24% 的利率借给其他人）。这样做还不如提醒他们买个头盔，来防备我们随时可能扔向他们的石头。这种商业策略的关键在于创造并相信这样一个说辞：这个策略使客户有了更多的现金储蓄，实际上对消费者是有利的。

有一种重要的观点是，信用额度算不得数，银行也确实允许人们超出信用额度。而且，银行授予客户一定的信用额度后，可以在没有任何警告的情况下随时撤销（当然，除非客户已经使用了该信用额度）。有了一定的信用额度并不能保证客户在需要的时候获得相应的信贷，因此，它几乎没有任何意义。不过，尽管信用额度只是概念上东西，客户却将其视为非常真实的东西。这种做法确实非常恶劣，但也算不上唯利是图。

2020 年 5 月，我同美国前参议员马克·尤德尔通了电话。尤德尔在 21 世纪初先后担任过美国众议院议员、参议院议员。在此期间，他先是呼吁对信用卡行业进行改革，随后又向参议院提出了《信用卡持卡人权利法案》，即后来的《信用卡法案》。在电话中，我们讨论了作为立法者，他为什么优先考虑这个问题，然后我们围绕金融监管进行了辩论。对尤德尔来说，他做这一切是为了创造一个“更公平的竞争环境”。他认为，这个环境是资本主义繁荣的必要条件。不过，我们也谈到了尤德尔使用信用卡的经历。对他来说，使用信用卡消费，总体上是一段愉快的经历。1997 年年底，当时还是科罗拉多州众议院议员的马克，决定参加他的第一次国会竞选，并与其他四位候选人一起参加了竞争激烈的初选。他告诉我，“我需要尽快筹集资金启动竞选活动，所以我和妻子对视了一下，然后拿出了两张信用卡。我记得，我们用每张卡借了 1 万美元”。他补充道，“我觉得这是一场冒险，但我们当时急需现金来资助我的竞选活动”。据他回忆，他实际借到的金额大致或正好等于他的信用额度。在那之前，尤德尔从未使用过信用卡借钱，而且他在竞选结束前就还清了信用卡。尤德尔的经历既典型又不典型：不典型的是，他用借贷来帮助自己进入专业领域和政治权力的最高层；典型的是，他的信用额度严格地决定了他的借贷金额。他没有申请其他贷款（尽管很容易申请到），也没有浪费他的信用额度。像许多美国人一样，他没有事先规划好合理的借款金额是多少，也没有规划好怎样获得所需要的资金来执行竞选方案，而是把整个规划过程交给了银行。

利润最大化

在基本层面上，债务机器的问题在于，它对利润最大化的追求，必然会把客户推向债务深渊。如果客户无力还款，而且法院不支持银行对未偿欠款的诉求，银行就会蒙受损失。因此，债务机器通常会避免这种情况的出现。但是，如果客户多年来一直在竭力还款，支付利息和费用，逐渐还清债务或者无限期负债，这种情况对银行来说是相当有利可图的。从历史上看，美国人唯一的可取之处是他们的不可捉摸，银行很难区分他们是这两类人中的哪一类。因此，在 21 世纪前 10 年的大部分时间里，美国大型银行（金融新贵第一资本除外）大多都避免直接发放次级贷款。但是，他们往往持有发薪日贷款机构的股份。这样，他们既能涉足次级贷款市场，又不用承担因贷款利息过高而声誉受损的风险。

我在斯特拉斯莫尔（Strathmore）的音乐中心看过一段精彩的视频。当时，第一资本公司租用了这个有 2000 个座位的场地，供首席执行官费尔班克向员工发表年度战略演讲。当天活动的一项内容是观看一段视频，内容是谷歌开发的机器学习算法如何玩打砖块游戏。就算你没玩过打砖块游戏，就算你年龄不到 10 岁，也可能很熟悉这种游戏模式：玩家可以向左或向右移动一个挡板，发出小球，打碎屏幕上的砖块。如果玩家没能用挡板接住球并把球弹回去，就会丢掉一条命。玩家的得分取决于打破砖块的速度。连续击中球的次数越多，小球的移动速度就越快，这自然也增加了游戏难度。正如视频所解释的那样，“最重要的是要知道，算法只掌握传感器输入给它的信息（屏幕上显示的信息），而它要做的就是最大化自己的得分”。在 10 分钟的游戏后，算法机器很快丢掉了所有命，成功击球率在 50% 左右。经过两个小时的游戏后，算法机器能像职业玩家一样击球，几乎每次都能命中小球。4 个小时后，算法机器已经想出了一个很少有人会想到的策略：它算准了回球角度，会尽最大努力持续击中砖墙上的同一位置，以便在砖墙中挖出一个通道，让小球可以进入这个通道。而一旦形成这样的通道并且把小球击打进通道后，算法机器就不需要再移动挡板。小球会在屏幕顶部快速上下反弹，摧毁通道两侧的砖块，直到游戏结束。

费尔班克对这个视频的评论，我已经记不太清了。大意是，“这是不是非常不可思议？机器学习就是未来！”第一资本并不是唯一一个对机器学习充满热情的公司，摩根大通、花旗和美国银行都在向人们，尤其是潜在投资者吹嘘自己在人工智能领域的能力。

玩打砖块游戏的算法根本不知道小球是什么，也没人告诉它游戏规则，但它找到了一个策略，并根据这个拐角解击打小球，最终拿到一个难以置信的高分。一些银行将机器学习用在对消费者没有害处的地方，这也是他们公开宣扬的用途，比如猜测客户的来电意图，将电话转接到相应的部门，或者更好地监测洗钱活动。但信贷机构最感兴趣的是利用机器学习找到最优解，就像是前面提到的“砖墙中的通道”。这样，他们可以从濒临破产的家庭那里收取大量利息，同时又把他们推向真正的破产。在第一资本，有些人认识到，我们的机器学习算法得出的拐角解可能并不是最优解。第一资本的一位前任高管告诉我，理论上，最好的策略似乎是向单个客户收取10000亿美元的利息。这句话的意思是，客户似乎对更高的利率一点也不敏感。但是，这位高管表示，秉持道德的决策总能把公司从悬崖边上拉回来。

他提出这些观点，实际上是在为第一资本辩护。我在第一资本工作过很多年。在二十五六岁的时候，我负责培训新分析师，教他们如何运行和解释我们的模型。当时，我经常引述经济学家泰勒·考恩（Tyler Cowen）在《再见平庸时代》（*Average Is Over*）一书中提到的一段趣闻。几十年来，计算机在国际象棋方面的表现一直比人类象棋大师更好。但是，考恩指出，一些有计算机辅助的人类可以在国际象棋比赛中持续击败没有人类辅助的计算机。当然，这种计算机辅助手段除了要求被辅助者精通国际象棋外，还要求他掌握其他技能，如知道在什么时候信任计算机，什么时候忽略它的建议，还要熟悉算法的优点和缺点（理论上，这需要人们花时间运行多个算法，了解它们的共性和个性）。我认为，最好的决策来自人类判断和机器智能的巧妙结合。这也是我试图传达给这些二十二三岁的分析师的观念。

但是，从另一个角度看，这意味着唯一阻碍算法运行的是分析师的道德直觉。这些分析师大多是白人或者男性，而且很多来自优渥的家庭。在我任职的大部分时间里，第一资本从圣路易斯的华盛顿大学招聘的新分析师数量最多，这所学校实际上是美国社会经济多元化程度最低的学校。当然，正如那位前高管所言，道德直觉会告诉我们不能收取万亿美元的利息。我在第一资本工作期间，公司内部有过一场争论。人们争论的问题是，如果收取接近 30% 的年利率会令公司名誉受损，那么是否应该把 24% 确立为利率的上限。读者可以访问第一资本的网站了解这场争论，并做出自己的判断。

不过，利用算法让每个客户尽可能多地背负上债务，基本上已经成为一种势不可挡的趋势。信贷机构在各个话题上几乎没有什么顾忌，而且实际上参与决策的人都没有任何高息信贷的第一手经验。要想了解银行在机器学习方面的进展程度，了解饱受道德争议的金融试验，最好的方法是查看一下他们的招聘清单。这些清单比银行发言人可能提供的任何声明都要坦率得多，也更加直白。从这些清单可以看出，在整个信用卡行业，以人类为试验对象并利用试验结果，来调整利率和信用额度等产品条款的做法是很常见的。2021 年 3 月，美国运通公司招聘了一名机器学习领域的工程师，负责“开展机器学习测试和实验”。摩根大通正在物色一位副总裁，来领导其机器学习卓越中心。他们在招聘页面上这样写道，“我们世界一流的机器学习团队不断开发最先进的方法，利用公司庞大而独特的数据集来解决各种现实世界的金融问题”。页面上的信息表明，机器学习覆盖了“摩根大通的所有业务线”，并且“对公司有着无与伦比的影响力”。他们的理想候选人应该拥有量化分析领域的博士学位，并且“具备设计试验和培训框架的能力”。摩根大通同时还在招聘一名数据科学家。他将负责在信用卡部门开发和运用预测模型，“以评估信用卡组合的风险和赢利能力，并利用这些模型，在信用卡定价和分级管理方面推荐最佳行动策略”。

美好事物的风险

前面，我们讨论了信用卡隐性费用，以及银行用来收取更多费用的方法。但信用卡的危害不仅仅在于费用和利息。

从 2002 年到 2015 年，带奖励信用卡的邀约邮件的比例增加了两倍，从大约四分之一增加到四分之三。现在，大约 60% 的有息欠款是持卡人使用有奖励的信用卡欠下的。甚至次级信用卡和担保信用卡也普遍提供返现或里程奖励。比如，第一资本提供的“快银一号”信用卡，年费为 39 美元，返现奖励率为 1.5%，年利率为 25.99%。同步银行 2019 年发行的亚马逊担保信用卡，年利率为 28.24%，持卡人在亚马逊购物会享受 5% 的返现奖励率。但到 2021 年，它的年利率已降至更合理的 10%。Discover It 担保信用卡的年利率为 22.99%，消费者使用它在加油站和餐馆消费，会获得 2% 的现金返还，在其他地方消费则有 1% 的现金返还。第一信贷白金奖励维萨卡的年利率为 23.99%，消费者用它购买汽油和杂货会获得 2% 的现金返还。但奖励只对那些每月全额还款的消费者特别有价值。如果消费者每月不还清信用卡欠款，他们就很难有足够的信贷来满足大部分日常消费，而且随着利息的积累，这些奖励也很难积累下来。

但是，由于利息成本很难估计，因此，当消费者不清楚自己的信用额度是多少或者每个月要花多少钱时，“这张信用卡有年费吗”和“有奖励吗”等简单的是非问题，就成了影响信贷决策的主要因素。而事实上，信用卡利息和滞纳金才是银行赚钱的主要工具。

值得注意的是，发卡机构也可以使用一系列策略来阻止顾客使用或兑换奖励。2014 年，花旗信用卡公司首席执行官贾德 • 林维尔向投资者表示，“我来告诉你们，过去，我们的奖励政策是根据损失费用制定的。我们基本上不鼓励人们兑换奖励。我们会限制客户在一年内获得的奖励，任由积分过期”。林维尔接着说，花旗已经整顿了这类行为。但他没有提到，是会计准则的变化，才迫使花旗和其他所有信用卡发行商进行了调整。2014 年之前，美国会计准则委员会（Financial Accounting Standards Board）制定的标准会计准则规定，如果客户从没有兑换过通过信用卡购物获得的奖励，那么这些奖励对银行来说就不是真正的成本。但在 2014 年，这些会计准则发生了变化。不管客户什么时候兑现奖励，信用卡公司都必须在客户获得奖励后，减去这些奖励的成本。会计准则调整的目的是激励信用卡公司敦促客户尽快兑换他们的奖励。现在，发卡机构更加关注如何让消费者获得比预期更少的奖励。例如，大通公司和发现公司针对某些信用卡，采用了每个季度“轮换”返现奖励的做法。如果客户不在每个季度主动选择返现奖励，就无法赚得奖励。消费者金融保护局在 2015 年进行的一项焦点小组调查显示，信用卡奖励能够有效促使美国人错失最优惠信贷条件。焦点小组的参与者要在五种信用卡之间做出选择，其中四种有不同类型的奖励，其中一种没有奖励，但利率要低得多。尽管小组中的许多人都有循环信用卡债务，但利率最低的那张信用卡绝对是最不受欢迎的。一份总结焦点调查的报告这样写道，“消费者似乎主要根据奖励来选择信用卡，而很少考虑非奖励的成本和收益。例如，尽管调查者向参与者展示了他们可能获得的年利率范围，但没有一个参与者询问他们未来的年利率是如何确定的”。在这场大型访谈中，没有一个焦点小组的参与者提到，与从奖励中获得的预期收益相比，他们在利息费用的预期损失是多少。

信用卡奖励一开始是为了吸引消费能力最高的信用卡客户而提供的福利，现在却成了安抚大众的一种代金券。媒体大肆宣扬，现在即使是担保信用卡也经常附带奖励。这是在暗示银行是出于善意而发放额外福利，从而确保包括穷人在内的每个人都能获得奖励。他们完全没有意识到，一点点奖励足以分散消费者的注意力，从而使他们忽视过高的利率。

在美国银行业，极少有人真正为客户着想。当然，银行明目张胆的欺骗或侵占行为（通常）是违法的。但是，在大多数情况下，如果一种金融产品在某些时候可能对某些人有利，那么它在全国范围内就是合法的。

我在信用卡行业工作时，让我印象深刻的是，那些批评者的态度似乎一直摇摆不定。一方面，他们批评银行发放过多的信贷，使家庭背负上繁重的债务；另一方面，他们又指责银行不愿意给那些需要机会的人提供信贷。这两种截然相反的指责令我猛然意识到，虽然批评者都是出于善意目的，但他们不知道自己在说什么。毕竟，他们似乎对同一个问题都拿不定主意。事实上，经过更仔细的观察，我又发现他们的观点是完全有道理的：一个不愿了解其决策将对消费者的生活产生什么影响的金融行业，在信贷问题上既会过于保守，也会过于激进。

英国金融市场行为监管局正式规定了第六条原则（见前文），要求银行“充分考虑客户的利益”。这样的原则既没有创意，又显得过于极端。几十年来，英国的银行监管机构一直使用一种名为“基于原则的监管体系”。这意味着他们制定了诸如“做出真正关心客户的姿态”之类的目标，然后期望银行采取相应的行动。相比之下，美国的监管体系有时被称为“基于规则的监管体系”，具体规定了哪些行为合规，哪些不合规。当然，这种体系的问题在于，一旦有了清晰的路线图，银行就会发现监管机构没有提前考虑到的所有例外和漏洞。在基于规则的监管体系下，人们只会因为违反法律条文而受到惩罚，并且只要不违法就可以随意践踏法律的精神。就像第二章提到的例子——为了满足《社区再投资法》的要求，第一资本给客户增加了100美元的信用额度。

英国金融市场行为监管局决定解决“有利于消费者”和“有利于银行”之间明显不匹配的一个问题——金融市场行为监管局将其称为“持续性债务”问题。人们花10年或更长时间来偿还信用卡账单，显然对银行有利。但几乎没有人，包括银行发言人，会站出来争辩说这对消费者有利。银行发言人也承认，信用卡实际上是用来进行短期借贷的工具。

长久以来，人们为债务支付了大量的利息和费用，以至于本金的比例甚至不及还款金的一半。在这种情况下，即使借款是为了应急，债务本身也有可能造成新的财务危机，而且这种可能性越来越高。因此，金融市场行为监管局在 2018 年宣布，银行不得将消费者困在信用卡债务的重压下。从理论上讲，这将结束银行获益、消费者受损的信用卡时代。“持续性债务”规则规定了银行应该采取的一系列循序渐进的措施。对于负有 12 个月持续性债务（利息和费用超过本金的债务）的客户，银行不得主动提高其信用额度。对于负有 18 个月持续性债务的客户，银行应该向其提示提高信用卡还款金的好处，并将其推荐给第三方债务咨询公司。对于负有 27 个月持续性债务的客户，银行必须对其提出警告，告知他们再不增加还款金，银行将冻结他们的信用卡。银行还要为他们设定一个特定的还款额，以确保客户能够摆脱持续性债务，这个金额通常远高于最低还款额。对于那些用银行提供的铲子将自己挖进深坑的人，银行将收回他们的铲子。此外，对于负有 36 个月持续性债务的客户，银行必须为其制订还款计划，确保他们能在合理的期限内还清债务，并将信用卡债务转为低息分期贷款。而且如果这些客户无力还清，银行须免除其部分或全部债务。最后一条当然也是最激进的条款是，银行不得从客户无法负担的贷款中获利，因为如果银行向客户过度发放信贷，就必须免除相应的利息和金融费用。

在理论上，这似乎解决了信用卡债务问题，有效地禁止了银行诱使消费者陷入严重债务困境的行为。如果银行必须在每次客户真正陷入财务困境时免除利息和本金，那么，他们一开始可能就不会发放掠夺性贷款。

《华尔街日报》记者保罗·戴维斯（Paul Davies）写道，“失去持续负债客户的收入可能会让信用卡行业遭受重创”。但在 2020 年 1 月，英国《镜报》（*The Mirror*）报道了幼儿园老师迈克的故事。当时迈克的妻子刚刚中风，正在康复中。在过去的 27 个月里，迈克支付的信用卡利息和费用比他偿还的本金还多。于是，巴克莱信用卡公司给他发了一封警告信，告知他如果不把每月还款金增加 612 英镑（约合 850 美元，相当于他每月工资的一半），公司将冻结他的账户。这封信并没有说明如果迈克负担不起这笔钱，他应该怎么做，只是建议他每月继续按相应的最低还款额还款。迈克告诉《镜报》的记者，“到下个月他们冻结我的信用卡时，我真的不知道该怎么办”。金融市场行为监管局试图结束债务恶性循环的愿景，似乎没有按照计划实现。一些债务人要么选择几乎无休止地偿还最低还款，要么将信用卡优先用于满足基本需求。债务勾销本应广泛适用这类人群。但银行并没有明确向他们表示可以提供帮助。StepChange 是一家总部位于英国的债务咨询慈善机构，它每年能为 60 多万人提供帮助。截至 2019 年 8 月，该机构仅收到约 6000 份关于持续性债务的咨询信。

StepChange 的发言人休·安德森（Sue Anderson）写道，“也许这表明人们没有注意到，或不理解信贷机构向他们发送的信息

（或路线图），再或者他们觉得这些信息没有任何帮助。而且，我们认为，贷款机构提供的一些信息，措辞非常不妥”。随着36个月的期限临近，监管局和银行都没有分享任何关于借款人是否在增加还款的信息。公众也不了解早期的干预措施是否取得了成功。这些政策的推动者担心，英国居民可能会优先考虑信用卡支付，而不是将其用于购买基本必需品，他们没有意识到自己能够根据规定获取相应的帮助。2020年2月，监管局向各家银行发出了一封警告信，要求他们不要大规模冻结信用卡。信中写道，我们“担心一些公司可能正在计划‘全面’冻结信用卡”，并澄清道，只有当客户没有回应银行，或者在客户“确认自己负担得起银行提出的一种或多种选择，但没有增加还款”的情况下，银行才应该采取这样的措施。换句话说，如果迈克不能增加还款，巴克莱信用卡公司应该给予他宽限，除非他拒绝配合（而不是无力增加还款），否则银行不得冻结他的信用卡。但与大多数英国银行一样，巴克莱似乎不希望客户联系他们。《镜报》刊登的文章显然没有明确说明，迈克可能有资格获得减息。巴克莱的一位发言人通过电子邮件拒绝了我的请求，没有向我提供他们向迈克或其他客户发送的任何电子邮件或信件。但这名发言人表示，“如果客户无法承受还款计划，他们应该与我们联系。我们将根据具体情况与他们共同商定一个他们负担得起的付款金额，以确保他们能在4年内还清欠款。这可能需要我们进一步降低利率，或者做出其他让步”。2020 年 3 月，监管局要求银行在 2020 年 10 月前，不得冻结未与他们联系的客户的信用卡。

当然，“冻结”一词听起来带有强烈的惩罚味道。信用卡循环债务持有人最典型的行为模式是，他们会以大致相同的节奏使用信用卡购物和付款，且保持信用卡欠款大致不变。也就是说，假设信用额度为 3000 美元，信用卡欠款为 2500 美元，每月的利息为 55 美元，那么典型的用户会使用信用卡消费 45 美元，同时偿还 100 美元。这样下去，他们的信用卡欠款大致保持不变。

对于这类客户，无论他们提前收到银行多少次警告，信用卡的冻结都会令他们手足无措。因为，毕竟他们要靠信用卡提供的每月 45 美元的流动资金来维持生活。但随着时间的推移，他们的处境会变得越来越艰难。假设消费者没有信用卡，就能将数百美元的信用卡利息省下来。在这种情况下，信用卡的存在是否仍然必要，就成了一个值得商榷的问题。

监管局认为，负债累累的民众几乎没有了偿还能力，因此不应该再承担更多的债务。这种立场虽然很直接，但也极具争议性。由于银行推迟了冻结计划，因此这项法律的未来依然悬而未决。或许，正如某些人所说，一个基于原则的监管体系，只有在银行家本身坚持原则的情况下，才能发挥作用。持续性债务规则提出了一个路线图，来确保银行更公平、更仁慈地对待借款人。金融市场行为监管局似乎认为，由于没有明确指明具体方向，银行有可能利用宽泛的路线图开展创新。监管局详细说明了他们想要的结果——让更多英国人摆脱长期信用卡债务，并赋予了银行一定的自由度，允许他们自行寻找实现这一目标的路径。当然，银行完全有理由拒绝降低利率或拒绝冲销本金。到目前为止，英国银行似乎正在小心规避监管局制定的这些规则。而且目前我们也不清楚，监管局是否会认为他们的行为已经严重到需要对此做出处罚的地步。

不附加任何杠杆的贷款

对美国人来说，有一个明显而简单的信用卡替代方案，那就是当他们想借钱时，可以申请一笔大致或完全符合他们资金需求的贷款。这笔贷款可以像个人贷款那样，有固定的每月还款时间表。或者，银行可以建议借款人既可以每月偿还一大笔欠款，也可以偿还一笔和信用卡最低还款一样少的欠款（相当于总欠款的3%）。信用卡极低的最低还款率饱受争议，但对消费者来说，它有一个明显的好处：消费者可以根据当月的预算选择多还或者少还。从表面上看，这不是一件坏事。

在前计算机时代，发卡机构可以预先核准较高的信用额度，以便人们在需要时使用这些额度。这在当时是一种合理的做法，但它显然不适合当今世界。如今，贷款能在几秒内获得批准，并直接通过智能手机发放给个人。人们可以瞬间获得信贷，资金在几分钟内就能转移到支票账户上或移动钱包里。虽然不是每个人都有手机账户或支票账户，但一般来说，今天拥有信用卡的人，并不是完全一无所有。需要明确说明的是，我不是在建议消费者选择这种策略来代替信用卡，我的目的是指出普及这种系统在技术上是可行的。

在美国，提高信用额度从来都不是债务争论的焦点。但是，我认为，发卡机构主动改变客户信用额度的做法，能够有效帮助我们理解美国人深陷债务泥潭的原因。反过来，它也是帮助我们理解本书主要论点的关键。以下两个事实综合在一起，完全改变了我对信用卡公司和借款人之间关系的看法。第一，每次信用额度提高后，大多数信用卡债务人的债务都会增加；第二，信用额度未被发卡机构自主上调的持卡人，不太可能申请任何新的信用卡，也不太可能申请更高的额度。信用额度的提高并不意味着发卡机构预见到了客户对信贷的需求，而是创造了这种需求。一些国家已经以不同的形式禁止了发卡机构自主提高信用额度的行为。澳大利亚在 2012 年就开始要求银行需征得客户同意后，才可以提高其信用额度。2018 年，澳大利亚开始禁止银行以任何形式宣传其信用额度上调政策。加拿大在 2011 年开始禁止银行未经事先同意提高消费者信用额度的行为。而英国也在 2018 年规定，银行不得提高持续负债 12 个月及以上的消费者的信用额度。

据估计，这一规定每年减少了 100 多万次信用额度上调。

征得客户同意后再提高其信用额度，是一个非常简单的操作。消费者可以随时打电话给银行，要求他们降低自己的信用额度（据我所知，美国没有一家信用卡公司允许消费者在网上提出这类要求）。一些消费者确实会不嫌麻烦地打电话给银行，要求银行降低自己的信用额度。当然，为了避免受到高信用额度的诱惑，消费者不能害怕麻烦。但是，大多数新闻文章和个人理财网站都强烈反对这种做法。信用评分高的美国人可能不会过多考虑信用额度上调的后果。毕竟，他们通常在一开始就获得了较高的信用额度。对于信用评分高的客户，银行不会把提高信用额度作为一种风险管理策略，他们害怕因为额度太低而冒犯那些拥有最多信贷选择的客户。因此，对于信用评分高的客户，他们的初始信用额度本来就很高，而提高他们信用额度的做法，相对来说不太常见。但是，由于银行严重依赖于对信用评分低的客户采取上调信用额度的策略，而且由于客户难以抵挡较高信用额度的诱惑，因此，控制信用额度的增加是减少不必要信用卡债务的最突出方法之一。当然，仅仅要求银行在提高信用额度之前获得客户的许可，并不意味着有效切断了消费者获得信贷的途径。虽然消费者可能会错过一封电子邮件或一封信，但如果他们真的想要更高的信用额度，他们完全可以主动提出要求。银行一方面主张，某些消费者阅历浅，不知道自己可以通过电话或网络申请更高的信用额度；另一方面又说客户成熟老到，完全了解信用卡的运作方式，没有过度负债的风险。这样的说法是完全没有道理的。

如果说信用卡的一个问题在于，在被高额利息压得喘不过气来之前，借款人一直没有把它当作贷款，那么，要解决信用卡债务问题，就必须防止人们在做出理性决策前陷入债务困境。毕竟，即使利率为零，债务也会给一个家庭带来经济负担，并减少家庭财富。

监管信用额度上调最明显的风险是，作为回应，银行会在一开始就设定较高的信用额度。这可能会对客户造成不利影响，同时会鼓励银行在信息不足的情况下发放更多贷款，进而可能导致违约增加的连锁效应。但是，目前银行习惯的做法是，先设定300美元的信用额度然后不断提高额度，将客户推向债务陷阱的边缘。因此，即使禁止未经客户申请主动上调信用额度的行为，银行也不会贸然设定5000美元的初始信用额度，因为这就好比白白把自己的现金扔出窗外。当然，监管机构也可以要求银行通过应用程序询问消费者期望的信用额度。对信贷限额上调实施监管，可能会导致信贷市场萎缩。即使这样，这个市场也可以确保真正的信贷需求能得到满足，并能杜绝信贷带来的不必要诱惑。

解决信用卡问题，还有另外一个可能的方案，一个很难纳入法律的方案。这个方案的成立基础是银行要有为客户谋取最大利益的觉悟。这也意味着我们不能相信或指望它会成为现实。尽管如此，我还是要专门提一下。因为，如果借贷机构能够做到：只要没有证据表明贷款会对客户生活产生积极影响，就不发放相应的贷款，那么未来的借贷制度还是值得我们展望的。

由于银行严重依赖利用信用额度的上调来管理风险，因此，大多数情况下，当客户获得相应信用额度时，银行对他们的贷款对象已经有了深入的了解。我访问过的那些喜欢使用信用卡的人，比如来自弗雷斯诺的多琳，往往都有一些共同点。他们都明白信用卡的使用成本很高，这也决定了他们的某些习惯。他们会尽最大能力还款。虽然有时迫于自身处境，他们只还最低还款额，但在条件允许的情况下，他们会尽量多还一些。同样，除非遇到紧急情况，购买真正需要的东西，否则他们不会使用信用卡。他们不会因为有了信用卡，就持续使用信用卡。而且，他们使用的额度远远低于可用额度。

值得指出的是，银行掌握了大量反映上述行为习惯的数据，并会根据这类数据做出上调信用额度的决策。银行能够通过这些数据了解到，如果客户使用了信用卡，他们使用它购买杂货和支付汽车旅馆住宿费，还是购买视频游戏和音乐会门票？我不会评判那些按照自己的方式追求幸福的人。我只是发现，在特殊情况下借钱应对非紧急情况，往往会使人们的财务状况逐渐恶化，会使他们未来失去更多东西。由于分析师们并没有目睹真实情况，因此他们也不可能把每一项支出都清晰地归类为必要性或非要性支出，但是很多支出都能正确地被归入某一类别中。客户是否总是刷爆自己的信用卡？客户是否在一段时间内避免使用所有可用额度？这说明客户意识到自己能在条件允许时避免使用信用卡。客户是否偶尔（如获得退税时）偿还远高于最低还款额的欠款？这说明他意识到高息债务的成本非常昂贵。银行喜欢吹嘘自己的分析师都是专家，但人们不需要具备专家的能力，就能知道一个人是否会被信用卡债务压垮，不过前提是他们确实想知道。银行已经掌握了使用这些变量设定信用额度的方法，但现在，银行正在利用这些变量解答他们自身的问题，他们感兴趣的不是每个客户的信用额度是否合适，而是每个客户的信用额度将为银行带来的最高利润是多少。

有些人指责银行的某些做法或许有些不当，甚至专断，因为他们认为，银行仅仅因为预期客户会过度负债，就不给那些本来有资格申请信贷的人发放足够的信贷。毕竟，我们的文化使我们更关注信贷权利遭到不公平剥夺的问题，而不是人们被推入债务陷阱的问题。2019 年 11 月，技术专家大卫·海涅迈尔·汉森（David Heinemeier Hansson）在推特上发文称，苹果公司信用卡背后的两家合作伙伴——苹果公司和高盛公司给他设定的信用额度，是妻子信用额度的 20 倍。这引起了轩然大波。汉森在推特上写道，“@AppleCard 是一个带有性别歧视的程序。我和妻子共同报税，都住在共同财产州，而且结婚已经很长时间了。然而，苹果公司的‘黑箱算法’认为我的信用额度应该是她的 20 倍”。这则推文获得了 2.8 万次点赞。

苹果和高盛设定不同信用额度的原因，以及汉森的不满所映射的文化因素，都值得我们认真探讨。

首先，没有法律或规则规定信用额度应该与人们“应得的”额度一致。如今的银行也没有义务根据一个人的收入，或根据任何真实或虚构的责任概念，来设定信用额度。如果一家银行确信两个人的收入完全相同，而且确信第一个人会根据合理的理财建议，把每次工资的 15% ~ 20% 存下来，而第二个人一分钱也不存，那么追求利润最大化的算法会倾向于给第二个人设定更高的信用额度，因为第二个人实际上更有可能使用高额度信贷。算法并不关心你“应得”或“不应得”什么，这不是算法试图回答的问题。假设有两个人——简和保罗。简打算用信用卡每月支付 1000 美元的费用，而且，不管信用额度是 1500 美元、3000 美元，还是 30000 美元，她的支出都不会发生变化。而保罗的支出更容易受到信用额度的影响，当然他不会意识到这一点。之所以容易受到额度影响，原因或许是他通过网络了解到，只要不超过信用额度的 20% 就没事，于是打算遵守这个经验法则。又或许是因为他认为银行已经替他算出了自己每个月“负担得起”的支出，他觉得银行估计的数字比自己更准确。在 1500 美元的信用额度下，保罗可能只用信用卡支出 450 美元，但是有了 3 万美元的信用额度后，保罗就不再费心关注自己的消费记录了，因为他知道自己不会刷爆信用卡。到最后，保罗突然发现自己已经积累了一大笔债务，甚至连最低还款都还不上了。如果算法可以预测简和保罗的行为，那么，它将给简设定 1500 美元的信用额度，而给保罗设定 3 万美元的信用额度（假设保罗的违约风险不高）。换句话说，较高的信用额度可能并不是对良好行为的嘉奖。汉森获得较高的信用额度，可能并不是因为高盛的模型预测他比妻子更可靠，而是因为算法可能认为他更不可靠。这与性别没有任何关系。

如果我们能获取正确的数据，就不难看出信用风险评分（预测人们拖欠贷款概率的评分，如 FICO 评分）是否存在种族歧视或者性别歧视倾向。举个例子，要判断信用评分是否存在性别歧视，我们不仅要看男性和女性的信用评分是否不同（尽管这也能提供有用信息），还要看在相同的评分下，男性和女性的贷款违约率是否相同。比如，假如在 FICO 信用评分都是 600 的情况下，女性拖欠了 15% 的贷款，而男性拖欠了 20% 的贷款，那么，这表明 FICO 信用评分体系确实对女性不公平，给她们的分数低于她们“应得的”。但与 FICO 等信用风险评分相比，信用额度的设定并没有那么简单。法律并不要求银行仅仅根据人们的违约概率设定信用额度。银行可以，事实上也确实是在根据更高的信用额度能让客户欠下多少信用卡欠款，来设定客户的信用额度。为了评估信用额度设定算法是否存在种族歧视或者性别歧视，我们还要通过数据了解，人们在信用额度提高时其信用卡欠款增加的边际倾向。

我们不能单纯地把信用卡提供的流动性资金当作一件好东西。它确实非常有用，但往往也非常危险。如果一组人得到更高的信用额度，而另一组人得到更低的额度，在没有经过仔细分析的情况下，我们不能就此判断出，得到更高额度的那一组会因此过得更好。在美国，平均每个信用卡债务人每年支付的信用卡利息高达 1100 美元。在这样一个国家，当银行赋予一个人更高的信用额度，而赋予另一个人更低的额度时，谁是赢家，谁是输家，就不是那么清楚了。我们能够理解被不公平地剥夺信贷权利意味着什么，但不明白收到一份有毒的信贷“礼物”意味着什么。

伊萨的同班同学麦迪逊，是一个 19 岁的非裔女孩，正在就读护理专业。为了上大学，麦迪逊需要一台新笔记本电脑，于是她申请到了一张发现信用卡。麦迪逊告诉我，“有了信用卡后，我就忍不住萌发出想消费的念头，真的非常想。我必须克制住花钱的念头，才能保持收支平衡”。这种观点非常重要。信用卡的存在把顺理成章的不花钱行为，变成了需要不断努力才能做到的事情。事实上，最让她感到惊讶的是，信用卡带来的诱惑力如此之大。麦迪逊告诉我，后来她连 35 美元的最低还款额都很难凑够。

几乎每家公司都试图改变我们的行为，改变我们的行事原则，以适合它们的模式。这往往意味着它们会努力让我们购买更多产品。或者让我们更频繁地使用它们的产品，这样他们可以为我们发布更多由第三方付费的广告。操纵客户并不一定是邪恶的，即使以一种潜移默化的模式，比如电视节目或电影中的植入广告。真正令操纵客户的行为变成不道德的，是公司在客户不知情的情况下对其进行试验。不过，有些人可能不同意我的这个观点。让我举个例子，假设一家公司想要播放两个广告，看看哪一个促销效果更好。在对客户进行试验后，他们选择只播放第二个广告。即使看到广告的人没有机会同意进行这个试验，我也并不觉得这样的行为非常恶劣或者违反道德准则。但是，另一方面，当操纵行为加重了人们的痛苦、贫困和绝望时，我们很难再为这些试验寻找借口。

2010 年，经济学家史蒂文·普雷斯曼（Steven Pressman）和罗伯特·H. 斯科特三世（Robert H. Scott Ⅲ）研究了因债致贫的问题，即有多少收入原本在贫困线以上的人，在向债权人支付了利息后，落到了贫困线以下。普雷斯曼和斯科特没有将抵押贷款、房屋净值贷款计算在内，只考虑了利息支付，而不是本金支付。另外，他们也没有算上信用卡费用，比如滞纳金。他们发现，在 2007 年，也就是研究数据最后更新的时间，有超过 400 万人因为沉重的债务利息负担而买不起生活基本必需品。算入这些债务利息后，2007 年的贫困率从 12.3% 上升到 13.4%。在第二章，我们讨论了两次信贷繁荣。第一次信贷繁荣起止时间为 1977 年至 1989 年。这期间，中产阶级的信用卡债务激增。第二次信贷繁荣始于 1989 年。在这段时间，第一资本和现已不复存在的次贷信贷机构普天信，开始将不那么富裕的人拉入信贷市场。在普雷斯曼和斯科特的分析中，第二次信贷繁荣的影响非常明显。1988 年至 2007 年，虽然符合政府定义的贫困人口比例略有下降，但因债致贫的人口比例翻了一番多。当然这并不是说，如果没有债务，一个家庭年收入只有 1.6 万或 1.7 万美元，利息支付为 2000 或 3000 美元的家庭，会过上轻松、没有压力的生活。对这些家庭来说，无论选择哪种生活方式，生活都不会很轻松。但是很明显，信贷机构已经准备好拿走家庭所剩无几的收入，确保人们在吃饱饭、购买婴儿尿布或给油箱加满油之前，偿还欠自己的钱。

逃离债务陷阱

我们有必要花点时间，聊一聊美国人在偿还或不偿还欠款方面所做的选择。当人们申请到一张信用卡后，实际上等于签署了一项合同。他们必须按照合同偿还累积的信用卡债务。但是人们和公司对合同有着非常不同的看法。许多人认为违反合同或不偿还债务是不光彩的、不道德的，甚至是可耻的。如果合同的另一方是他们认识的人，或者是一家不知名的公司，这种观点没有什么问题。但企业并不是这样看待合同的。他们会冷静地评估执行合同退出条款的成本，或者违约的不利后果。如果继续履行合同的成本更低，他们就会继续履行；如果退出合同更划算，他们就会选择退出。

21 世纪初，银行花费了大约 1 亿美元来游说立法机构，希望提高中产阶级宣布破产的难度。最终，这场游说成功了。小布什（George W. Bush）总统于 2005 年签署了《防止破产滥用和消费者保护法》（*Bankruptcy Abuse Prevention and Consumer Protection Act*）。不过，金融和工业巨头，如达美航空（Delta）、通用汽车（General Motors）、赫兹公司（Hertz）和杰西潘尼，经常利用破产保护手段。许多美国人也会这样做——2018 年大约有 75 万人宣布破产。尽管有很多来自工薪阶层或中产阶级的人宣布破产，但是更多能够从债务勾销中获利的人，却没有选择破产。宣布破产有两个主要的不利后果，一是申请人要缴纳申请破产的费用（包括律师费），一是它会在信用报告上留下记录，而且这个记录会保留 10 年。但是，对那些很难还上欠款的人来说，破产往往最终会提高他们的信用评分。毕竟，如果人们经常或总是拖欠债务，信用评分无论如何都会下降。由于破产通常会将债务支付降低到一个可以承受的水平，而且，对根据《防止破产滥用和消费者保护法》第七章申请破产的工薪阶层来说，破产通常会完全勾销掉破产人的债务，因此，相对于经常性拖欠还款来说，破产确实可以提高信用评分。事实上，经济学家斯特凡尼亚·阿尔巴内西（Stefania Albanesi）和雅罗米尔·诺萨尔（Jaromir Nosal），在对所有美国消费者的匿名信用报告进行了5%的随机抽样调查后发现，在申请第七章规定的破产一年后，破产申请人的信用评分比那些处境相似，但选择不申请或无法申请该破产程序的债务人高出约50分。阿尔巴内西和诺萨尔写道，“破产可以缓解财务困境，原因是它可以免除债务，阻止对借款人的债务催收、止赎、工资扣押和其他程序，而且它便于申请者获得更多新的信用额度”。

当然，无力偿债的家庭通常不会宣布破产，因为他们连申请费都交不起，第四章提到的里克就属于这种情形。消费者可以申请两种类型的破产程序，分别是《防止破产滥用和消费者保护法》第七章和第十三章规定的破产程序。在前一种情形下，申请人会丧失所有有价资产。一旦做到这一步，申请人的债务也就一笔勾销了。在后一种情形下，申请人可以保留自己的资产，但要接受为期五年的还款计划。对申请第七章破产程序的大多数工薪家庭来说，最好的办法是预先筹集宣布破产的资金，因为他们通常没有任何资产可供没收。根据第十三章规定的破产程序，申请人的律师费可以包含在破产后的还款计划中，但第七章规定的破产程序禁止这种做法。照字面理解，为了申请第七章规定的破产程序，人们往往会丧失基本的必需品，因此他们必须提前“存下”一笔钱。

《防止破产滥用和消费者保护法》最重要的一个后果是，它提高了宣布破产的成本。在这部法律通过之前，原本的破产法第七章规定的典型破产申请费用为 663 美元。《防止破产滥用和消费者保护法》制定了新的文书要求，并要求破产律师对所提交表格中的任何错误承担个人责任。因此，第七章破产程序的申请费用中位数上升至 986 美元，这导致那些迫切需要债务减免的家庭无法宣布破产。这类直接成本只是为什么很少有人宣布破产的一个原因。如果人们的信用评分较低，其无担保的非学生贷款债务至少有 1 万美元，收入接近或低于所在州的中位数，那么申请破产通常是一个合理选择。但在 2020 年的一项调查中，受调查的美国人表示，除非他们的信用卡债务超过 4 万美元，否则不会考虑破产。还是根据这次调查，47% 的美国成年人表示，无论有多少债务，他们都不会考虑破产。

在《防止破产滥用和消费者保护法》通过之前，经济学家米歇尔 · 怀特（Michelle White）估计，对大约六分之一的美国人来说，如果宣布破产，他们的财务状况会变得更好。她指出，如果家庭首先采取一些当时可用的措施，来帮助破产人保护他们的资产（比如，大多数房屋净值会在破产中受到保护，因此家庭可以使用多余的现金来偿还破产人的抵押贷款），那么这个比例将接近 50%。但在这部法律通过前，破产率从来没有高于 5%。在有资格申请破产程序的人中，只有十分之一的人选择了破产。虽然，有接近一半的美国人本可以“利用”这个存在漏洞、有利于债务人的制度。但令人震惊的不是少数人利用了这个制度，而是大多数美国人没有利用它。银行认为，在《防止破产滥用和消费者保护法》通过之前，这一制度遭到了人们的滥用。这种说法基本上不属实。不过，大多数美国人的道德准则与掌管他们财务命脉的银行家截然不同。他们觉得自己有义务偿还债务，而银行家们却不想受互惠义务的约束。第三章提到凯瑟琳·G.，曾是一名护士。尽管信用卡债务超过 6 万美元，但她以一种我们熟悉的方式表达了自己对破产的看法，她说，不管破产是否会对她有利，“这都不是我想做的事情。我花了钱，就有责任还”。

不管是某些性格特征，还是某种荣誉感，导致有些人优先考虑偿还债务，而不是照顾自己的需求，银行的算法都会像打砖块算法学会打出砖墙通道一样，最终找到这个变量。而这些人正是算法尝试各种方法进行压榨的对象。

解决主要问题

在最后几章，我希望能够解释清楚，为什么美国的债务人不会理性决定自己想借多少钱。而现实情况是，美国人在使用信用卡的过程中逐渐落入了债务陷阱。信用卡这种信贷产品是银行经过几十年科学试验开发出来的，它的目的就是鼓励人们借更多的钱，每次偿还更少的钱。从第一次信贷繁荣开始到今天，美国人的人均消费债务增长了两倍。究其原因，我认为主要不是美国人想要或需要借更多的钱，真正的原因是信贷管制的放松，使银行能从贷款中赚到更多利润，同时银行业也更愿意增加信贷供给。

金融科技公司 NerdWallet 公布了一份全国性调查报告。这项针对 2000 名成年人进行的调查表明，86% 的成年信用卡债务人后悔拥有信用卡。在本书的第二部分，我将对信贷成本进行探讨，但我认为重要的不仅仅是成本，还有数量。为了摧毁这台债务机器，我们必须破解银行诱使穷人负债的策略。如果在这个过程中，真正有需要的人仍然能够获得贷款，而且很少有人后悔借钱，那么，我们的努力就算没有白费。概括一下，我们遇到的主要问题是：美国人在信贷产品的诱惑下，背负上不必要的债务，给自己造成了沉重的经济负担，不仅需要偿还高额的利息，还要偿还难以负担的债务本金。那么，我们应该如何解决这个主要问题呢？

我的建议是，必须由消费者，而不是银行，决定借款的数额。银行则需要设定他们愿意向每个人提供贷款的最高限额。但在目前的环境下，银行成功地刺激了数百万美国人借下了超过最初预期的贷款。当人们申请信用卡时，他们应该说明他们想要的信用额度。没有消费者的新指示，银行不应该提供超过这个额度的信用卡。除非客户提出要求，银行不得提高客户的信用额度。对从来没有为信用卡债务挣扎过的人来说，这些建议可能显得很肤浅。作为一个走访过全国各地债务人，而且有着银行业从业经验的人，我相信，信用额度的设定不仅决定了客户理论上可以借到的最高金额，更决定了客户实际选择的借贷数额。现在的银行确实会根据客户要求立即提高其信用额度。在这种情况下，让消费者在信用额度上拥有更多发言权，永远不会导致消费者因缺乏信贷而陷入经济困境，这只会让消费者更容易避免背负上债务重担。而且，对那些本已欠下循环信用债务的美国人来说，增加的信用额度有近一半转化成了新的债务。因此，这个看似很小的变化能够减少的债务总量是巨大的。

要想确保美国人只接受他们有意选择的信贷，而不是接受在银行反复引诱下半推半就默许的信贷，我们就必须取消信用卡奖励机制。这种机制没有任何积极作用。它只会把财富从贫穷的信用卡债务人，或者非持卡人那里，转移到每月可以轻松全额还款的富人手里。信用卡奖励的资金来源是商家为接受信用卡支付的处理费。这些处理费提高了每个美国人在加油站、超市、药店、折扣店等地方的支出费用。重要的是，它还提高了低收入持卡人和非持卡人的消费价格。

更重要的是，信用卡奖励机制会让人们觉得不争取奖励是一件愚蠢的事情，殊不知这是一场必输的游戏。在一个没有奖励机制的信用卡市场，利率将再次成为人们比较并选择信用卡的重要因素。没有了奖励机制，那些本不打算借贷的人甚至根本不会选择拥有信用卡，进而杜绝了信用卡带来的巨大诱惑。

欧盟和澳大利亚都给信用卡公司设定了他们向接受信用卡的商家收取的最高处理费上限，美国也有类似的规定，但只适用于借记卡，不适用于信用卡。这也就解释了为什么借记卡奖励非常罕见。截至 2015 年，欧洲的信用卡手续费率上限为 0.3%，而美国的信用卡手续费率平均为 2.25%。由于欧洲的手续费率上限极低，信用卡奖励在整个欧洲相对比较少见，即使有，也主要是用一些信用卡的会员年费来支付。而在美国，商家通过提高每个消费者购买商品时支付的价格，来支付这笔手续费。特别是对美国的小企业来说，降低手续费率能让他们受益。因为他们不像美国的大型连锁店那样，能够和维萨和万事达协商优惠待遇。

2009 年，7–11 便利店的加盟商组织了一场请愿活动，要求国会限制信用卡手续费率，并收集到了 150 多万个签名。万事达公司对此做出回应，称这些全国 7–11 便利店加盟商，只是在要求他们的顾客“对外承认自己愿意用信用卡支付更高价格，好让 7–11 赚更多钱”。万事达、维萨和消费者银行家协会（Consumer Bankers Association）希望让国会相信，信用卡行业在价格上的竞争比 7–11、沃尔玛或杂货店之间的竞争更加激烈，而且降低信用卡手续费对这些公司来说只是额外的收获，他们最终不会降低消费者支付的价格。但是，加油站和杂货店的利润率远低于美国银行的利润率。事实上，加油站和杂货店的利润率都在 2% 左右，而信用卡贷款的利润率大约是这个数字的两倍。有些人认为，信用卡公司比诸如加油站之类的公司，更有可能把省掉的钱“让利”给顾客。但这种观点是站不住脚的。每次原油价格下跌，美国人在加油站支付的汽油价格也会随之下降。但当银行借贷成本下降时，信用卡利率依旧上升。只有在竞争激烈的市场，企业才会通过节约成本“让利”给消费者。现实情况是，超市和加油站之间竞争激烈，而信用卡公司则拥有市场势力。这一点我将在第六章进行更深入的探讨。

关于信用卡手续费的争论一直持续到 2021 年。疫情期间维萨和万事达考虑进一步提高手续费率，由此增加的收入有望达到 12 亿美元。但包括民主党参议员迪克·德宾（Dick Durbin）在内的立法者敦促他们放弃涨价。两家公司同意推迟一年，但似乎已准备好就此展开斗争。维萨、万事达、发现公司和美国运通的首席执行官于2021年3月联手成立了“支付领导委员会”（Payments Leadership Council）。《支付调研》（*Payments Dive*）和《支付杂志》（*PaymentsJournal*）等行业杂志的记者认为，这些公司已经准备好就高额手续费，以及支付处理商的双寡头垄断和反竞争势力问题与国会进行抗争。支付领导委员会聘请拉杰·戴特（Raj

Date）担任首席理事。在 2013 年 1 月之前，戴特一直是消费者金融保护局的二号人物。此前，戴特还在第一资本做了 5 年的副总裁，在麦肯锡公司（McKinsey）做了 5 年的项目经理。在成立 5 周后，委员会就获得了一次与美国财政部部长对话的机会。

没有了普遍的信用卡奖励制度，信用卡申请者的数量会减少，而持卡人也不太容易过度支出。而且，就像终结非授权的信用额度上调一样，取消信用卡奖励也不会提高真正有需求者申请信贷的难度。

当我想起那些为获得信贷感到庆幸的人时，如来自弗雷斯诺的多琳，休斯敦的多丽丝，银泉市（Silver Spring）的詹妮弗，还有全国各地的其他借款人，我对自己的建议深感谨慎，担心这会夺走一些美国人获得救命钱的唯一机会。但当我意识到这有可能让更少人陷入债务泥潭，同时又能让真正有需要者获得信贷时，我顿时感到心里的疙瘩解开了。由客户自主申报预期信用额度只会帮助人们避免不必要的信用诱惑。禁止非授权的信用额度上调也并不会阻止银行向那些主动提出上调要求的人提供更多信贷。降低信用卡手续费率会将信用卡奖励驱逐出信贷市场，同时不会改变借款人衡量损益时所依据的基本经济学原理。

其次，银行不应再将客户视为不知情的测试对象，不得未经客户同意进行试验，也不得再分享他们的试验结果。随机批准或拒绝某些人的贷款，随机改变贷款金额，随机提供更低的利率或更慷慨的奖励，这些试验与随机向一些客户展示红色按钮或蓝色按钮相比，是一种截然不同的干预方式。在这里，我反对的并不是试验行为本身。因为，了解获得信贷对人们生活的影响是至关重要的，而随机对照试验是我们收集信息的有效工具。不过，药物试验的结果会公开发表在期刊上，而公众却无法了解只有管理和分析金融试验的信用卡分析师才了解到的残酷事实。

哈佛商学院名誉教授绍莎娜·朱伯夫（Shoshana Zuboff）在《监控式资本主义的时代：在权力领域的新前沿为人类未来而战》（*The Age of Surveillance Capitalism: The Fight for a Human Future at the New Frontier of Power*）中指出，所有由联邦政府资助的科学研究都必须遵循一套被称为“共同规则”的道德准则，即知情同意、避免伤害、事后检视和公开透明。正如她所解释的那样，企业开展研究所遵循的道德标准甚至应该比学者和政府研究人员所遵循的更加严格。原因在于，利润动机使他们没有理由为公众最佳利益服务，特别是当他们确信自己的试验不会公开时。如果银行希望对美国公众开展试验，如通过试验了解信贷对美国人生活的影响，那么在实施这些试验前，有关机构（如消费者金融保护局）应该对这些试验进行严格的独立审查。银行应该公布完整且未经删减的实验结果，消费者应该有权选择不参与。

银行的利润与消费者的利益之间的不匹配，正是问题的根源。通常情况下，低劣的产品会被人们发明出的优质产品所取代。当人们开始使用信用卡时，他们会觉得这种产品非常方便，但他们很少会意识到，这个经历最终会是多么令人沮丧和痛苦。

信用卡行业的任何新竞争者必须在人们对自己的信用卡产生不满前，努力争取客户。对旨在解决信用卡主要问题的竞争者来说，它要做的不仅仅是提供更低的利率或更合理的定价结构，它必须从一开始就做好准备，防止消费者承担过重的债务。但是，说服人们不要借钱，会让自己很难赚到钱。如果竞争者的产品本身就是一种贷款，那么它面对的就是一个规模小得多的贷款行业。经济学家玛丽·扎基认为，如果有人试图通过激烈的价格竞争来搅乱信用卡市场，他们必须综合考虑降价（比如将利率从18% 降至 15%）后，人们可以省下多少钱。但当人们发现利率原来这么高后，往往会放弃借钱的打算。现有的市场参与者不希望引发价格竞争，或许更重要的是，他们不希望通过突出借款的成本来吓阻人们放弃借款。那些想要解释为什么自家产品优于其他产品的公司和初创企业，通常会通过付费营销的方式来解决这个问题。任何一家试图劝阻人们使用信用卡的初创企业，都会在广告上花费巨额资金。而作为这个暴利行业的控制者，银行在这方面的支出要少得多。在信用卡债务再融资方面，我们已经看到了一些“革命性变化”。推动这场革命的主要是 LendingClub、结算（Payoff）、SoFi 等个人贷款公司，以及一些新产品，如 Tally。拿 Tally 来说，它是一种“自动债务管理器”，不仅能通过自动分配还款来帮助人们节省利息，还能帮助人们在合适的时候对部分信用卡债务进行再融资。这些“搅局者”之所以能够成功，是因为他们的产品能在客户意识到债务问题时发挥作用。当然，更好的时机是在客户首次借款时。支付信用卡利息只会导致一个人的财务问题愈发严重，于是一次借贷会引发更多次借贷。虽然我认为大多数竞争出现在美国人已经负债后，但也有一个例外情况。这个例外涉及像 Affirm 和 Afterpay 这样的销售点贷款机构，我将在最后一章对此展开详细讨论。

当我在 2018 年第一次听说英国的持续性债务规则时，我还在第一资本工作。有那么一刻让我感到非常乐观，认为它有可能重新调整激励机制。多年来，一直有人告诉我，银行业重新洗牌的时机已经成熟。说这话的都是一些带有理想主义色彩的企业家，他们似乎认为，几十年来，银行家除了拿着丰厚的薪水外，什么也没做。事实是，银行确实依靠雄厚的财力，聘请了许多“创新型”人才。

在第一资本，最有才华的设计师、工程师、数据科学家和产品专家似乎可以分为两类。假如你是一个喜欢算法、技术或流程本身的人，第一资本是一个令人愉快的工作场所。在这里，你可以享受硅谷式的便利设施，并在探索新策略、确保公司的统计模型或技术持平或领先于同行的同时，领取丰厚的薪水。第一资本的一位主管米莉，曾是一家外卖行业初创公司的联合创始人。她在“西南偏南”艺术节上曾对观众这样说道,“我真的觉得自己还在过着创业的生活”。《美国银行家》(*American Banker*)杂志对她的谈话进行了报道，称米莉在面试那天高兴地发现，她看到的不是一间间格子间或一张张电子表格，而是贴满便利贴的墙壁。据说这些正是“一个企业富有创造性思维”的标志。

第二类人是那些对应用程序和信贷工具抱有热情的人。他们偶尔也会对信贷政策调整感兴趣，因为这些调整可能会帮助美国家庭纾解困境，增加储蓄或者减少债务。根据新政策推出的试点项目通常会进入测试阶段，然后在几年后归于沉寂。比如，2015年，第一资本收购了广受欢迎的个人预算应用程序(App)财产度量(Level Money)。这款程序最出名的功能是，它能告诉人们自己的支票账户中有多少钱是“可以花掉”的。但在2017年，第一资本便下架了这款App。再如，第一资本西雅图分部在2018年推出了一款“口袋财务顾问”，旨在帮助美国人偿还信用卡债务。尽管它可以生成19条个性化建议，但这款财务管理工具，以及整个西雅图分部都在2019年成为历史。当时，第一资本正为整合新收购的沃尔玛信用卡业务组合而花费了巨额资金，遇上了财务难关。第一资本的每个人似乎都大致同意这样一种观点，银行业的未来将属于那些最善于真正解决美国人财务问题的人。一些自称金融科技“思想领袖”的人也会在推特上发表类似观点。但这么多年过去了，信贷公司依然靠高利率赚取利润，那样的未来似乎遥不可及。一般来说，任何能帮助客户真正解决财务问题的东西都会降低利润。人们很难去争辩，这些试点项目的软件工程师遇到挫折后，为何不重新投入到更紧迫的问题中去。在一个利润微薄的季度，人们也很难为赔钱的项目寻找理由。第二类人，也就是那些对改变银行业运作方式感兴趣的人，往往会在他们最喜欢的试点项目失败后离开公司。

英国是第一资本在北美以外的唯一一个海外市场。当持续性债务规则首次在英国实施时，它似乎改变了市场的激励机制，似乎确保了银行只有在客户受益的情况下才能获得利润。当时，我甚至幻想着银行会动用所有的专家和资源，如产品设计师、数据科学家、产品经理，甚至那些以行为经济学家自居的专家，来阻止人们陷入持续性债务。但是，英国的实施情况表明，我们不能指望这样一个规规整整的解决方案。如果有足够的监管意志力，英国的监管机构应该对那些导致客户陷入债务困境的银行实施处罚，而不是像美国那样制定具体的规则，规定银行应该和不应该向哪些人放贷。

在过去的 70 年里，消费贷款在总体上变得越来越复杂，完全不像以前那样。过去，客户和贷款结构可以用纸笔计算所有成本（在贷款管理软件没有普及的时代，这种做法是必要的）。

假设我们能够化繁为简，在不改变平均收费的情况下，让每笔贷款尽可能简单，也就是说银行对每个消费者收取的价格大致保持不变，但贷款条件更加简单，那么，根据经济学原理预测，信贷的可得性也会大致保持不变。我想说的是，面对价格明确、条款简单的贷款，更多的美国人会放弃借贷。

智利为我们提供了一些证据，能让我们了解消费者可以从这一彻底简化的过程中获益多少。智利是南美洲最富有的国家。像大多数相对富裕的国家一样，智利的消费信贷在 21 世纪初的几年内迅速飙升。随后，智利遭受到了大衰退的影响，经济状况一落千丈，金融丑闻层出不穷。最著名的一则丑闻是，大型百货公司极地百货（La Polar）在约 100 万名智利客户不知情的情况下，非法调整了贷款期限和利率。当保守派总统塞巴斯蒂安·皮涅拉（Sebastián Piñera）上任时，智利的左翼和右翼政客都赞同进行重大金融改革，并成立了一个新的消费者金融保护机构——国家消费者服务局（SERNAC），来监督银行和借贷机构。虽然大约有 50% 的智利人拥有零售信用卡，20% 的智利人拥有银行信用卡，但智利人在缺钱时申请个人贷款的比例远远高于美国人。大约 15% 的智利人拥有未还清的个人贷款（仅指无抵押贷款，不包括抵押贷款），平均贷款额为 3400 美元。这些贷款往往都附加了一些隐性费用和成本，尤其是附加了大多数消费者用不到的保险产品。这就导致信贷价格升高了近 20%，也让借款人感到意外。2011 年，智利出台了一部新法律，从多个方面取缔了这些隐性费用。根据新法，只要一个智利人申请不到 1000UF（UF 为智利记账单位，1000UF 约合 3.6 万美元）的个人贷款，银行就必须为他们提供一份特殊的“通用信用贷款”合同。通用信贷合同严格限制银行修改贷款条款。一般来说，银行只能调整贷款规模、年利率、还款期和可选的一次性费用。所有的通用信用贷款合同都必须依照完全相同的格式，说明每月还款额，贷款的总成本，以及包括费用在内的综合利率。新法没有禁止银行添加保险产品，但要求必须标明其价格并单独出售，客户也有权拒绝。银行也可以提供更复杂的贷款，但在提供这类信贷产品时，必须向客户展示他们有资格申请到的通用信用贷款。换句话说，这项法律主要有两个作用。第一，它实现了贷款标准化，贷款被分解成更简单的产品，而且每家银行提供的产品几乎都一样。第二，它提高了信息披露的质量。标准化的贷款合同意味着客户不必再阅读银行条款和条件细则，因为除了突出显示的条款外，所有银行的合同在字面上都是一样的。这项法律广受人们的欢迎。一年后，智利又通过了其他与之相关的法律，要求更大额的贷款（价值超过 1000 UF 的贷款）也必须满足同样的信息披露要求，但可以不必遵照相同的标准化合同。

标准化和简化贷款使各银行提供的贷款更加相似，并提高了信息披露质量。为了了解这两项变化对消费者的影响，一组研究人员研究了这两项法律实施后的效果。研究结果出乎人们的意料。很明显，在新法实施前，许多智利人并不了解贷款的隐性费用和附加保险产品，导致他们经常无力偿还贷款。通过比较略高于和略低于 1000UF 的贷款，研究小组发现，更透明的信息披露将贷款拖欠率降低了 40%，从近三分之一降低到了近五分之一。研究小组进行了更深入的研究。他们将借款人分成了两类，一类是受教育程度较高的借款人，另一类是受教育程度较低的借款人。他们发现，更透明的信息披露对前一类人产生了巨大的影响，但对后一类人几乎没有产生影响。另外，信贷产品的简化和标准化对后一类人产生了巨大的影响，而对前一类人几乎没有影响。

值得一问的是，如果每一笔贷款都被简化到最基本的形式，即只包含利率和还款期条款，那么在美国，除了银行家外，谁还会蒙受损失呢？当信贷合同从最多只包含三四个条款，扩展到连价格点平均都有 21 个的时候，银行便获得了更多调整杠杆，但美国消费者失去了更多的灵活性，或者说更多的自由。

第二部分

有趣的论点

第六章　分歧

信用卡的神奇之处在于它的使用成本一直在不断上升。

在过去的 25 年里，电视和计算机的价格都下降了大约 95%。虽然汽车未必更加便宜，但在很多方面变得更好了，不仅更省油、更安全，而且通常还配备了倒车摄像头和蓝牙扬声器。甚至连袜子和 T 恤这样简单的东西也变得越来越便宜。自 1994 年以来，这类商品的价格已经下降了大约 8%。

但是在过去的 25 年里，信用卡的使用成本却一直在上涨。到 2019 年，美国人支付信用卡欠款的平均利率达到了 17.4% 的历史新高（只考虑核算后的利率，不包括持卡人全额还款的利率）。当你将信用卡利率与优级贷款利率（银行向最优质客户制定的低风险贷款利率）或者联邦基金利率（银行同业拆借的利率）进行比较后，你会为信用卡利率的稳步攀升感到震惊。在整个 20 世纪 90 年代，优级贷款利率从未低于 6%，而且大部分时间都在 7% 以上。图 6–1 展示了信用卡有效年利率与商业银行总利润。

25 年前，信用卡债务人的平均利率要比优级贷款利率高出 8 个百分点，而到 2019 年，两者的差值达到了 12 个百分点，增幅为 50%。

注：有效年利率是用美联储每年 11 月公布的商业银行账户核算利率减去《华尔街日报》每年 11 月公布的优级贷款利率得到的差。商业银行利润是指联邦存款保险公司（FDIC）承保的商业银行和储蓄机构的营业净收入总额。

图 6–1　信用卡有效年利率与商业银行总利润

随着时间的推移，竞争和创新应该让物品越来越便宜，或者至少越来越好。但对于信用卡，情况正好相反。它的使用成本越来越贵，质量却没有明显提高。这倒不是说银行没有创新，事实上，他们一直在努力钻研如何从每个美国家庭那里获得更多的利益，而且已经在这方面取得了巨大成功。他们的努力换来了回报——在同样的 25 年时间里，美国银行的利润增长速度是普通美国工人工资增长速度的两倍。

当然，有人或许会争辩说，利率并不能反映信用卡借款的全部成本，因此信用卡利率上升并不一定意味着信用卡变得更贵了。

毕竟，正如我们讨论过的那样，信用卡充斥着隐性费用，它的真实价格被现金返还和里程奖励等所掩盖。而且信用卡奖励只会变得越来越普遍。但在某种程度上，利率的上升可能与信用卡奖励频率的增加有关。这从某种意义上证明了我前面提到的观点：银行成功掩盖了人们的借贷成本上涨。

消费者金融保护局对信用卡的总成本进行了研究，不仅考虑了利率，还考虑了消费者支付的所有费用（但信用卡奖励或其他福利性退款没有计算在内）。《信用卡法案》通过后不久，消费者金融保护局就发现，银行大幅降低了持卡人使用信用卡的总成本。2008 年至 2012 年，使用信用卡的总成本（包括所有核算后的费用）平均下降了约 2 个百分点，从大约 17% 降至大约 15%。消费者金融保护局谨慎地表示，这可能是因为《信用卡法案》规定了滞纳金的上限，使银行难以收取超额费用，同时禁止了银行对同一笔交易收取多项费用。信贷总成本仅下降了 2 个百分点，反映出虽然金融费用大幅下降，但银行不得不通过提高利率来弥补部分差额。

不过，故事并没有就此结束。在 2016 年、2017 年和 2018 年（作者撰写本书时，消费者金融保护局信用卡报告涵盖的最后一年），无论是对信贷记录最复杂还是信用评分最高的借款人来说，信用卡的使用总成本每年都在上升。

与此同时，信用卡公司的运营成本却比以往任何时候都更低。前面提到，联邦基金利率和银行借款的成本，现在比 20 世纪 90 年代要低得多。另一个重要的事实是，信用卡公司都是大数据公司，而自 1994 年以来，存储数据的成本已经下降到原来的万分之一以下。

从信用卡债务拖欠率可以明显看出，美国的银行能够将贷款损失控制在较低水平。高风险贷款并不是信用卡利率高于历史水平的原因。2019 年，信用卡债务拖欠率保持在 2.7% 以下。相比之下，1996 年至 2004 年，信用卡债务的拖欠率一直在 4% 以上。

我们不能把信贷成本的不断上升归咎于银行扩大信贷渠道。在第一章，我们讨论了两次信贷繁荣。第一次从 1977 年持续到 1989 年。在此期间，美国中产阶级普遍接受了信用卡。第二次从 1989 年持续到 1998 年。在此期间，只要最近没有拖欠贷款的人，基本上都可以获得信用卡。第二次信贷繁荣结束以来，除了经济衰退后的短暂下滑外，能够获得信用卡的美国人数量和类别一直保持相对稳定。考虑到信用卡公司甚至会贷款给那些刚刚宣布破产的人，被取消抵押品赎回权的人，或者靠社会保障支票为生的人。因此，从某种意义上说，再扩大信用卡的客户群体，是不可能的事情。普天信公司的前任总裁谢利什・梅赫塔在接受美国公共广播公司的《前线》节目采访时表示，1989 年他刚加入普天信的前身——第一储蓄时，公司通过向从未获得过信贷产品的人提供信用卡，实现了快速增长。他解释道，但到了 20 世纪 90 年代中期，“随着（信用卡）市场趋于饱和，我们发现我们很难再继续开拓未开发的市场，因为每个人都进入了各自的细分市场”。他补充说，“实际上没有未开发的市场。就算对 FICO 得分低到 500 分的人，我们也会发出信用卡邀约。”

在过去的 10 年里，许多初创公司试图颠覆信用卡行业，但没有一家取得突破。第一资本的前任高管拉杰·戴特和玛拉·布洛（Marla Blow）在 2014 年创办了一家次级信用卡公司 FS Card，旨在帮助信用评分较低的美国人获得信贷。公司称，他们的产品“能比其他信贷选择节省数十亿美元的费用和利息”。仅仅 5 年后，公司就以未披露的价格将自己的项目出售给了大陆金融（Continental Finance）。截至 2020 年，大陆集团不再将新账户记入 FSCard 设计的信贷产品中。读者可能会对拉杰·戴特并不陌生。上一章提到过他，现在的他正担任支付领导委员会的主席。成立于 2016 年的公平金融公司（Fair Square Financial）取得了一些成功，他们的信贷产品利率比大银行低了几个百分点。不过，公司的名气不大。类似的情况也发生在 Mission Lane、Petal、Jasper 和 Deserve 等信用卡初创公司身上。这些公司已经成功吸引了至少一小部分客户，并且能非常自信地宣称，在他们的目标细分市场，自家的产品要比银行信用卡更好。考虑到这些金融初创公司的很多高管都是它们从大银行挖来的，它们与大银行之间是否存在实质性差异，就是一个见仁见智的问题了。历经多年的市场耕耘，这些公司似乎都没有做好跻身于美国五大信用卡公司之列的准备。

我曾在本书的前一部分提到，银行已经成功让美国人借下了远超他们预期的钱，并指出即使借贷的价格是可控的，甚至是免费的，也会在未来对个人财务造成沉重负担。在本部分，我们将转向有关利息的论点：美国人为借贷支付了过高的费用。多年以来，信用卡利率在银行成本不变（除了企业员工虚高的工资外）的情况下，一直稳步上升。这反过来证明了，信贷产品的价格是可以降低的。

不可否认，降低信用卡价格是帮助美国人摆脱债务的关键。随着利率的降低，消费者的每笔还款将会更多地用于偿还欠款本金。在本部分，我将论证，多数美国人没有为他们的债务支付竞争性价格，也就是任何银行或信用合作社向借款人提供的最低价格。

银行让媒体相信，国会不可能限制利率，否则会导致数百万美国人失去获得信贷的机会。在很大程度上，这种观点在是不成立的。在下一章，我将阐明如何才能既让美国人能负担得起贷款，同时又不会把任何人逼上寻求高利贷的绝路。

信用卡行业到底有多赚钱？

对记者或其他局外人来说，这不是一个容易回答的问题，部分原因是信用卡行业有两种不同的赢利模式。第一种赢利模式叫作“交易”模式，即每当客户刷卡或购物时，银行都会向商家收取手续费。费率一般为 1.8% ~ 3%，美国运通卡或发现卡的费率有时会稍高一些，平均略高于 2%。银行还必须向处理支付数据的机构，如维萨、万事达、发现公司或者美国运通公司，支付一部分手续费。然后，他们再以信用卡奖励的形式把钱返还给消费者。银行提供的信用卡奖励，大约相当于消费者所有消费价值的 2%，以确保银行在每笔消费中都有微小但又稳定的利润空间。人们普遍认为，银行不喜欢每个月全额还款的客户，但这是个误解。如果这些人很富有，有很多钱可以花，那么银行获得的处理费就会增加很多。在这个不平等的时代，确实有一小部分人花钱如流水。为了赢得美国富裕消费者的业务，银行之间进行着激烈的竞争。不过，确实也有人每月只用信用卡花费几百美元，并且坚持每月全额还款。银行有没有在他们身上赚到钱，要看他们为这些客户提供服务的成本。这个成本取决于这些客户呼叫客服中心的频率、是否得到纸质对账单、丢失并更换信用卡的频率。银行在每位客户身上投入的运营成本为每年 40 美元左右。交易模式的利润率很小，远低于 1%。但银行喜欢开展这项业务，原因是它不会把客户吓跑。这项业务中最难的部分是吸引富有的客户。银行会花费数百或数千美元进行营销。为了说服富人们开卡，银行会提前发给他们一些奖励。不过，在开卡后，银行就能毫不费力地从他们的每笔消费中收取费用。他们也不会担心这些客户违约。尽管这是一种不会造福于社会的赢利模式（毕竟，这些奖励抬高了每个人支付的消费品价格），但是，与次级贷款不同，它没有遭到媒体或政府的口诛笔伐。

第二种赢利模式叫作“循环贷”赢利模式，即依靠客户支付的利息和滞纳金赢利。这个业务最大的支出是贷款损失。当客户无力偿还贷款时，如果银行既不能靠法院判决扣押债务人工资，或将债权低价转卖给第三方催收人，来弥补损失，或者在扣押债务人工资的过程中，支付了大量法律费用，此时就会产生贷款损失。“循环贷”模式的利润要高得多。即使在 2008 年至 2010 年经济大衰退的高峰期，在当时违约率飙升的情况下，信用卡行业依然从信用评分为 520 ~ 560 的客户身上赚取了 10% 以上的贷款利润。在经济景气的年份，扣除掉经营一家信用卡公司的所有费用，次级贷款的利润率也很容易超过 15%。也就是说，即使将风险最高的消费者支付的利息和费用削减近一半，贷款仍能实现收支平衡。财经记者们阅读完一家大银行的损益表，了解了整体信用卡利润率约为 2% 的事实后，会认为这是一个高度竞争的行业，没有太多的油水可以榨取。但实际上他们看到的是两项独立业务的综合平均值。银行利用前一个业务迎合富人的兴致，来赚取微薄但稳定的利润，同时又利用后一个业务吸走穷人的收入，来赚取高额的利润。

在新冠疫情期间，我清楚地认识到，包括记者在内的大多数美国人对银行能赚多少钱几乎没有概念。由于疫情而被取消假期的消费者，愤怒地通过推特要求航空公司和酒店全额退款。这样的事情通常会让人们觉得所有大公司都在发大财。但整个美国航空业在 2019 年赚的钱，比美国任何一家大银行都要少。事实上，美国所有航空公司当年的总利润为 150 亿美元，而摩根大通一家公司的利润为 360 亿美元，美国银行的账面利润为 270 亿美元。尽管饱受丑闻困扰，但富国银行的账面利润仍高达 200 亿美元。另外，花旗的利润为 190 亿美元。当然，高盛等银行依靠从大公司和投资者之间的重大交易中抽成，从协调合并、收购、发行债券和公司首次公开募股收取费用，也赚得盆满钵满。无论这项业务对社会是好是坏，还是中立，都不在本书的讨论范围之内。但是，许多其他银行基本上都是通过满足普通家庭和小企业的金融需求来赚取利润。尽管许多人从没有像现在这样，对自己的财务状况如此缺乏安全感，但这些银行仍然蓬勃发展。

读者可能不太相信我的观点。毕竟，如果说银行即使将所有客户的信用卡利率削减 10 个百分点，仍然能够赚钱，那么，为什么初创公司不这么做呢？

粗略地说，这正是本章前面提到的几家初创公司的商业模式。但他们面临着两个明显的挑战。首先，它们的经营成本远高于大银行，因为当公司只有数千名而不是数千万名客户时，一切东西都更加昂贵。最重要的是，大银行可以以非常低的成本为贷款融资。支票账户或储蓄账户为银行放贷提供了现金来源，而他们只需要为此支付 1% 或更低的利息。相比之下，初创公司必须具备很多资金才能满足贷款需求。因此，虽然大银行的循环贷业务的利润率通常为 10% ~ 15%，但相比之下，这些初创公司只能承受将利率削减几个百分点的成本。

更重要的是，美国人用信用卡购物的方式他们几乎不可能知道，自己什么情况下能得到实惠，什么情况下会被坑得一文不名。这使得新进入者很难获得成功。信用卡利率降低几个百分点，可以让一个家庭轻松节省数千美元。因此，对大多数借款人来说，选择信用卡应该是一件格外重要的事情。

但是，许多障碍挡在了消费者面前，使得竞争的力量无法为负债累累的美国人带来更美好的生活。

首先，正如我们所讨论的，消费者经常在意识到自己会使用信用卡之前，就申请信用卡。尽管大约一半持卡人会随时使用信用卡。但 2019 年 NerdWallet 的一项调查发现，只有 29% 的成年人表示，在决定申请哪种信用卡时，年利率是最重要的因素。

而且，更糟糕的是，当消费者意识到他们的信用卡债务问题时，当他们每月为还款苦苦挣扎时，他们能选择的信贷产品范围却大大缩小了。原因在于，此时他们的信用评分往往大不如前，很难再找到更划算的信贷产品了。凯瑟琳 · R. 怀特就有过这样的经历。当她的信用卡债务累积到 2.8 万美元时，她四处寻找方法来整合自己的债务，降低利率。她能找到的最好方法是以她的汽车为抵押，申请抵押贷款。但借来的钱只偿还了信用卡债务的一部分，而且抵押贷款的利率并不算优惠。她表示，“这就好比把一杯水倒进一座火山，却幻想着能把它浇灭”。

或许更重要的原因是，消费者每次提交信用卡申请，都会带来负面影响。申请信用卡的行为本身会降低他们的信用评分，使他们未来更难申请贷款，而且也更难争取到更低的利率。当人们申请汽车贷款或住房贷款时，他们可以在同一个月内提交多个申请，然后，征信机构会将所有这些申请“捆绑”在一起，并将其视为对信用报告的单词查询。但信用卡申请人却享受不到这种好处。在提交申请之前，申请人通常无法知道贷款的利率是多少。我经常告诉信用卡债务人的一个“技巧”是，一些主要发卡机构在他们的网站上提供预核准工具，申请人可以利用它查询自己有资格申请到的信用卡。这个工具只会对信用报告进行“软查询”，因而不会降低申请人的信用评分。这类工具通常还会告诉申请人能够获批的利率是多少。通过与信用卡债务人的交谈，我发现，知道这种技巧的人不在多数。想象一下，你想买一双鞋，店主告诉你这双鞋的价格有可能是 50 美元，也有可能是 100 美元或 150 美元，而你在购买之前无法知道具体的价格。如果你对鞋子或价格不满意，你可以退货，但必须支付数额相当大的退货运费，然后在另一家完全遵循相同制度的鞋店碰碰运气。这就是美国人在申请信用卡时遇到的情况。

问题不仅在于美国人很难通过利率计算借贷成本，当然这也是事实。问题还在于，人们在提交申请前根本不知道信用卡的利率是多少。消费者几乎完全不知道信用卡的使用成本。反过来，信用卡公司对他们期望从每个客户那里获得的利息和费用，有着精准的预测。

有一种观点认为，人们应该有权看到所有关于他们的数据，包括公司根据他们的数据做出的任何预测。假设每当人们申请信用卡时，网站会弹出一个页面，向你清楚地解释银行所做的所有预测。比方说，它会告诉你，“吉姆，根据你的信用记录，你将向银行支付 2095 美元的利息，273 美元的滞纳金，银行将会给你 75 美元的现金返还奖励，你有 38% 的概率会拖欠信用卡债务”。可以想象，这将对信用卡行业产生多大的影响。

最后，关于竞争为何没有降低借贷成本的问题，还有一个更重要的原因。在本书的前半部分，我们讨论了这样一个事实：美国人的债务总量并不是由人们想要或需要借多少决定的，而是由信贷机构决定借出多少决定的。如果美国人提前决定他们想借多少钱，并且只借到这个数额，那么，更多的竞争将意味着消费者在选择信贷机构时会更加挑剔。但很少有美国人会这样看待信用卡，因此，随着更多的公司兜售信贷产品，美国人最终欠下了更多的债务。

近年来，金融科技分期贷款机构异军突起。这类机构，包括 LendingClub、Avant 和 SoFi 等没有任何银行分支机构的公司，在 2017 年发放了超过 500 亿美元的贷款。金融科技分期贷款机构往往会提供比主要信用卡公司更优惠的利率。例如，截至 2020 年 10 月，大通银行向其信誉最好的借款人在线提供的最低利率为 13.24%。相比之下，同一个月，金融科技贷款机构成功（Prosper）向信用评分居中的客户提供的最常见利率为 10.74%。

金融科技公司往往将这类贷款宣传为帮助消费者整合和偿还信用卡债务的手段。从短期来看，这种情况经常发生。佐治亚理工学院的一组研究人员发现，在获得金融科技公司提供的分期付款贷款后，美国人平均偿还了所有信用卡债务的 42%。这也让他们的信用卡上突然多出了大量可用信用额度。但是，继续使用信用卡的诱惑一如既往地强烈。这些研究人员还发现，美国人平均只花了 9 个月时间就还清了他们申请分期贷款时的信用卡债务。在两年的时间里，他们的总债务负担，包括信用卡债务、金融科技分期贷款，以及除了抵押贷款以外的任何其他债务，比他们第一次试图整合债务时高出 4000 美元。不仅如此，一般来说，在这两年里，金融科技分期贷款借款人的信用评分下降了，而且越来越有可能拖欠其中一项信用卡债务。

Lending Club 和 SoFi 等初创公司成功地让一些创始人和投资者赚了大钱，并建立起了规模可观的业务。但是，他们的成功并未给信用卡行业带来任何伤害，因为消费者的债务没有减少。这件事给我们的教训是，我们不能通过引入新的、更便宜的贷款来降低美国人的借贷成本，因为他们会在获得新贷款的同时，保留他们旧的、成本更高的贷款。

第七章　公平的信贷价格

那么，信贷产品的合理价格应该是多少呢？

首先，我们假设将现在的信用卡利率设定为 25 年前银行的利润率水平。这样一来，平均利率从 16.9% 降至 13.3%，这 3.6 个百分点的变化将为美国人每年节省 280 亿美元，相当于银行给美国每个家庭开了一张 224 美元的支票。而且，即使回到 1994 年的贷款利润率水平，信贷机构仍能赚取非常丰厚的利润。而且即使在这个较低的利率水平下，银行依然会愿意扩大其信用卡业务，兜售其信贷产品。这个利率水平更接近信用合作社通常设定的信用卡利率，而不是现行的银行信用卡利率。前者的利率范围为 7% ~ 18%，后者则为 14% ~ 27%。这么一看，甚至更大幅度的降息也是可能的。

这个变化，即信用卡利率降低 3.6 个百分点，与《高利贷预防法案》（*Loan Shark Prevention Act*）中的建议没有太大不同。该法案是由参议员伯尼·桑德斯（Bernie Sanders）和众议员亚历山德里亚·奥卡西奥 – 科尔特斯（Alexandria Ocasio–Cortez）在 2019 年提出的，旨在将贷款利率限制在 15% 以内。我对此进行了简单的估计，得出的结论是，银行向消费者多收取了至少 3.4 个百分点的费用。这与经济学家凯尔·赫肯霍夫（Kyle Herkenhoff）和加延德兰·拉文德拉纳桑（Gajendran Raveendranathan）的结论一致。他们认为，信用卡公司制定的利率比“竞争性”利率高出3.6% ~ 8.8%。所谓“竞争性”利率，指的是追求利润的银行为赢得客户而愿意接受的最低利率。

诚然，将平均利率降低近4%，信用卡业务依然有利可图。但这并不意味着信贷机构可以全面实施14%的上限。毕竟，银行不会给每个客户设计相同的利率。

风险定价的出现意味着信贷机构会根据不同消费者偿还贷款的概率，给他们设定不同的利率。这种定价方式到底是金融领域所有罪恶的根源，还是一个更具社会包容性的金融体系的基石，问题的答案取决于回答者是谁。但从某种意义上说，风险定价对富人的影响远比对穷人的小——富人获得低利率，穷人获得高利率，于是富人更富，穷人更穷。

2012年冬天，在华盛顿杜克酒店（Duke Hotel）的一个舞厅里，第一资本公司向我和大约40名杜克大学学生，介绍了关于风险定价的另一种说辞。为了吸引大三和大四学生，公司制作了一份公司简介，其中提到，是第一资本将风险定价引入了信用卡行业。根据公司的统计，在20世纪80年代中期，也就是在费尔班克和莫里斯进入信贷市场之前，每家银行都把所有信用卡设定为18%的固定利率。在这样的利率水平下，大约一半的美国人没有资格申请信用卡，因为任何向他们放贷的银行都赚不到钱。观众主要是杜克大学经济学专业的学生，他们看到了一张图表。上面显示的是，第一资本进入市场后，信贷市场突然发生了变化：违约风险最低的美国人可以得到更划算的信用卡，利率低于 15%；而违约风险较高的美国人终于获得了申请信用卡的机会。在这个故事中，每个人都是赢家。接下来的几年里，我不止一次观看了这份幻灯片。不过，它的模板至少更新了一次，使它看起来更有现代气息。其中一次发生在我参加的一次校园招聘会上，当时我还是第一资本的一名分析师。还有一次发生在我担任管理者的时候，当时我以演讲者的身份展示了这份幻灯片。公司还为演讲者提供了有用的注释，因此所有的演讲者都传达了同样的主题：第一资本利用技术和大数据颠覆了这个行业，让人们的生活更美好。当时，我对这个说辞深信不疑。

当我还在第一资本工作时，我对这台机器的平稳运行感到敬畏。它似乎与我的经济学教科书上的原理非常吻合。对公司来说，最重要的是确保边际收入等于边际成本。换句话说，银行会贷款给那些风险系数较高但依然能带来微薄利润的人。银行向客户收取的利息和费用是“边际收入”，而用公司在客户无力偿还时的预期损失乘以客户无力偿还的概率，就等于“边际成本”。“边际”一词是经济学中最重要的术语之一。对第一资本分析师来说，它也是最重要的词语之一。我们的“边际借款人”是我们愿意批准其信用卡申请的客户群体中风险最大的客户。同样，我们还会考虑给客户 100 美元、500 美元或 1000 美元额外额度的边际影响。收入或成本的每一个微小扰动都会对计算结果产生影响。这些扰动比如邮费上升，优级贷款利率变动了四分之一个百分点。还比如，维萨和万事达对商户支付的手续费进行了微小的调整。这些都会导致第一资本重新进行优化，重新决定批准或拒绝哪些人的信用卡申请，重新调整客户的信用额度，重新计算每个美国人在一个月内会收到多少封预先核准的直接邮件。

在你知道这个事实后，你会发现，自由市场理论的信奉者至少有个观点是正确的：如果国会统一实施 15% 的利率上限，一些目前可以获得信用卡的人将无法获得信用卡。如果一个“边际”客户申请到一张利率为 27% 信用卡，那他绝不会获得 26% 利率的信用卡；一个申请到 26% 利率信用卡的客户，也绝不会获得 25% 利率的信用卡。假设法律要求银行将每个客户的贷款利率减少 3 个百分点，那么，相对于规定统一利率上限的法律，这对信贷覆盖面的影响要小得多，也能帮助美国人省下不少钱。但是，这样的规定很难或者根本不可能编纂成文及付诸实施。如果说伯尼·桑德斯身上有一点值得我欣赏的话，那就是他似乎明白法律规则越简单越好的道理——如果一部法律能用一页纸装下，那绝对是件好事。法律在效率上的缺失，可以通过灵活和弹性的政策来弥补，但必须确保政策不会给特殊利益集团留下肆意妄为的空间。

长期以来，世界各国政府都曾试图阻止贷款机构剥削借款人，但成败参半。第一章也曾提到，直到 20 世纪 70 年代，美国大部分州都规定了 18% 的利率上限，一些州还将利率上限设定在 10% 以下。但是，显然这些法律带来了许多意想不到的后果，最容易受到影响的是小额贷款的借款人，或者信用记录不佳的借款人。向穷人赊销家具或收音机的零售商，由于无法提高消费信贷利率，就只能抬高产品本身的价格。一些贷款机构会拒绝发放小额贷款，于是，想要 100 美元贷款的借款人不得不接受 1000 美元的贷款。如果客户可以立即偿还 900 美元，这可能不是什么问题。但这些贷款机构针对的是原始贷款金额，而不是剩余贷款收取利息，这意味着借款人无法通过提前付款来避免多出来的利息。第二个问题是，银行拒绝在各州统一的利率上限下提供小额贷款。为此，各州为不同的贷款金额设定了不同的利率上限。通常，不同类型的贷款有不同水平的利率上限。例如，与信用卡类似的循环贷款的利率上限通常比分期贷款更高。这是因为在计算机出现之前，循环贷款的管理成本更高。但没有多少政府选择根据借款人的风险水平来调整利率上限。毕竟，许多议员认为，那些被银行贴上高风险标签的人，正是那些无力支付高利率利息的人。

2020 年秋天，一位纪录片制片人问我，信用卡公司是否真的那么坏。这个问题令我很难以回答，因为，事实上，信用卡公司的高管，至少第一资本的高管看起来并不坏，而且他们也觉得自己不是坏人。

大多数在信用卡公司工作的人进行道德推理时，只需要遵循几个轻松简单的步骤。总的来说，这反映了他们的真实想法。他们的逻辑是，是消费者自己选择了用信用卡借钱。消费者可以自由选择使用信用卡借钱，这意味着信用卡改善了借款者的生活。这说明信用卡公司正在造福世界。第二个逻辑是，急需要信用卡的人往往处境艰难，但是，信用卡本身肯定会使他们的情况好转。信用卡公司的高管们认为，在其他人都帮不上忙时，银行在以他们认为非常合理的价格帮助了那些面临困境的人。这个逻辑的关键在于，高管们假设自己提供的高价信贷的替代选择，要么是发薪日贷款机构或高利贷者提供的、价格更高的信贷产品，要么是完全放弃借贷的念头。当然，还有一种可能性，一种完全被忽视的可能性，那就是银行本身可以通过提供价格较低的信贷产品获得依然可观的利润。

信用卡高管不是哲学家，但如果他们是哲学家，他们可能会说，自己所做的都是合乎道德的，因为贷款交易是双方同意的，而且借款人和贷款体系是互惠互利的。然而，根据已故哲学家艾伦·韦特海默（Alan Wertheimer）的观点，几乎所有的剥削都是双方同意的，也都是互惠互利的。韦特海默为自己的一本著作起了一个非常贴切的名字——《剥削》（*Exploitation*），他在书中这样解释道，“剥削行为并不需要使一个人的处境变得更好，而另一个人的处境变得更糟，它只需要按照契约不公平地分配利益”。

从 2013 年到 2018 年，我一直在第一资本工作。这些年里，我们多次提高了新借款人的利率。这倒不是客观条件使然，而是因为我们知道我们可以这样做，而且这样做能赚更多钱。任何一位高管都可能觉得提高利率是必要的。毕竟，华尔街投资者不满足于仅仅获得巨额利润，他们更渴望巨额利润不断增长。而且，没有哪位《财富》500 强企业的高管会对自己的职位感到安全。但从更广泛、更抽象的意义上讲，提高利率的唯一真正原因是让拥有巨额财富的人赚到更多的钱。

第一资本最大的次级信用卡业务是白金信用卡业务。虽然我没有直接参与白金卡的利率设定工作，但我在公司的最后一个职位是第一资本担保信用卡部门的经理。当白金信用卡团队提高了利率时，我的上司问我，担保信用卡团队难道不该效仿他们吗？在他看来，担保信用卡的利率低于白金卡实际上是不合逻辑的，因为担保信用卡典型客户的信用评分更低。由于没有任何相关的数据，所以，我们的谈话都是理论层面的。

我提出了两个论点。首先，担保信用卡的客户已经缴纳了一笔可观的保证金，而且保证金通常与他们的可用信用额度完全相等。从这个意义上说，给他们设定较低的利率并没有什么“不合逻辑”的。因为，尽管他们的信用评分普遍较低，但他们已经为此付出了单独的代价，即缴纳保证金的代价。一些公司向担保信用卡客户设定了最高的利率，另一些公司则没有考虑他们的次级信用评分，依然设定了相对较低的利率。在这一点上没有一个行业标准。

其次，更高的利率会让第一资本很难获得更多的担保卡客户。一般来说，只有在政府要求下，或者在申请人极有可能实施欺诈行为的情况下，信贷机构才会拒绝担保卡申请。毕竟，担保卡客户很难卷走信用卡公司的钱。如果客户为 200 美元的信用额度缴纳了 200 美元的保证金，然后用光了自己的信用额度，那么信用卡公司实际上已经达成收支平衡了。只有当客户知道如何累积超过 200 美元的信用卡债务时，如通过窃取第三方的支票账户凭证进行欺诈性支付，债权人才会蒙受损失。我的上司和我可能都对一厢情愿的想法感到内疚。我不想提高客户的利率，因为我不想让工人们没有足够的钱支付他们的账单，所以提出了一个反对提高利率的商业理由。我的上司想要提高利率，因此他建议说，这不仅仅是利润的问题，从某种意义上说，这也是事关公平的问题。他觉得，白金卡的客户比担保卡的客户支付了更多的费用，这对他们不公平。

我们的对话陷入了僵局。虽然上司本可以强迫我做出决定，或者否决我的意见，但他没有这么做。几乎就在我离开公司的时候，团队的新经理就把担保信用卡的利率提高到白金卡的水平。公司员工之间在道德问题上的争论，似乎在无情的资本主义机器的边缘产生了些许影响。

韦特海默对剥削所下的定义适用于各种情况，从每小时只给员工几分钱工资的血汗工厂，到仅仅因为患者有能力购买而收取离谱价格的制药公司，再到在暴风雪期间将雪铲价格提高 3 倍的五金店。当然，血汗工厂的工人赚取微薄工资，也总比失业要好；糖尿病患者每年花 6000 美元买胰岛素，也总比不服药等死要好；而被雪困住的顾客即使买了高价的铲子，也会认为自己的钱花得值得。韦特海默认为，在这些情况下仍能让卖方（或贷款机构）赢利的最低价格和买方愿意支付的最高价格之间，存在一个“契约区域”。在事关生死的问题上，“契约区域”可能是消费者身上的最后一块钱。买方和卖方，或者贷款机构和借款人，都可以在“契约区域”内的任何价格点上，达成假想的契约。剥削是指更强大的一方在设定“契约区域”内价格的问题上为所欲为。与没有达成契约的基线相比，实力较弱且达成契约的一方处境相对较好；但与公平契约的基线相比，他们的处境相对较差。回到信用卡问题上，提高信用卡的年利率意味着，那些显然已经在苦苦偿还欠款的家庭，将被迫做出更艰难的决定。

人们通常希望为高利率设定上限，希望银行还会贷款给同样那些人但收取更低的贷款价格。但另一个问题出现了：是否有人很可能无法偿还贷款，从而造成危害性后果，并违背公平原则?美国政府相信这种顾虑是合理的。于是，他们在《信用卡法案》中规定，信用卡公司在发卡前必须要求借款人陈述收入情况，此外，政府还对大学生贷款施加了特殊限制。有些人认为，那些违约风险特别高的人根本不应该得到贷款。他们提出了两个主要理由：一是拖欠贷款可能会导致债务人处境艰难，比如，如果借款人被贷款机构起诉，他们的工资会被扣押；二是只有当信贷机构收取足够高的费用，高到贷款最终是否偿还都无关紧要时，他们才会选择贷款给无力偿债的借款人。

在某些方面，我认为国会和监管机构的这种逻辑框架反映了一种有利于信用卡行业的偏见。诚然，违约借款人确实处境艰难，但那些勉强维持生计，克服重重困难，并成功还清欠款的借款人，同样处境艰难。关注前者的困境，很容易让人们忽视后者的艰辛。毕竟，当客户违约时，这是一个双输的局面，特别是违约发生在账户仅存在一年以内的情况下。公司可能会通过诉讼收回部分或全部本金，但这样做并不划算，这就是为什么许多信贷机构将未清偿债权以极低的价格出售给催收公司。与此同时，当客户努力并成功还清贷款时，这是一种一赢一输的局面。而这正是信用卡公司最乐于看到的局面。

因此，尽管我认为客户最终违约的比例不是评判一家贷款机构的正确标准，但它仍然是一个值得考虑的有用指标。我想请读者们思考一下，看看哪个数字不对劲。银行把钱借给一个有 90% 违约概率的客户，是错误的决定吗？75% 的违约概率呢？50% 呢？30% 呢？

设定利率上限最终变成了给拖欠贷款者的数量设定上限。因为在利率上限存在的情况下，银行预测的违约概率最高的人会失去信贷机会。具体的利率上限，无论是 15%、18%、36%，还是 100%，都会被解读为一件重要的问题：市场应该拒绝向哪些人提供信贷？

在这里，我用一个算术题来解释一下我的观点。简单起见，我们假设只有两类信用卡使用者：非违约者和违约者。我们还假设，非违约者会在拿到信用卡后立即使用完信用额度，然后在未来的 4 年里逐步还清欠款，并不再使用信用卡。违约者在陷入财务困境（如失业）前，也会将信用额度用光，在支付了两年的最低还款后，他会再次刷爆信用卡，然后违约，不再还款。虽然这些都是简化的假设，但这是帮助我们理解次级贷款经济学原理的一种近似模型。在次级贷款中，几乎 100% 的消费者都会使用信用卡借钱，而且他们极少能每个月全额还清欠款。更重要的是，大多数最终拖欠信用卡的人都不会在第一次使用信用卡后就立即拖欠还款，他们往往会经历几年的挣扎，最终才拖欠还款。我们假设信用卡也有运营成本，但我们不考虑银行从滞纳金中赚到的所有收益，也不考虑银行从商家收取的处理费中赚到的利润。我们假设客户违约后，银行不会尽力催收债务。这样，他们就不会有催收开支。另外，我们还假设银行无法扣押违约者的工资。

对于利率为 15% 的信用卡，银行只要确保违约率低于四分之一就能赚钱。对于利率为 18% 的信用卡，只要违约率低于三分之一银行就能赚钱。即使有近一半的顾客违约，利率为 24% 的信用卡也能为银行带来利润。即使三分之二以上的顾客违约，利率为 36% 的信用卡也能让银行赚钱。最后，对于利率为 60% 的信用卡，即使所有的客户都违约，银行也能赚钱。因为在这些人违约前，银行已经从他们身上赚到了钱。表 7–1 展示了信用卡的盈亏平衡违约率。

暂且不考虑我们是否应该要求银行在预计赔钱的情况下发放高风险贷款，这些数字让我们得出了下面一些结论。而且如果我们越是相信，当一个人无法偿还贷款时，他们的情况会比没有借钱时更糟，我们越容易得出这些结论。年利率降至 15%，尽管可能会为一些消费者节省一大笔钱，但也会阻止银行向很有可能偿还贷款的人放贷。年利率降至 24%，只会阻止信用卡公司向那些违约概率近 50% 的人放贷。如果三分之二的美国人能够成功偿还贷款，而剩余三分之一的美国人在苦苦挣扎后宣告失败，那么剥夺三分之二的人的借贷机会是好事还是坏事？这里所涉及的道德

表 7–1　信用卡的盈亏平衡违约率

客户的平均利息支付						
假设		信用卡年利率				
		15%	18%	24%	36%	60%
非违约者	非违约者会立即使用完信用额度，然后在未来的四年里逐步还清欠款，并不再使用信用卡	1007 美元	1230 美元	1694 美元	2699 美元	4965 美元
违约者	违约者也会立即将信用额度用光，在支付了两年的最低还款后，再次刷爆信用卡，然后违约，不再还款	804 美元	964 美元	1286 美元	1929 美元	3215 美元
客户带来的总利润						
假设		信用卡年利率				
		15%	18%	24%	36%	60%
非违约者	非违约者会立即使用完信用额度，然后在未来的四年里逐步还清欠款，并不再使用信用卡	912 美元	1135 美元	1599 美元	2604 美元	4870 美元
违约者	违约者也会立即将信用额度用光，在支付了两年的最低还款后，再次刷爆信用卡，然后违约，不再还款	–2291 美元	–2131 美元	–1809 美元	–1166 美元	120 美元
信用卡的盈亏平衡违约率						
给定年利率下的最大可赢利违约率		信用卡年利率				
		15%	18%	24%	36%	60%
		28%	35%	47%	69%	100%

注：假设信用额度为 3000 美元，融资和运营成本为 5 美元 + 信用额度 ×3%。简单起见，我们不考虑手续费和滞纳金收入，以及催收和追讨成本，并假设银行不会通过诉讼或托收活动从违约者那里追回任何损失。由于信用卡发卡机构的融资结构不同，因此资金成本差异很大，最低可达信用卡欠款的 1%，最高可达 4%，平均不到 2%。苏米特 · 阿格拉瓦尔（Sumit Agarawal）及合作者对信用卡发卡机构的业务进行了一项研究，发现在 2008 年至 2011 年，每个账户每年的非营销、非催收运营费用平均为 36.58 美元，占客户信用卡欠款的 2.7%。这一数字既包括固定费用，也包括可变费用，据估计，固定费用不会大幅改变实现盈亏平衡的违约率。

问题没有明确的答案。在程度问题中，任何分界点最终都是任意划定的。尽管如此，程度问题还是值得人们努力解决的。我自己的直觉告诉我，通过设定 15% 的利率上限，来阻止只有 25% 违约概率的人获得信贷，并不是一件好事，而 18% 的利率上限为美国人提供了更多的回旋余地，让他们拥有了获得信贷第二次机会。

从一个重要的方面来看，信用卡似乎更像高利贷，而发薪日贷款似乎比它更合理。我们假设发薪日贷款的成本结构类似于信用卡。两者的成本中都有一些固定组成部分，比如归档所有文书的成本，在计算机系统中建立账户的成本，以及通过邮件向借款人发送任何报表或披露信息的成本。如果这一切工作都是完全自动化的，而且能够在线完成，这些固定成本的总和最低约为每笔贷款 5 美元。除了这笔费用外，贷款机构的另一些成本会随贷款额的变动成比例变动。其中最重要的是贷款机构为贷款融资的费用，通常至少是贷款金额的 1%。发薪日贷款通常是小额贷款，比如 300 到 400 美元的贷款。而且，一般来说，欠款人要在一个月内还清。但是，很多时候借款人还不起，于是便用新贷款偿还旧债，如此往复。如果一笔 300 美元的贷款给贷款机构带来了 14 美元的运营成本，并且客户要在一个月内还清这笔贷款，那么即使每个客户都偿还贷款，贷款机构在 36% 的利率下也赚不到利润。假设利率为 60%，且只有二分之一的客户违约，此时贷款机构刚好实现收支平衡。关于发薪日贷款，最常见的误解是，它们的利率之所以高得离谱，是因为借款人违约风险高。事实上，发薪日贷款的违约率与次级信用卡的违约率并没有太大区别。两者赢利模式的最大不同是运营费用。从历史上看，对于小额贷款问题，一些政府希望在相对较高的贷款费用和贷款公平性之间实现平衡。为了平衡这对矛盾，他们允许贷款机构在政府设定的利率上限之外，附加一个相对较小的固定费用，比如 10 美元。表 7–2 展示了发薪日贷款的盈亏平衡违约率。

当然，在这个论点中，我假设银行会在赢利而不是亏损的情况下放贷。但是另外的可能也是存在的。比如政府可能会要求银行提供一定数量无利可图的贷款，也可能会亲自提供高风险贷款贴息，或者支持和鼓励信用合作社等非营利性贷款机构发放贷款。

政府强制要求银行放贷，并不算什么新鲜事。事实上，这大致就是第一章讨论过的《社区再投资法》背后的理念。有趣的是,《社区再投资法》的支持者一直坚持认为，法律要求下的贷款实际上是有利可图的，银行只是出于歧视或未知的原因而不愿发放贷款。在美国，高风险贷款是一大禁忌。没有人愿意为银行倒闭负责，因此，提倡向穷人提供更多贷款的人经常辩称，这类贷款的风险并没有那么高，但始终不承认无论风险多高，银行都应该提供这类贷款。

表 7–2　发薪日贷款的盈亏平衡违约率

客户的利息支付						
假设		发薪日贷款的年利率				
		15%	18%	24%	36%	60%
非违约者	在一个月内还清贷款	4 美元	5 美元	6 美元	9 美元	15 美元
违约者	没有偿还任何款项	0 美元	0 美元	0 美元	0 美元	0 美元
客户带来的总利润						
假设		发薪日贷款的年利率				
		15%	18%	24%	36%	60%
非违约者	在一个月内还清贷款	−10.25 美元	−9.50 美元	−8.00 美元	−5.00 美元	1.00 美元
违约者	没有偿还任何款项	−300 美元	−300 美元	−300 美元	−300 美元	−300 美元
发薪日贷款的盈亏平衡违约率						
给定年利率下的最大可赢利违约率		发薪日贷款的年利率				
		15%	18%	24%	36%	60%
		不存在	不存在	不存在	不存在	0.332%

注：假设贷款额为 300 美元，融资和运营成本为 5 美元 + 贷款额 ×3%。为了方便读者理解，我们没有考虑营销成本和催收成本。因此，上述成本估算对在线发薪日贷款机构来说，是相当准确的，但同时也低估了实体发薪日贷款机构的相应成本。

但目前我们还不清楚，为什么应该由银行而不是政府提供这些风险较高的贷款。毕竟，如果政府认为银行对社会的回馈不够，那么，更简单的做法是提高银行的税负，而不是要求它们提供无利可图的贷款。如果你和我一样认为，银行不会自发地做好事，那么，我们就很难判断出《社区再投资法》是否成功引导银行做了好事。

有些人认为政府不应该插手贷款业务，因为他们认为银行擅长这个业务，但这些人可能没想过政府也发放了不少贷款。

就拿 16000 亿美元的联邦学生贷款项目来说，当然，它也有不少批评者，最常见的观点是，政府应该提供免费或更便宜的教育，而不是提供贷款，或者政府在允许学生的贷款数额上过于宽松。批评人士还指出，学生贷款服务者（合同订约人，而不是政府的聘用者）给借款人的建议没有太大用处，有时甚至是不准确的。还有的人认为，对于无力偿还学生贷款的债务人，政府依然坚持催收他们的债务，吃相过于难看。换句话说，人们对于政府放贷最常见的批评并不是政府未能达到银行设定的某些高标准，而是他们的行为与饱受指责的大银行相似。

从其他方面看，联邦学生贷款项目取得了巨大的成功。自 2013 年以来，联邦学生贷款项目为新借款人制定的最高利率为 7.9%，远低于任何信用卡公司设定的利率。目前，联邦政府为本科借款人发放的学生贷款利率更低。截至 2021 年 6 月，这个利率仅为 2.75%。在大多数情况下，联邦政府能够在不动用纳税人资金的情况下，提供相对较低的利率，而且还能赚取微薄的利润的贷款。

直接发放给本科生的联邦学生贷款（不包括间接发放给学生家长，或者发放给研究生的贷款），没有最低信用评分和最低收入方面的要求。每个借款人都有资格选择各种还款方案。这些方案能确保他们的还款与收入成正比，为他们提供了信用卡借款人或其他银行借款人普遍无法享有的保障。但是，学生贷款似乎没有得到充分利用，这反映出学生贷款服务人员未能履行好他们的工作职责。最后但同样重要的一点是，政府有足够的实力拒绝风险定价方式，以远低于 10% 的利率提供数万亿美元的贷款，使贫困学生和相对富裕的学生享有相同的利率。当然，联邦政府的一些内在优势是私人借贷机构所不具备的，如政府不需要纳税，而且能以非常低的成本借款。但是，政府以牺牲银行股东的利益为代价，利用这些人所共知的不公平优势为负债累累的美国人谋利，似乎并没有什么不妥。

另一个例子是联邦政府小企业管理局（Small Business Administration）提供的救灾贷款。管理局会在洪水、野火、飓风和其他灾难发生后发放这类贷款。不过，令人困惑的是，虽然名为“小企业管理局”，但是在它的放贷对象中，十分之九是普通人，与小企业没有任何关系。这个比例代表的是疫情前的救灾贷款，而不是与疫情相关的项目，如工资保护计划（Paycheck Protection Program）。虽然有些人能从联邦应急管理局（FEMA）获得拨款，但联邦政府在自然灾害发生后提供的主要援助形式往往是小企业管理局提供的低利率贷款。截至 2020 年，房屋所有者至多可以获得 20 万美元贷款，来重建或更换受灾后的房屋。而租房者最多可以获得 4 万美元贷款，来更换或修理他们的汽车、家具或其他财产。在“哈维”飓风（Harvey）过后，联邦应急管理局的拨款总额和小企业管理局提供的贷款总额之比为 1∶2.13，后者的利率往往低于 2%。通常情况下，贷款是一个人在灾后能得到的唯一帮助。如果救灾贷款金额在 2.5 万美元以下，小企业管理局不要求借款人提供抵押。而且，和学生贷款项目一样，联邦政府没有采取银行业的风险定价方法，就在小企业管理局救灾项目上实现了收支平衡，同时也没有动用纳税人的税款。事实上，政府采取的是与风险定价相反的做法。截至 2020 年 6 月，如果小企业管理局认为借款人“无法通过其他渠道获得信贷”（比如，借款人信用评分相对较低），它会向借款人提供 1.563% 利率的贷款；如果认为借款人“能够通过其他渠道获得信贷”，它会对借款人设定 3.125% 的更高利率。

但这种提供一两个固定低利率的政策也带来了一系列问题。由于该项目旨在实现收支平衡，联邦政府只批准了大约 40% 的已完成处理的救灾贷款申请。2019 年，公共诚信中心（Center for

Public Integrity）的报告指出，“自 2001 年以来，90% 的小企业管理局救灾贷款申请被拒的原因是‘信用记录不理想’‘缺乏还款能力’，或两者兼而有之”。换句话说，政府希望提供单一的低利率，而不是提供补贴，这意味着近一半的美国人被拒之门外。任何贷款者，无论是公共机构、公司还是非营利组织，都必须弄清楚这三个问题：是否以单一的低利率提供贷款，是否每个人都有资格获得贷款，是否能够实现收支平衡。

政府向广大美国公众提供低息贷款的成功案例表明，如果政府努力的话，他们可以在信用卡公司设计的游戏中击败信用卡公司，向需要短期贷款的人提供大约为现行利率一半的利率。除了我之外，还有不少人建议政府发挥更大作用，为美国人提供负担得起的银行服务。在 2020 年的总统初选中，伊丽莎白·沃伦、伯尼·桑德斯和克尔斯滕·吉利布兰德（Kirsten Gillibrand）都提议支持邮政银行业务。不过，吉利布兰德建议邮政银行提供支票账户服务，但不提供小额贷款。从 1911 年到 1966 年，美国人可以在全国任何一家邮局开立银行账户。一些人认为，美国是时候该重新审视这一体系了。政府贷款不必过于复杂，只需确保信息透明、借款人还得起就够了。北达科他州的一家州营银行已有 100 多年的历史了，它不仅提供低息的学生贷款、农业贷款和商业贷款，还提供支票和储蓄账户（但不包括信用卡账户）服务。虽然政策明文限制了它与私营部门直接竞争的激烈程度，但事实证明，政府有能力在不动用纳税人税金的前提下，向人们提供平价的金融产品。

在撰写本书的过程中，我在很大程度上忽略了这样一个事实：在一个强大的社会保障体系下，人们几乎不需要信用卡、发薪日贷款或其他任何类似的替代选择。如果我们拥有覆盖面更广的失业保险计划，如果人人都能享有带薪休假，享受便利的公共交通、平价的住房和公共医疗保险，那么，在遇到困境时，我们就不会像今天这样如此依赖高息的贷款。但是，全民基本收入计划会使联邦预算规模提高一倍左右，这会彻底改变当前的经济结构。当然，也有人认为，这是一种必要改变。另一个更温和的建议是，为每个美国人提供类似于通用应急基金的资金。2018 年，参议员科里·布克（Cory Booker）提出了一项计划，建议向每个 18 岁的孩子提供一笔与其父母收入成反比的资金，以确保穷孩子在开始独立生活时，能够享受到富孩子已经享受到的各种安全保障。这项计划每年将耗资 600 亿美元，只相当于完整的全民基本收入计划总规模的一小部分。根据这项计划，最贫穷的 18 岁青少年最高可获得 4.7 万美元的补助。让每个年轻人都享受财务安全保障，将大大降低美国人陷入债务循环的可能性。不过，我有意限制了本书的探讨范围，只讨论债务机器本身，设想在其他经济结构不变的情况下可能实现的最佳金融体系。因此，对扩张福利制度感兴趣的读者可以参考大量其他资料。

最后，我们也可以让信用合作社成为更公平的贷款提供者。全国的信用合作社共有 1.22 亿会员，占成年人口的相当大一部分。当然，这没有排除掉少数人拥有多个会员资格的情况。皮尤健康集团（Pew Health Group）的一份报告显示，信用合作社的信用卡利率通常比银行信用卡利率低 20% 左右。几乎所有利率低于 10% 的信用卡都来自信用合作社。根据法律，联邦特许的信用合作社不得设定超过 18% 的信用卡利率。相比之下，很多银行信用卡客户的利率都在 20% 及以上。这意味着，信用合作社提供的信用卡可以为这些客户省下不少钱。另外这类信用卡的费用也普遍较低。银行发行的信用卡平均有 4.57 种不同的费用，而信用合作社平均只收取 2.73 种不同的费用。不过，尽管信用合作社通常提供比大银行更低的信贷价格，但只有 4% 的新信用卡是由信用合作社发行的。对于信用合作社的支持者、赞成为高利率设置上限，以及相信消费者会在市场上找到最好信贷选择的人来说，这个事实反映出一个矛盾的问题：既然信用合作社提供的交易选择比银行好得多，那为什么还有那么多人还从银行那里获得信用卡呢？

对此，我们有必要对信用卡行业与信用合作社主导的另外两种产品（个人贷款和汽车贷款）进行比较。超过四分之一的新增个人贷款和汽车贷款是由信用合作社发放的。事实上，在这两个市场中，信用合作社的市场份额都比银行大。信用合作社是车贷市场上是仅次于专业车贷机构的第二大贷款机构。后者，如丰田金融服务公司、美国本田金融公司，都是汽车制造商的附属公司。而在个人贷款市场，信用合作社仅次于金融科技公司。

汽车贷款和个人贷款的成本都非常清晰明了。美国人都清楚它们的利率，而且大多数拥有高中文凭的美国人，都能根据月供和还款次数来估算贷款的总成本。当人们明白自己将支付数千美元的利息费用时，他们就有更强的动机去货比三家，找到最划算的利率。经过对比之后，信用合作社通常会成为他们的选择。由于没有附带信用卡奖励，信用合作社提供的信贷产品优势更加明显。

五角大楼联邦信用合作社的首席执行官詹姆斯·申克告诉我，银行为保持其主导地位而投入了大量的营销资金，信用合作社不可能匹配这个营销规模。毕竟，正如他所指出的那样，仅摩根大通一家就拥有大约 30000 亿美元的资产，几乎是全国所有信用合作社资产总和的两倍。他说，大银行“拥有足够的规模，不仅可以通过分析手段，还可以通过持续精准地发送直邮邀约函，在全国范围内开展营销活动”。规模短板迫使五角大楼联邦信用合作社和同行，“为了获得营销资金回报，不得不对营销对象非常挑剔。反观大型银行，他们每周都通过广播、电视、邮件和社交媒体向消费者发起营销攻击”。

此外，大多数联邦特许的信用合作社的会员范围都是有限的。根据 1934 年的《联邦信用合作社法》（*Federal Credit Union Act*），信用合作社的所有会员都需要有一个预先限定的“共同联系”，比如雇主相同，宗教信仰相同，或者居住在同一个社区。几乎所有的美国人都有资格加入一个或多个信用合作社，但限制会员范围的规则可能会阻碍美国人寻找更好的交易选择。在所有信用合作社中，五角大楼联邦信用合作社相对独特，因为它的会员范围比较开放。2019 年，它与进步信用合作社（Progressive Credit Union）合并。而后者成立于《联邦信用合作社法》通过前的 1918 年，因此，这家合作社的章程非常开放。这也使得五角大楼联邦信用合作社成为全国极少数合法在全国范围内提供信用卡的信用合作社之一。

信用合作社要想拥有一个开放的会员范围，唯一的办法就是纳入像五角大楼联邦信用合作社一样的体系中。美国信用合作社管理局（National Credit Union Administration）曾经威胁要对那些谎称“向所有人开放”的信用合作社采取法律措施。信用合作社有可能获得更大的市场份额，特别是当消费者意识到他们的产品更划算时。但根据现行法律，美国人将不得不依靠国内现有的信用合作社来帮自己摆脱困境。根据限制会员范围的规则，任何新的信用合作社都必须限制会员的范围。建立一个新的信用合作社并非不可能，但要建立一个面向全国的信用合作社，实际上是不可能的，就算财力雄厚的捐助者愿意支持这项事业，也不可能办到。这也难怪最重要的行业游说团体——美国银行家协会（American Banker Association），一直在努力阻止国家信用合作社管理局开放会员范围，甚至建议剥夺信用合作社的免税地位。金融机构为美国公众而不是富裕股东的最佳利益服务的想法，对大型银行构成了威胁。申克指出，18% 的利率上限并不能阻止五角大楼联邦信用合作社向信用评分中等或偏低的美国人提供贷款。他说，“我们的通过率非常高，也可以进行广泛的营销”。申克表示，如果优级贷款利率上升，会反过来提高五角大楼联邦信用合作社的借款成本，这样的话，18% 的利率上限可能会带来问题。但他非常明确地表示，在目前的利率环境下，“17.99% 的利率上限并不会限制五角大楼联邦信用合作社或任何其他信用合作社在各个信用评分段的客户中间广泛开展业务，不会限制我们向消费者提供信用卡产品”。

从某种意义上说，汽车贷款和个人贷款都是美国人理性选择的债务。无论贷款决定正确与否，美国人都明确希望用它们来改善自己的财务状况。相比之下，信用卡债务往往是由市场营销引致的债务，是美国人在不经意间欠下的债务。积极的市场营销使消费者不得不屈从于自己的欲望，也让银行在这个行业中获得了主导地位。而一旦美国人想清楚了自己的真正需求，银行的竞争优势就不复存在。

那么，我们应该如何解决利息问题，并帮助美国工人保住自己的财富呢？其中一个方法是让美国人能够更轻松地比较各种信用卡。本书前半部分讨论的一些解决方案可能会有所帮助，比如限制信用卡手续费，以减少目前盛行的信用卡奖励机制，减少奖励对消费者的误导。还比如制定像智利那样的“通用信用贷款合同”。显然，信用卡市场在鼓励竞争这方面非常不成功，而这本是市场机制最擅长的事情。为了帮助美国人更有效地找到更低价的信贷产品，联邦政府应该引入比价购物市场，使消费者可以通过它提交申请，查看每个信用卡发行机构提供的利率。现有的信贷比较网站，几乎没有帮助美国人找到最划算的信贷产品，而是把他们引向广告支出最多的银行。最后，政府需要消除信用合作社面临的障碍，尤其是取消“共同联系”的规则。大多数美国人都受够了唯利是图的华尔街。“共同联系”的规则也该寿终正寝了。如果非营利性贷款机构能够扩大规模，不再受会员范围的限制，在全国范围内提供信贷，那么最终受益的将是广大美国人。更重要的是，如果消费者可以有效地比较信贷产品，例如，利用某个门户网站比较信用卡利率，合理选择信贷产品，那么，信用合作社和其他形式的非营利性贷款机构，就有可能在与大银行的竞争中获得比较大的胜算。因为在这种情况下，信用合作社在营销方面的短板也就不再那么重要了。

最后，国会应该在全国范围内实施与优级贷款利率挂钩的利率上限，比如，将利率限制在约 18% 以下（优级贷款利率加上

15 个百分点）。在这个利率上限内，只有违约概率相对较高的美国人，才会失去在私人市场获得信贷的机会。只要国会认为信贷机会对这些美国人依然重要，政府就应该直接贷款给他们。

第三部分

未来

第八章　最后的待开发市场

为了了解美国人的债务经历，我曾站在公共场所询问周围的人们，“如果让你改变银行或信用卡公司的一件事，你会改变什么？”大多数谈话都很简短，有些谈话却很长。很多人要么没有时间和我说话，要么对这个话题不感兴趣。但即使是简短的对话，也能提供有用的信息。

在得克萨斯州休斯敦的一个灰狗巴士（Greyhound）车站附近，我问过一个人，如果可以的话，他会对银行做出什么改变。他的回答很简短，“我和朋友们真的不想再和银行打交道了”。

大约有1500万美国人（相当于6%的成年人口）没有支票账户。更大的一个群体——4500万成年人（相当于18%的成年人口）没有信用评分。这意味着他们没有任何未结清或最近才结清的贷款。没有信用卡的美国人总数为4700万，仅略多于没有信用评分的人数。

金融行业当然认为这是个问题。当拥有信用卡的美国人平均已经负有4600美元的信用卡债务时，即使是激进的贷款机构，也可能会质疑自己是否把消费者逼得太紧了。银行显然乐于让负债累累的美国人陷入更深的债务泥潭，但它们更希望把更多新客户吸引过来。银行孜孜以求的使命是让每个美国人都有信用评分，这也是他们最后一个未开发市场。从这个使命自然可以得到一个推论，那就是每个美国人都应该负债。

我在全国各地，如密歇根州、明尼苏达州、艾奥瓦州、得克萨斯州和路易斯安那州，访问过很多没有任何银行账户的美国人。其中一些人的收入是以现金形式发放的，这可能表明他们工作不稳定，靠打零工为生，或者从事稍微稳定一点的工作，比如调酒师。其他人则通过支票兑换机构，将自己的薪水兑换成现金。有些人觉得自己被排除在了金融系统之外，比如一位名叫弗农的受访者，因为没有任何身份证件而无法开设银行账户。还有圣保罗的一位名叫尼克的受访者，银行在他透支银行账户后注销了他的账户。但通常情况下，这些消费者都是故意不开设银行账户，或者受够了金融费用而自愿注销了自己的账户。

人们当然可以拥有银行账户同时又不负债，但是既没有支票账户又负债是很不寻常的。虽然发薪日贷款债务人有时被归为“无银行账户”的一类，但从字面意义上讲，情况并不完全如此。绝大多数发薪日贷款机构要求借款人开立支票账户后才能贷款。按照惯例，要获得发薪日贷款，申请人必须提供一张远期支票。不过，越来越多的客户不仅要提供支票账户路由号码，还要提供账户号码。信用卡公司以没有支票账户为由拒绝申请人的情况，虽然也出现过，但非常少见。

信用隐形者

消费者金融保护局将大约 2600 万没有信用报告的美国人称为“信用隐形者”。根据他们的定义，只有当三大征信机构完全没有某个消费者的任何信用报告或者信用记录时，这样的消费者才能称得上“信用隐形者”。消费者金融保护局的报告指出，另外 1900 万美国人并非完全的信用隐形者，但他们依然没有信用评分。这些人的姓名和社会安全号码出现在信用报告机构的记录中，但他们没有足够的近期信用记录来获得 FICO 评分。

消费者金融保护局明确表示，在他们看来，信用隐形是“一个问题”。这种对无债务的美国人的看法，并非出自唐纳德·特朗普（Donald Trump）总统任命的“亲企业”官员，而是出自前总统巴拉克·奥巴马任命的消费者金融保护局局长科德雷。科德雷将无负债历史形容为“个人机会的巨大障碍”。

大众媒体附和着这样一种观点：信用隐形者数量应该减少到零。这似乎在暗示许多从未使用过信贷产品的美国人正在拼命寻求进入这个体系的入口。科林·威廉（Colin Wilhelm）在《政客》（*Politico*）杂志上这样写道，“美国金融体系的核心存在一条自相矛盾的规则：要想获得信贷，申请人必须有信贷记录。数百万美国人从来没有找到过解决这种矛盾性困局的方法，于是无法理所当然地申请到信用卡或者学生贷款”。

这类说法有时忽略了一个基本事实，即任何美国人都可以通过提交信用卡申请，或者提交大多数其他类型贷款申请，将自己从“信用隐形者”变成“信用可见者”，不论这些贷款申请是否得到批准。当消费者向任何银行或其他贷款机构申请贷款时，这些机构会就此征询三大的征信机构：艾可飞、益百利（Experian）和环联（Transunion），征信机构则会记录贷款申请。无论申请成功与否，申请的记录都会被称为“查询”。如果一个美国人第一次申请信用卡却没有通过，那么他就会得到一份信用报告，其中包含了他的个人信息（例如，他的姓名、地址和社会安全号码），以及他的一次信用“查询”记录。根据消费者金融保护局的定义，这样的消费者并不是“信用隐形者”。因此，在某种程度上，完全的“信用隐形”反映了消费者有意识的选择，即拒绝信用贷款，不提交任何贷款申请。

当然，毫无疑问，有一些美国人确实想获得贷款，但又不知道这个系统是如何运作的，也不知道从哪里下手，特别是当他们的亲戚也从未有过贷款经历或拥有过住房时。休斯敦的一位年轻女性告诉我，“我觉得自己跟一个从来没有过信贷产品的人一样，因为我跟他们一样都没有使用过信用记录。我没有信贷产品，是因为我不想使用我的信用记录。但是我害怕信用报告上有不良记录，因为我害怕未来申请不到信贷产品”。她指出，对许多人来说，信贷市场令人费解，而且难以进入。我采访过的几位受访者，不仅有 20 多岁的年轻人，也有中年男女，都认为在美国很难获得信贷。但他们也表示自己从未申请过信贷，或者在过去的 10 年里没有申请过信贷，他们不确定银行用什么标准来评估他们的信誉度。

没有任何信贷经历与经济上受压榨、收入偏低和高度贫困的居住环境密切相关。在某种程度上，这是现行体系不可避免的副产品。在这种体系下，逐利动机偶尔会阻止银行向没有能力偿还贷款的人放贷。此外，政府禁止银行向没有收入的人发放信用卡，使人们将财富和信贷渠道密切地联系在一起。财富和信贷之间这种根深蒂固且显而易见的联系，让美国人得出了不同的结论。一些人认为，只有那些有钱人才能获得信贷产品。另一些人则将这种联系看作是信贷帮助富人积累财富的证据。

信贷和财富之间的密切联系意味着有些人单纯为了这种联系而寻求信贷。他们已经内化了这样一种观念：使用信贷是中产阶级或富人的象征，而没有任何信贷则是贫穷的象征。我访问过的很多人，包括阿丽莎、娜奥米、伊萨、麦迪逊、塔莎和乔都表达了这样一个基本观点，获得信用卡不过是一个人进入中产阶级或保持中产阶级地位的一个象征。而在情感层面上，置身于信贷体系之外比进入这个体系更有风险。

其他人则得出这样的结论，信用体系不是为他们设计的。或者会像休斯敦的那位女性一样，担心自己“未来可能申请不到信贷产品”。

人类学家詹姆斯·C. 斯科（James C. Scott）在《国家的视角：那些试图改善人类状况的项目是如何失败的》（*Seeing Like a State: How Certain Schemes to Improve the Human Condition Have Failed*）一书中指出，古往今来，当一些被管理对象信息“模糊”，无从查明，或者没有记录在册时，当国民的信息没有纳入国家的数据库或者类似的名册系统中时，政府会为此感到不安。斯科特提到，为了整齐划一地种植树木，德意志地区的政府官员将杂乱的天然林改造成木材种植园，最终破坏了基础的生态系统；为了建立标准的户籍名册，菲律宾的西班牙殖民者迫使岛上的原住民使用新的姓氏。斯科特引用了哲学家以赛亚·伯林（Isaiah Berlin）的一句话，“如果事实，也就是人类的真实行为，与这样的社会试验相抵触，试验者就会感到愤怒，并试图改变事实以适应他们的理论。这实际上意味着实验者会不断对社会进行活体解剖，直到事实符合理论最初预测的样子，他们才会罢休”。对美国现在的官僚来说，真正的认知困难在于，他们不理解有些人为什么不把自己当作消费者。

如果将减少信用隐形者数量当作一项政策目标，政府就会忽视那些积极躲避信贷产品的人。他们就像猫捉老鼠游戏中的老鼠，而银行则是咄咄逼人的猫。得克萨斯的一名法学教授安吉拉·利特文（Angela Littwin），对低收入女性的财务行为进行了研究。她发现，52% 的低收入女性会采用一种或多种“反诱惑”方法，来避免自己陷入信用卡债务。最常见的方法是，撕掉自己收到的信用卡推销邮件。

有些人更喜欢避免借贷，但为什么我们会对这样的行为感到惊讶？还有一些美国人为了避免支付利息，会提前攒好钱再去购物。但为什么我们将这种现象看作美国经济的缺陷？毕竟，那些没有能力存钱买车的人，也是无力偿还汽车贷款的人。一般来说，人们不可能仅仅通过重新安排账单到期时间来解决入不敷出的问题。

显然，银行希望实现增长，他们将没有信用评分的群体当作实现增长的唯一机会。银行以“普惠金融”的幌子，主张向这个群体兜售信贷产品不仅有益于社会，而且也是必要的。但奇怪的是，公众甚至在很大程度上接受了这种说法。在银行看来，普惠金融意味着所有人都不能拒绝银行，意味着即便人们知道这个体系并不是为自己设计的，也没有权利退出这个体系。

有些人建议在全民范围内推广信用记录。他们可能会认为，这只是实现更有益目标的一种手段，比如，这样做可以让更多的人拥有住房，降低信用隐形者的信贷成本，满足他们的借贷需求。

在美国，那些没有通过其他类型信用账户建立信用记录的人，很少能申请到抵押贷款。而建立信用记录不一定会产生利息费用。人们可以通过每月全额偿还信用卡欠款来获得高信用评分，而且不用支付利息。

但是，把使用信用卡或其他类型的贷款，作为申请住房抵押贷款的前提，其实是没有必要的。在许多国家，包括澳大利亚、比利时、丹麦、芬兰、法国和葡萄牙，征信机构只追踪借款人的负面信息，如未按时还款或贷款违约，而不记录正面信息，如按时偿还贷款。这种做法似乎带有一点惩罚的味道，但这也意味着，在人们申请抵押贷款时，没有信用记录不会成为对他们不利的因素。这种“只有减分项”的制度也有缺点，它不能保证一个有着长期信贷经历且没有负面信用记录的人，能够争取到较低的利率。但是，如果我们认为美国应该确保民众有能力购买住房，我们应该认真考虑一下，我们为什么设计出这样一个不同于其他国家的信用系统，要求人们必须经历过申请其他贷款的烦琐程序后才能申请住房贷款。

那么，如果借款人没有信用记录，申请信贷到底有多难？当然，房屋抵押贷款和汽车贷款可能更重要，但在这里，我只探讨信用卡。与科林·威廉所说的“要想获得信贷，申请人必须有信贷记录”不同，大多数想申请信贷的美国人都能轻松绕过这条自相矛盾的规则。

大约 15% 拥有信用评分的成年人，可以“利用”父母或亲人的信用报告来建立自己的信用记录。只要获得其他人的授权，他们就能成为其信用卡的授权用户，从而建立信用记录。获得学生贷款也是人们建立信用记录的一种比较常见的方式，但到目前为止，获得信用评分最常见的方法是获得信用卡。在 95% 的情况下，这些新信贷用户从银行或贷款机构那里获得的信用卡，都是无担保卡。我访问过的信用卡债务人都毫不费力地获得了他们的第一张信用卡，不过这张卡的起始额度相对较低。个人理财专家有时建议，美国人初次申请信用卡时应该选择担保信用卡。实际上，有证据表明，大多数人都没有必要这样做，除非初次申请人的信用报告上有不良记录，如被催收过手机费。

问题不在于没有信用记录的人很难申请信贷。第六章和第七章提出，贷款机构收取的信贷产品价格往往很高，但高价格并不是贷款成本的直接产物，因此我们不能单纯通过更好的信誉保障来解决高价信贷的问题。媒体、监管机构和银行高管经常把初次申请到信贷产品的人与信用评分较低的人混为一谈，但事实是，这两类消费者截然不同。

造成媒体误解的部分原因可能是，“没有信用评分”和“初次申请到信贷产品”这两个概念存在巨大的差异。前面提到，真正的信用隐形者指的是在征信机构没有任何记录的人。这意味着他们在过去两年内没有申请过信用卡或常规贷款。

现在我们把注意力转向那些在征信机构有信用记录但没有 FICO 信用评分的少数群体。由于征信机构没有给这类人一个有效的信用评分，因此一些银行用了一个比较专业的术语——“无效评分者”来称呼他们。数据分析家（Quantilytic）公司曾经研究了无 FICO 信用评分的美国人的信用报告。根据他们的研究报告，在这些无效评分者中，65% 的人确实有债务历史。这些人要么宣告过破产，要么被行使了地税留置权，要么拖欠过债务。中左派智库——进步政策研究所（Progressive Policy Institute）将这类人称为“非自愿不活跃”群体。贷款机构在审查“非自愿不活跃”群体的信用报告时，可能会将他们视为信用评分相对较低的消费者。美国人结清或者冲销掉所有贷款后，至少再过 6 个月，他们的信用评分才会无效。

第二类是那些至少在 6 个月前结清所有信用卡债务，或注销了所有信用账户的人，他们的记录上没有任何违约或拖欠债务的记录。这类人占“无效评分者”的 25%。征信机构认为这些已过期的债务记录基本上是无关紧要的，所以会为这些消费者提供信用评分。值得注意的是，这类消费者的年龄中位数是 71 岁，这个年龄也的确不是承担新债务的合适时机。第三类才是那些初次获得信贷的人，占“无效评分者”的 10%。

难以申请到信用卡或者汽车贷款的人，通常是那些过去一直在艰难偿还贷款或其他欠款的人。申请小企业信贷更是一件难上加难的事情，毕竟大约一半的小企业都会在成立后的 5 年内倒闭。信用评分往往能真实反映人们尚未解决的财务困境，但是额外的借贷不一定能帮助他们改善财务状况。

信誉重建

对信用评分较低的美国人来说，申请到担保信用卡或信誉建设贷款并不一定能给他们带来更好的结果。当我第一次负责第一资本的担保卡业务时，我很自豪，认为我的工作会帮助那些陷入困境的人重建他们的信用评分，进而改善他们未来的财务状况。担保信用卡的运作原理与其他信用卡大致相同，区别在于借款人需要支付一笔保证金才能开立担保卡，而且保证金的数额往往等于担保卡的信用额度。只有约 20% 的担保卡客户最终能够从银行获得保证金退款，前提是注销掉他们的账户。对消费者来说，注销账户显然不是一个理想选择，因为一旦注销账户，客户的信用评分可能就会下降。而如果客户担保卡额度是最初的信用额度，那么，他的信用评分不是可能而是一定会下降。尽管银行将担保卡宣传为帮助消费者建立信誉的一种方式，而不是一种借贷方式。但在任何一个月里，只有大约三分之一的担保卡客户使用了担保卡并全额支付了其担保卡欠款。最常见的情形是，客户的担保卡上保留了一定数额的循环债务。在大多数情况下，客户要为这笔债务支付 20% 以上的利息。

有太多的消费者为了获得 200 美元的信用额度，先付了 200

美元的保证金，然后以 26.99% 的利率借自己存下的钱，最后往往还要缴纳高达 39 美元的滞纳金。当我意识到这一点时，我的自豪感很快变成了一种深深的绝望。在担保卡领域，每个月都有十分之一的用户没有进行还款，因此，滞纳金是担保信用卡业务的主要收入来源。费城联邦储备银行的拉里·桑图奇（Larry Santucci）通过研究发现，在两年的时间里，担保卡客户的信用评分中位数只增加了 11 分。桑图奇还发现，由于没有按时还款，很多担保卡客户的信用评分甚至下降了 60 分以上。事实上，随着时间的推移，较早的未还款记录会在信用报告上自动抹除。因此，有过不良记录的消费者的信用评分自然会增加。考虑到这一点，靠担保卡提高 11 分信用评分，实在令人失望。一些机构喜欢吹嘘自己的信誉建设产品或信誉建设贷款，但他们很少提到这样一个问题：如果消费者什么都不做，只是等待时间过去，他们的信用分数会发生什么变化？

毫无疑问，有些人认为担保卡是有用的。我以前的一位同事从印度搬到弗吉尼亚后不久，就拿到了一张第一资本担保卡。对于一个收入可观、短期资金需求不大的新移民来说，担保信用卡确实帮了他一个大忙。他可以轻轻松松用它租车、预订酒店房间，并建立自己信用记录。为了确保自己在旅行时不透支信用额度，他支付了几千美元的担保卡保证金。假如他申请的是无担保信用卡，他的额度会低得多。但关键的是，担保信用卡比无担保信用卡更有用，仅仅是因为他根本不需要信用卡，至少现在不需要。事实上，大量用户都没能通过担保卡提高自己的信用评分，反而为银行贡献了更多利润。但银行喜欢用少量的成功案例证明这类产品在信誉建设方面的作用。

许多非营利信贷机构、信用合作社和金融科技公司也都提供信誉建设贷款，旨在帮助美国人提高信用评分。但这些产品未必能改善消费者的生活。2014 年，消费者金融保护局与提供这类产品的一家中西部信用合作社合作，对信誉建设贷款进行了研究。他们发现，大多数信誉建设贷款都遵循类似的安排：银行、信贷机构或金融科技公司向信用评分较低的美国人提供这类贷款，但是这笔贷款会存入一个锁定的储蓄账户中，以保证借款人不能立即获得贷款。借款人需要在支付一定数额的款项后，才能获得托管账户中的贷款。与担保卡不同，信誉建设贷款的借款人在开户时不需要预先支付任何款项。除非客户使用欺诈手段，否则信誉建设贷款的提供者不会有任何损失，这一点与担保卡非常相似。通过与这家信用合作社的合作，消费者金融保护局评估了该产品对特定消费者群体的影响。这类消费者要么是因为本身对信誉建设贷款感兴趣，要么是在信用合作社的推荐下选择了这类产品。

这项研究表明，40% 的信誉建设贷款客户至少错过了一次还款。总的来说，尽管按时还款的客户得到了更高的信用评分，但也有很多客户的信用评分下降了。因此，信誉建设贷款似乎对消费者信用评分几乎没有影响，其净效应为零。研究人员指出，对于已经有一笔或多笔其他贷款的客户（占所有调查对象的 70%）来说，信誉建设贷款更有可能令他们无法按时偿还其他贷款。原因可能是，信誉建设贷款每月给他们增添了一笔还款项，令他们更难应对。平均每个客户要为此支付大约 50 美元的利息和费用。值得注意的是，这还是一家非营利性信用合作社提供的价格。《福布斯》（*Forbes*）和《旅游与休闲》（*Travel and Leisure*）上推荐的营利性信贷公司 Self，对最便宜的同类产品收取 80 美元的利息和费用。看起来，这些产品并不是什么灵丹妙药。

难怪美国公众希望建立一个更公平、费用更低的信用体系。表面上看，改变信用评分体系，或设计担保卡和信誉建设贷款等产品，似乎可行性更高。部分原因在于，银行是这些建议的热心支持者，他们渴望掌握更多美国人的数据，渴望设计出更多的金融产品，榨取消费者更多的血汗钱。事实是，许多美国人难以应付欠下的债务，最终无力偿还贷款。改革信用评分体系并不能改变这个事实。第六章曾经指出，尽管银行设计了更新颖、更复杂的信用评分方法，但它们并没有以更低价格与消费者分享任何红利。其部分原因是，美国人很难衡量信贷成本，或者很难有效比较不同的信贷产品。

有人建议，应该允许或要求更多的公司或个人，例如，房东、公用事业公司和电信运营商，向征信机构报告消费者的支付情况。在目前的制度下，只有当消费者长时间拖欠租金、公共服务费用或者手机话费时，房东或者相关公司才会将欠款人账户上报征信机构。如果将这些类型的非信用账户添加到信用报告中，受益者将是那些总是按时支付房租和手机账单的人，而不是那些没有任何其他类型债务的人。

不过，公用事业公司表示，在全国范围内，低收入客户延迟支付账单的比例不等，最低的是加利福尼亚州，比例为 17%，最高的则是华盛顿特区，比例为 75%。许多市政当局都明文禁止公用事业公司在严寒季节切断客户的暖气。低收入客户经常利用这段时间来补付其他账单，因为他们知道暖气不会停掉。而且在大多数情况下，这些逾期付款信息不会上报给征信机构。没有人能保证，在信用报告中增加额外形式的信息，会改善普通人的生活。这样做只会方便银行监控普通消费者。

不过，在信用报告中加入租金、公用事业费用和手机话费的支付情况，可能会是帮助美国人避免债务的一个重要手段。2018 年的一项调查发现，近四分之一的美国人在信用卡上有循环债务。这些人错误地认为保留这些欠款会提高他们的信用评分。我们应该让美国人认识到，即使不通过申请信用卡或者其他非抵押贷款债务，也能够找到一条获得房屋产权的方式。这样可以防止人们避免一些对他们不利的信贷产品。

住房和城市发展部估计，美国大约有 1000 万房东，差不多是银行和信用合作社数量总和的 1000 倍。很难想象这 1000 万人会准确报告租金支付的情况。不过，为了研究信用报告纳入租金支付信息后可能产生的影响，住房和城市发展部的研究人员对居住在西雅图、路易斯维尔和芝加哥都会区的大约 1 万名租户进行了调查。这些租户租住的房屋归当地公共住房管理署所有。研究结果令人喜忧参半。调查人员选用了两套评分体系：FICO 和 Vantage，并将这两个体系称为“A 评分体系”和“B 评分体系”。但为了对这两套体系的评分公式保密，他们并没有透露租户的这两个得分是使用哪套体系的评分公式得出的。对原本信用隐形或信用得分无效的租户来说，当他们的信用报告纳入了租金支付信息后，他们在两套评分体系下的得分变化并不一致。在 A 评分体系下，35% 的人获得了优级信用评分，35% 的人获得了近优级信用评分，29% 的人获得了次级信用评分。但在 B 评分体系下，租户们的得分比较不理想：17% 的人获得了优级信用评分，15% 的人获得了近优级信用评分，44% 的人获得了次级信用评分。

消费者法律中心的专职律师吴琪琪向国会解释道，“某些情况下，没有信用记录可能会好过有负面记录。人们在找工作或者购买保险时都会用到信用信息。在这两种情况下，没有信用记录可能比只拥有负面信息要好，信用隐形可能是一项优势。比如，许多州的保险法都能确保，没有信用评分的消费者会获得不低于中等信用评分消费者的待遇”。而且，那些没有信贷债务的低收入消费者很可能会拖欠其他账单。

美国的记者、银行家和监管机构似乎都陷入了这样一种迷思：很多人都在努力争取获得信贷，但申请不到，而且只有通过设计覆盖面更广的信用评分体系，监控和记录每个美国人的行为，才能解决这一问题。这种说法显然符合大银行的利益。这些银行希望我们所有人都相信，它们最大的缺点是好事做得太少，而不是坏事做得太多。如果银行最大的问题是贷款供给不足，那么，要解决美国人的经济困境，就必须依靠规模更大、利润更高、负担更轻的金融机构。另外，如果银行最大的问题是贷款过多、价格过高，那么，与之相适应的金融体系就应该规模更小，而且利润率更低。

第九章　新型借贷方式

借贷的目的是什么？这是一个简单的问题，但没有一个简单的答案。信用卡令人捉摸不透，因为它有很多不同的用途。多琳靠信用卡搬到了一个租金更便宜的城镇，最终摆脱了无家可归的恶性循环。乔用信用卡购买了食物、漂亮的衣服，还用它买了飞机票，去见异地的女友。迈克尔用它买了唱片。佩吉用它买了一张床垫和一部手机。麦迪逊用它买了一台上大学用的笔记本电脑。有些人是为了生存使用信用卡，有些人则是为了获得更好的机会。但我们很难对大多数信用卡债务人和使用信用卡的行为进行简单的界定。

有时，借贷就像一张安全网，为人们提供安全保障，但更多的时候，它像一个在海上漂浮不定的救生圈，无论借款人多么用力蹬水，也永远没法接近它，而且会觉得自己与救生圈的距离始终在变化。对借贷者而言，更美好的生活总是遥不可及。总体上，借贷造成的最典型的后果是让一定收入水平的美国人在短时间内过上了超出收入水平几千美元的生活。但代价是，他们要在更长的时间内过着低于收入水平几千美元的生活。我们承认，有些借款人确实抓到了救生圈，而且这个救生圈确实起到了防溺水的作用。但我们要全面看待债务的影响，既肯定它积极的一面，也要否定它消极的一面。虽然我把本书的重点放在如何更好地对信贷进行监管这个问题上，没有考虑经济体系其他方面的调整。但我坚信，美国应该通过更好的医疗、儿童保育、住房、就业、基本收入、失业保险和残疾保险等政策，建立一个人们负担得起且理应享有的体系，确保每个人无须借助高价的信贷产品就能维持生存。不过，即使我们的社会保障体系比较薄弱，我提出的有关信贷问题的建议依然利大于弊。

里奇·费尔班克在2021年4月的财报电话会议上对投资者表示，“令人惊讶的是，在金融行业所有类别的产品中，最与众不同的是自疫情开始以来就逐渐低迷的一类产品，这种产品就是信用卡。原因在于它是一种可以自由支配的借贷产品”。因为费尔班克能够通过确切的数据，了解哪些信用卡债务人的债务会增加，因此我们假设他的观点正确，假设信用卡对大多数人来说是一种可以自由支配的借贷产品。那么，考虑到美国有上亿信用卡债务人，属于例外情况的债务人可能有数百万甚至数千万之多。我在这本书中分享的许多数据也都支持了他的观点：美国人会在财务压力较小的时候借更多的钱，在财务压力较大的时候尽可能避免借贷。如果他的观点真的正确，那就意味着我们不需要被动接受债务机器所造成的不平等，因为用不用信用卡是由我们自主决定的。

尽管在新冠疫情引发的经济衰退中，信用卡债务有所下降，但 Synchrony 银行首席执行官布莱恩·杜普斯（Brian Doubles）确信，从 2021 年 4 月开始，信用卡债务将再次开始上升。此前，Synchrony 银行曾与盖璞、劳氏、威瑞森（Verizon）和雪铁戈（Citgo）等品牌合作发行了许多零售信用卡。杜普斯指出，“随着消费者信心的恢复，你将很快看到这种现象。消费者会增加对信用卡的使用，积累更多的债务。而这会增加信贷公司的贷款总额和利润”。

关于信贷目的的争论由来已久。早在维多利亚时代，一些人就担心工人们借钱买醉，于是主张对高利贷行业实施管控。另一些人也主张对高利贷行业实施管控，但他们的理由是，更便宜的贷款关系着穷苦工人的福祉。不过，维多利亚时代的高利贷支持者并没有留下很多相关的书面文献。当美国中产阶级开始用消费信贷来购置钢琴、百科全书、缝纫机、家具和家用电器等实用物品或象征身份的物品时，消费贷款开始流行起来。不过，也有人认为购买这些物品是一种铺张浪费。

当我们把当前时代置于美国历史背景下时，我们会注意到几个世纪以来围绕借贷的目的和相关道德问题的一系列争论。这些争论伴随着一些我们所熟悉的政治、经济和宗教话题反复出现。但当前的时代在某些关键方面有着独特之处。过去的几十年，也就是第一次信贷繁荣以来的几十年，不同于以往的原因在于，因为美国工薪阶层的工资增长乏力。因此，无论是为了生存还是为了享受而使用高价的信贷产品，人们都很难再用不断增长的工资来填补债务缺口。借贷双方在权力、财富和信息方面的差距从未有过如此之大。虽然经通胀调整后的人均债务水平在大衰退前可能比现在高一点，但信用卡行业的利润已经达到了历史顶峰。作为有史以来有关信用卡的最重要法律,《信用卡法案》消除了许多明显的信用卡骗局和陷阱。但是，10 多年过去了，我们可以明显发现，债务机器的问题从来不是信贷系统中的几个漏洞，而是系统本身。

在结束本书之前，我想再回顾一下债务机器的定义：债务机器是一个将大量财富从普通美国家庭转移到银行股东、银行经理手中并将一小部分财富转移到储蓄者手中的系统。银行和信用卡公司的经理通过决定信用卡的利率、费用、营销策略、诉讼策略和信用额度，或者利用算法做出上述决策，将自己的价值观和目标融入公司的行动计划中。这些计划反映出他们对重要的人或事物的重视程度。对经理们来说或许最重要的是，他们需要设置优化算法的限制条件，确定哪些可能性超出道德容忍范围或不具有现实可行性，并由此确定算法的目标函数，即最大化的对象是什么。虽然，利润大部分被银行股东们所瓜分，但大股东和投资经理们营造了一种氛围，让这些公司管理者相信，只有美国人的债务负担和信用卡利率继续上升，他们的工作才会稳固。维萨和万事达等支付公司不仅维护着债务机器的基础设施，而且积极参与游说活动，反对信贷机制改革。

债务机器是由立法者和监管者推动建立起来的。他们之中既有自由派，也有保守派。虽然他们自认为是华尔街的批评者，但大部分人接受了银行的一系列观点。这些观点包括："银行其实非常不愿意提供贷款""任何美国人都应该拥有信用记录""美国人申请信贷太难了""我们应该帮助美国人提高 FICO 评分"。这些观点都不无道理，但都忽略了一个基本问题。自 20 世纪 70 年代以来，这些观点一直大行其道。不过，20 世纪 70 年代的贷款利率相对较低，通货膨胀率较高，贷款利润率也很低。在这种环境下，银行或出于利润考量，或出于偏见，将很多人排除在信贷体系之外。如今，银行不再向非贷款客户吸揽存款。相反，对于贷款客户，银行不会向他们提供免费的支票账户，而且这些支票账户都有着较高的最低余额要求，并且附加了惩罚性的透支政策。现在的美国人即使刚刚宣告破产，或者已经背负上大量的高息债务，或者已经拖欠了现有的债务，依然可以获得信贷。只是，他们很难获得更优质的信贷产品。而且，美国人需要更好的借贷渠道来解决租房和购房问题。另外，几乎没有证据表明，美国人需要更多种类的高利率短期信贷产品。当银行收取的价格不受限制时，它们非常愿意提供更多贷款。今天的问题不在于银行放贷太少，而在于放贷太多。获取更多美国人的金融信息，不太可能降低普通人的信贷成本。因为正如前文所述，信用卡公司拥有强大的市场势力。当原油价格下跌时，成品油价格就会相应减少。但当贷款成本下降时，信用卡利率反而会继续上升。原因在于，美国人无法有效地比较不同的信贷产品，而且银行不会通过降低利率，与消费者“分享”更先进的技术或更好的信用评分数据所带来的红利。立法者、监管者以及游说团体关注的焦点不应该是提高消费者信用评分，减少无信用评分者的数量，或者改变现有的信用评分计算方式。在这些问题上，他们与银行之间并没有实质分歧，这足以证明他们的改革目标没有选对。改善工薪阶层和中产阶级的财务状况，对现有大型银行和市场参与者来说，不会是一场双赢的游戏，而是一场零和博弈。银行愿意做出的任何让步，充其量只能稍稍改善普通民众的境况。幸运的是，在民主国家，银行并不能够决定一切。立法者和监管者必须重新部署，努力降低信贷价格，并限制银行诱使消费者承担不必要债务的策略。

那么，金融科技公司、有抱负的企业家、社区银行和信用合作社应如何发挥作用呢？在过去的 20 年里，信贷市场的新竞争者不仅没有帮助美国人找到更好的信贷产品，或帮助他们实现财务稳定，反而增加了美国人的债务总额。当然，这并不能归咎于金融科技公司。造成这种情况的原因是，在当前的金融体系下，消费者很难做出具体的贷款决策，而且他们往往会不计后果，能借多少就借多少。虽然一些金融科技公司在降低消费者信贷成本方面取得了一定的成功，但这并不足以改变信贷市场的基本形态，不足以减缓信用卡债务的增长，也不足以迫使信用卡公司降低利率。

2021 年 1 月，发现公司的首席执行官罗杰·霍赫希尔德（Roger Hochschild）对投资者表示，“在我从业的几十年里，不时出现威胁信用卡存在的东西。但到目前为止，信用卡行业的增长轨迹仍然稳固”。

国会可以取消信用合作社的会员范围限制，释放信用合作社的力量，使其能够充分帮助美国公众。代表银行利益的游说者宣称，即使从现在的规模来看，大型信用合作社也不应被视为非营利组织或享受免税待遇，他们也不应该获准在全国范围内为所有消费者提供信贷产品。这些游说者认为，免税待遇使大型信用合作社在和银行的竞争中获得了不公平的优势。但是，只要信用合作社能继续向美国消费者提供更低廉的信贷产品，谁还会在乎营利性银行能否成功赢得这场竞争呢？在构思这本书的过程中，以及为福布斯网站和《轮廓》（*The Outline*）杂志撰写文章的过程中，我研究了美国的信用合作社运动，走访了许多类型的信用合作社，也访问了很多信用合作社的负责人。有些信用合作社的负责人是富有远见的社区活动家，也有些负责人担任过银行的管理者，他们在政治上和思维逻辑上与他们的前聘请者保持一致，并不完全支持现任聘请者，也就是信用合作社成员的诉求。还有很多人介于这两者之间。目前，我认为这个问题不一定能够或者也不应该通过立法来解决，而且这个问题也不足以成为国会继续阻挠信用合作社发展的理由。但我希望，信用合作社成员和理事会应该认真思考，如何从其出纳、分社员工或者其他社区成员中选拔管理者和高管，而不是从银行招聘大量管理人员。

国会还可以推动建立操作简单的信用卡比较购物门户，向信用合作社、社区银行和消费者赋权。这样，每个美国人都可以了解到任何金融机构愿意向他们收取的绝对最低价格。这能为美国家庭节省一大笔资金，同时也有利于那些专注于提供合理价格的金融机构，因为他们不用再把大量资金用在邮件营销上。

金融科技公司和有抱负的企业家必须深刻理解自己的业务及其社会影响。许多成功的金融科技公司都与债务机器有着密切的联系。以 Credit Karma 为例，这家网站为大约 1 亿客户提供信用评分监控和其他金融服务。第一资本的联合创始人奈杰尔·莫里斯是该公司的最大投资者之一。他的风险投资公司 QED investors 领投了 Credit Karma 的 A 轮融资。Credit Karma 的联属网络营销总监斯泰西·韦克菲尔德（Stacy Wakefield）在 2012 年发布的一个播客中解释道，“信用卡行业是一个规模庞大的行业。人们都在不断寻找新的信用卡产品，并探寻比较信用卡的方法。在 Credit Karma，我们向用户提供的主要服务就是向他们推荐信用卡”。韦克菲尔德补充道，“我们非常擅长通过信用卡推荐服务来为 Credit

Karma 赢利，因此我们与所有主要的发卡机构都保持着良好的关系。我们的合作者既包括大通、第一资本、花旗、发现和美国运通等五大发行机构，也包括其他一些较小的发行机构。我们认为，我们所采用的信用卡推荐方式是非常有意义的。我们还把这种方式提供给了其他信用卡比较网站或信用卡网站”。目前，几乎所有美国金融科技公司都吸纳了传统金融机构的投资。这些机构包括 QED Investors、花旗、高盛、第一资本投资公司、摩根大通，拉杰·戴特创立的风险投资公司 Fenway Summer，以及一家几乎只接受美国大银行和保险公司捐款的非营利组织——金融健康网络（Financial Health Network）。金融科技公司和银行之间看似进行着激烈的竞争，但实际上两者处于一种和平共存的状态。金融科技公司通常会开辟出新的利基市场，目的是支持而不是挑战其投资者的主导地位。比如，他们会充当银行的销售商或广告商。

很多金融科技公司通过虚假宣传信贷产品的可得性来为离谱的定价辩护。以萨沙·奥尔洛夫创立的 LendUp 为例。这家由 QED Investors 和谷歌 Ventures 等风投公司共同投资的公司将自己的产品定位为“比发薪日贷款更好的选择”，但他们的短期贷款利率高达 458%。奥尔洛夫在谷歌 Ventures Medium 博客解释了 LendUp 存在的重要意义。他写道，“多达 56% 的美国人由于信用评分太低，而无法获得银行的信贷。于是，他们不得不选择发薪日贷款、产权贷款和其他危险的产品”。奥尔洛夫还附上了一篇文章的链接。这篇由企业发展联盟（Corporation for Enterprise Development）发布的报告指出，56% 的美国人的信用评分低于 700。但问题在于，信用评分低于 700 的消费者基本上都能申请到信用卡和银行贷款。事实上，80% 信用评分为 620 ~ 659 的消费者至少拥有一张信用卡。而信用评分为 580 ~ 619 的消费者中，这一比例为 60%。奥尔洛夫将无法获得正规银行信贷的美国人比例夸大了大约两倍以上。你可能会说我是在开玩笑，毕竟，如果四分之一的美国人无法获得银行信贷，这难道不也是一个问题吗？或许是吧，但奥尔洛夫的错误反映了金融科技创始人、投资者和管理者普遍存在的一种严重偏见：他们认为美国信贷供给严重不足，因此，提供更多高价信贷产品有益于整个社会。

金融科技公司及其投资者必须思考以下问题：

一是“我们的贷款会帮助客户避免其他类型的债务，还是会加重他们的总债务负担？”加重消费者的总债务负担并不注定是件坏事。毕竟，如果公司贷款给那些确实没有其他信贷途径的消费者，他们的债务负担自然会增加。但这种情况是例外，而不是常态。因为在今天的美国，无法获得信贷的美国人非常少。上述问题的一个推论是：“我们的贷款产品是否会诱导客户在不必要的情况下借贷？”这个问题非常重要，因为它决定着公司是否会主动上调客户信用额度，以及是否主动向客户提供其他类型贷款。

二是“我们用什么证明公司提供的产品比消费者的其他选择更低价？”比较的基准点不一定是发薪日贷款，因为即使是次级信用评分的消费者往往也能申请到信用卡。贷款机构不能仅仅因为借款人选择了他们的贷款产品，就想当然地认为自己的产品是消费者最好或者最划算的选择。银行的营销支出越多，这种假设越站不住脚。当然，市场营销本质上并不是一种不道德行为。毕竟，如果消费者不知道某种产品，那么即使它再有用也相当于不存在。但是，当消费者不了解更低廉的信贷选择时，企业家应该高度怀疑自己的产品是否符合消费者的利益。

三是“如果我们公司向消费者分享我们对其所做的所有预测，结果会怎样？”金融和其他经济领域（特别是订阅型企业，如流媒体服务商、会员制健身房、软件和应用程序开发公司），都会采用这种做法，计算每个客户或每类客户终生带来的预期利润。表面上看，这种做法没有好坏之分，而且人们不一定会对企业预测出的信息感兴趣。以声破天（Spotify）这样的流媒体音乐服务平台为例，他们会对订阅客户带来的终身价值进行预测，其预期价值等于消费者的月费率乘以消费者在取消订阅之前可能使用流媒体服务的月数，再减去公司支付给音乐家的版税等费用。银行和贷款机构的预测要详细得多，他们会预测任何一个特定美国人的财务活动，以及消费者一生的财富中有多大比例最终将会转移到银行高管的口袋里。消费者的总成本，即他们支付的利息和其他费用，是任何一个美国人都很难预测出的。因为他们既无法预测银行要采取的所有策略，也无法预测信用卡或其他类型金融科技产品将如何影响自己的消费方式。但是，贷款机构可以轻松掌握这些信息。当交易中的一方比另一方掌握更多信息时，掌握更多信息的一方有可能会突破道德的底线。在实践中，公司隐瞒它对客户做出的所有预测，会影响客户是否购买其产品的决定。这实际上与出售一辆自己明知有缺陷的汽车没有太大区别。而且，公司面对的不是一两个客户，而是上百万、上千万的客户。

我们每个人都倾向于相信我们愿意相信的事情，倾向于为自己的行为寻找借口。因此，我鼓励每个金融科技公司根据他们现有的数据，收集最有力的论据来质疑他们商业模式的正当性。我并不是说，所有针对他们的负面观点都是正确的，而是说，这样做可以防止他们挑选论据来迎合自己一厢情愿的想法——他们不仅能赚钱，而且还能造福民众。

像 Afterpay、Affirm 和 Klarna 这样的“先买后付”式（BNPL）贷款机构开始成为人们关注的焦点，尤其是在 2021 年 Affirm 成功进行首次公开募股后。经过这次令人瞠目结舌的募股，Affirm 的估值高达 240 亿美元，要知道该公司在 2020 年的收入仅有区区 5.1 亿美元。Afterpay、Affirm、Klarna 及其竞争对手为购物者，特别是网购者提供分期贷款，并将整个贷款环节集成到结账流程中。他们采用了我在本书中大力提倡的透明定价机制，这种机制不仅易于理解，而且是信用卡出现前非常流行的一种贷款定价方式。这些贷款的利率通常持平于或低于信用卡利率。有些贷款对消费者来说甚至是免息的，相应的利息完全由商户支付。总的来说，我认为 BNPL 贷款比信用卡好一点，但它们与其他类型的分期贷款有着相同的基本风险。到目前为止，消费者似乎并没有放弃信用卡，只选择 BNPL 贷款，而是两者皆用，或者仅仅使用免息的 BNPL 贷款，将大件商品（如 Peloton 健身自行车）的支出分摊到多个月内，从而避免预先付款。根据以往的历史经验，即使 BNPL 贷款比信用卡更能节省费用，消费者依然会将节省下的信用卡额度用在其他地方。投资者对 BNPL 贷款异乎寻常的乐观情绪似乎基于这样一种假设：大多数或所有人借贷的目的都是购买比较贵的商品，如家具或机票。实际上，大多数人都使用信用卡进行日常消费。因此，BNPL 贷款并不能帮助美国人摆脱在日常消费中积累的信用卡债务。我们应该设计出一种能将分期贷款的透明性和信用卡的多功能性结合起来的产品。许多有才华的人正在专门研究这个问题。要解决这个问题，最大的挑战不是技术或创新性方面的挑战，而是社会和经济方面的挑战：即使替代的借贷产品再怎么优越，也无法撼动信用卡巨头的地位。

值得一提的是，finEQUITY 和 Onward Financial 等非营利金融科技公司给了我不少启发。总部位于布鲁克林的 finEQUITY

为服刑多年的美国人提供信誉建设贷款和信贷教育。而位于华盛顿特区的 Onward Financial 则帮助中小型企业为员工设立应急储蓄账户，以减少员工对高价信贷产品的依赖。两家公司都渴望成功，进而向其他领域发展。finEQUITY 创始人布莱恩·科尼什（Briane Cornish）和 Onward 的创始人罗尼·华盛顿（Ronnie Washington），给所有真正致力于为金融行业注入积极力量的人树立了榜样。作为非营利公司，finEQUITY 和 Onward 获得的资金相对较少，而充足的资金可能会让一家营利性公司迅速扩大规模。不过，布莱恩和罗尼的团队正在全力打造将公众利益放在第一位的产品。虽然他们都是非营利初创公司，但也可以获得捐赠资金之外的收入，比如，Onward 会向那些想为员工提供应急储蓄账户的企业收取订阅费。一家典型的初创公司只有三种可能的结局：失败，被其他公司收购，或者通过首次公开募股成为上市公司。这些命运都无法确保初创公司采取合乎道德、造福社会的商业战略。一旦一家公司上市，它就无法决定谁可以购买自己的股票并成为自己的所有者。尽管创始人可以将公司设定为共益企业（既追求利润目标，也追求社会或环境目标的企业），承诺采取不同于其他营利性企业的行事方式，一旦公司上市，新的投资者依旧可以迫使公司放弃共益企业的定位，将利润目标凌驾于公众利益之上。

如果你是一个没有任何信用卡债务的中产阶级或中上层阶级

读者，你可能会说，“好吧，我不是银行家，不是政治家，也不为维萨工作，这个信贷系统与我无关”。

事实上，它确实与你有关。更具体地说，假如你是一位每月全额还款的信用卡“便利用户”，假如你在银行或退休账户中有存款，这个系统就与你息息相关。我提出这个观点并不是为了让你感到内疚，而是为了展示这台债务机器的各个部分是如何协同运作的。信用评分良好、没有债务的美国人能够获得信用卡奖励，但代价是所有美国人为汽油、杂货、服装和药品支付了更高的价格。了解债务机器的融资方式也很重要。信贷机构以信用卡债务的形式借出的资金，有的来自美国人的支票账户、储蓄账户，还有的来自货币市场账户。根据经济学家阿提夫·迈恩、路德维希·斯特劳布和阿米尔·苏菲的一项研究，随着美国富人越来越富有，他们多余的钱并没有用来创办新公司或研究新技术，而是最终借给了美国的穷人和中产阶级。尽管中产阶级储蓄者拥有的财富低于最富有的 1% 的人，但他们的储蓄也被用来向穷人放贷。结果就是，富人们存的钱越多，银行就越积极地诱使穷人借贷。历史表明，银行不会让这些储蓄闲置，他们更愿意高价借给消费者，而不是低价借给其他企业。

很多政客错误地认为，信用卡债务和消费者借贷是保持经济繁荣的必要条件。但迈恩、斯特劳布和苏菲的研究表明，债务机器的高速运转正在扼杀创新、阻碍经济增长。向穷人提供贷款的预期回报要高于几乎其他任何类型的投资，包括科研投资、技术研发投资和基础设施投资。而这三者是最有可能创造新就业机会、促进经济增长的投资类型。债务机器是解开不平等之谜的关键一环：富人通过借钱给穷人而变得更富；穷人则用工资支付利息和其他费用，从而越来越穷。迈恩、斯特劳布和苏菲发现的一个问题是，资产负债表中，非银行公司持有的银行资产的比例越来越高，而这些资产都转化为了消费者债务。换句话说，如果你持有一家公司的股票，即使它的业务貌似与信用卡债务没有任何关系，你的投资依然有可能在推动债务机器的运转。

另一个问题是，如果普通美国人想要退休，他们别无选择，只能为债务机器添油加柴。针对美国人应该为退休存下多少比例的工资，人们提出了很多建议。但所有这些建议都假设美国人将他们所有的退休储蓄都用于投资。债务机器使邻居之间相互对立：数百万美国人有尊严地过上退休生活，代价却是其他美国人被榨干了最后一分钱。与这台债务机器息息相关的不仅有超级富豪，还有普通教师、消防员和其他有幸领取养老金的公职人员。他们的养老金往往都被用在了掠夺性贷款上。

这本书也是为那些负债累累的消费者和工人而写，他们是被困在债务机器齿轮里的受害者。当前的借贷制度不是由工人和消费者设计的，也不是为工人和消费者的利益服务的。全国各地数以百万计的美国人以各自的方式为社区做出了大大小小的贡献，但他们仍然饱受压榨，不仅工资微薄，还要支付不断上升的利息，同时也得不到政府的支持。这本书也同样也是为这些人而写。我希望能在书中给出有价值的建议，让每个美国人都不再依赖高价的信贷产品，确保他们能够找到更公平的替代选择。但事实是，无论做出何种选择，他们都会陷入苦苦挣扎之中。当然，在我们这个有待完善的信贷体系下，这些建议的作用也比较有限。

罗格斯大学法学教授克里斯汀·昂德斯马（Chrystin Ondersma）曾写道，"在某种机制下，非裔和其他被边缘化的群体和社区不断流失财富和收入。这种剥削机制就是债务机制。那些当权者，即使不积极赞同这一结果，实际上也在放任这种令很多美国人，特别是弱势群体不可避免地陷入债务困境的经济体系"。

几十年来，银行在未经人们同意的情况下，暗地里进行了数以万计的试验，对数百个变量进行了调试，目的是让更多的人借贷。诚然，总会有一些人想要或需要借贷。但最突出的问题在于，如果每个美国人在购物时都了解信用卡的真实成本和全部成本，如果取消了附加在信用卡上的那些华而不实、极具迷惑性和诱惑性的东西，如果禁止银行未经客户同意主动提高客户的信用额度，那么，美国人可以避免多少债务。根据我的合理预测，这三个变化将使美国的信用卡债务减少一半以上。

债务机器所用到的技术和算法不是中立的，它们是由特定的人、特定的组织根据特定的目标，设计并构建起来的。我们并不能在绝对理想的假设下评估美国人做出的选择。我们在评估这些选择时必须意识到，金融企业已经花了数十亿美元来影响和改变人们的决策过程。

有时，我会想象自己在和其他人一起探索美丽的山峦。在探索过程中，即使可以在山上信步漫游，我们中的许多人也会倾向于沿着有路标的既定路径行走。现实中，债务机器为我们建立了现有的路径。对许多美国人来说，这条道路导致他们一生都要在不稳定中度过，导致他们在生命的最后几年，拖着病躯，从事着报酬低微、吃力不讨好的工作，或者在贫困中苦苦挣扎。因此，我们必须开辟出新的路径。

我之所以撰写这本有关信用卡行业的书，是因为我对它有深刻的认识。在过去八年里，我对这个行业进行了深入的研究，分析并思考它的每一个组成部分。我之所以撰写这本书，还因为在过去的十年里，虽然媒体和政界对信用卡投入的关注相对较少，但它依然是许多美国人经济生活的重要组成部分。

不过，我希望自己在第一资本的工作经历，能够帮助我更好地理解资本在这个严重不平等的时代是如何运作的。在第一资本成立后的几十年里，其战略的两大支柱——对民众进行大规模试验以及通过机器学习寻求最优化方案，重新定义了很多其他行业。或许，消费金融行业真正不同于零售、餐饮、外卖，或交通等行业的唯一原因在于，这些行业大多使用资本 2.0 工具来压榨工人，为股东和消费者谋取利益。而在消费金融市场，人们几乎无法进行比价购物，因此这个行业的企业学会了靠压榨消费者，来为股东和管理者谋取利息。

我读过很多由“热门”公司的现任或前任高管撰写的商业图书。他们介绍的唯一重大道德困境是，当企业陷入困境或调整发展方向时，公司是否应该裁员。似乎没有一个人探讨令我感到困惑的问题。我在一个中产阶级家庭长大，从小我就被灌输了这样一个理念：找一份稳定的工作，不要想着做一番事业。我深爱着我的父母，我也认为他们非常聪明，但他们并没有鼓励我去选择我喜欢的职业。事实上，我父亲经常强调，没有人真正喜欢他们的工作。毕竟，人们真正喜欢做的事情通常都无法给他们带来收入。所谓工作，就是你要按照别人的要求做事情，然后拿到报酬，别的事什么都不用管。如果你有幸接受了良好的教育，并善于利用你学到的东西，那么日常工作至少不会让你觉得没有尊严，也不会耗费你太多体力。我上大学的时候，同学之中既有野心勃勃的人，自私自利的人，也有充满奉献精神的人。在杜克这样的大学里，人们会告诉你，你可以改变这个世界。在第一资本，我们也有机会改变世界，我们可以完善触及数百万客户利益的规则。我们有太多的权力，却没有足够的智慧。这令当时的我感到羞愧和迷茫，但同时也心怀感激之情，我不仅感激幸运的眷顾，公司的赏识和友善的同事，也感激公司提供的免费午餐和免费课程，感激公司栽培我，让我负责调整业务杠杆。

我之所以产生这样的矛盾心理，其中一个原因是，我认为在第一资本的信用卡业务实践中有很多不好的做法，而其他所有大型信用卡发卡机构也都采用了这些做法。诚然，第一资本有不少不为人知的办法，但我认为，如果其他银行足够聪明，能够发现这些“暗箱操作”，他们也会很乐意采用这些做法。我总能指出一些其他发卡机构做过，而第一资本没有做过的坏事。比如，除了第一资本从汇丰手中收购、然后转手卖给花旗的一个信用卡组合之外，我们从没有利用欺骗策略骗取过客户的信用卡奖励，也从没有采用过第四章提到的追溯利息制。当然，第一资本提供了比其他银行更多的次级贷款，但在公司内部，人们认为这是一种具有积极意义的举措。毕竟，第一资本是唯一一家愿意给这么多美国人提供信贷机会的大银行。第一资本所有存在道德争议的做法，其他银行也都在采用，而且这些做法也都是合法的。这似乎给我和同事提供了无限的道德安慰。

我们应该感到内疚吗？我应该感到内疚吗？从某种意义上说，我确实感到内疚，但在阅读马克思的著作时，我理清了思路，也得到了心理上的安慰。马克思这样写道，“我绝不用玫瑰色来描绘资本家和地主的面貌；本书中所涉及的人，只是一种经济范畴的人格化，是一定的阶级关系和经济利益的物质承担者。社会经济形态的发展是一种历史的、自然的发展过程。作为这些阶级中的个体，不管他在主观上怎样超脱各种关系，但在社会意义上，他必定是这些关系的承担者。而且我认为，我们无权要求个人对这些关系负责”。换句话说，债务问题是系统性问题。虽然我离开了第一资本，但总有人会取代我的位置。虽然我们可以做出退出的决定，但系统总能找到我们的替代者。截至 2019 年，有近 200 万人在银行工作，其中许多人从事着低薪的客户服务工作。未来，这一数字有可能继续增长。然而，债务机器与其他剥削机制的不同之处在于，这个体系的大部分都是由当代人在最近几十年内构建起来的。

竞争和创新不能解决消费者债务的基本问题。信用卡市场的特点是，消费者希望能在申请前得到发卡机构的预先核准。因此，要想在这样的市场内保持市场份额，公司必须在市场营销方面具有优势。为了获取建立这种优势的资金，这些公司采用掠夺性商业手段，赚取了巨额的利润。附带奖励和隐性费用的昂贵信贷产品，往往比价格低得多、简单得多的产品更具有吸引力。原因在于，消费者无法理解和比较它们的真实成本和总借贷成本。当美国人无法有效地进行比价选择时，任何一家贷款机构都没有理由在价格上开展竞争。另外，所谓创新，也仅仅是增加了投资者回报而已。国会和消费者金融保护局不应该把重点放在鼓励“创新”上，而应该把更多的精力放在控制掠夺性商业行为上，同时还应该努力构建一个市场环境，使消费者在借贷前就能清楚借贷的真实成本和总成本。

我设想的信贷体系是一个能保证每笔贷款都会改善借款人生活的体系。前文提到，信用卡债务中的很大一部分是在信用额度的一次次上调后累积起来的。因此，我认为，有良知的银行和信用合作社必须首先反思自己的信用额度上调计划。如果银行仔细审查后发现，消费者已经深陷债务泥潭，那么，这种情况下向他们提供更多信贷，显然是一种推卸道德责任的做法。如果银行能够诚实地审视自己在个人债务问题上所扮演的角色，他们就会公正地评估信用额度上调的频率。而对美国人来说，充足的信用额度是一种不可抗拒的诱惑。相当一部分客户都是在每次额度上调后立即使用了大部分可用额度。银行应该摈弃专断的态度，征询客户的同意，比如问一问那些负债累累的客户是不是需要更多信贷。

写完这本书的最后章节时，我不知道接下来要做什么。过去几年里，我一直在思考信用卡行业的核心顽疾，思考建立更公平的金融体系的途径。经过这些思考，我整理好了自己的每一条思路。我已经将自己想表达的完全呈现给了读者。现在，我和许多其他年轻人一样，都面临着同样的困惑：几乎所有适合自己工作的公司，甚至那些提供重要商品和服务的公司，似乎都存在道德瑕疵。

关于21世纪消费者债务的本质问题，我想我已经找到了一些重要的答案。但是，关于另一个问题，即我们如何才能在谋生的同时，坦然面对自己的行为给世界带来的后果，我觉得我还没有找到一个令人满意的答案。我们每个人都对自己的选择负有一定程度的责任，但当我们身处在一个以贪婪、机会主义和剥削为基础，而不是以团结和同情为基础的体系中时，任何一个孤立的个体都找不到这个问题的简单答案。我相信，有不少人在读了这本书，或者至少读了这本书的摘要后，会认为我是一个彻头彻尾的伪君子。毕竟，在第一资本工作的5年里，我也曾是这个剥削制度的受益者。我只想说，这些批评绝对正确，我本人也存在道德缺陷。

附录　我的研究过程简介

在信用卡行业工作期间，我通过查看数据和学习行业实践，了解到很多关于信用卡如何影响借款人的信息。尽管如此，我知道我并没有了解到问题的全貌。虽然本书提到的各种建议都代表了我本人的观点（我的受访者的政治观点以及他们对金融监管的观点各不相同），但重要的是，我的建议都是在与美国债务人的对话中思考出来的。

我把这一部分放在本书的附录中，是为了让读者自己评估我对信用卡债务进行调查后得出的结论到底有多大的可信度。我相信我的调查方法既有优点也有缺点。但是，这些调查并不是我得出结论的唯一信息来源。这一部分只涉及我对借款人和消费者的采访，而不涉及我对金融部门现任或前任聘用者的采访。

为了撰写本书，我考虑了三种访谈方法：一是“市场研究员”或者“客户研究员”的方法；二是记者的方法；三是学者的方法。这三种方法中的每一种都有一套独特的规范、程序和态度。例如，在新闻领域中，一般认为给采访对象提供报酬是不合适的，而在学术研究和市场研究中，给采访对象提供报酬是司空见惯的。定性学术研究通常使用一套访谈大纲（已拟定的问题列表），并要求调查者收集有关受访者的关键人口统计数据，并思考如何对受访者的回答进行整理和标准化，从而得出结论。这种方法有助于评估受访者是否代表了目标人群，并简化了就关键子群体得出具体结论的过程。另外，记者在访谈时，很少拘泥于严格设定的大纲，而是更加关注通过访谈能够了解到什么。我最终选择以记者的角度开展这项调查，部分原因是当我开始这个项目时，在签订出书合同之前，我设想自己可能会根据调查，创作一篇或多篇杂志文章，而不是一本书。因此，我没有向任何受访者支付报酬。唯一的例外是，在采访完第三章提到的多琳·特雷勒后，我通过帕特隆（Patreon）平台打赏了她。

我进行采访的目的是确保我能广泛地听取美国债务人的观点。虽然没有期望获得一个完全具有代表性的样本，但我确实相信我可以达到我的目标，确保我的样本中不会遗漏任何相似的债务经历。因此，我确定了受访者的类别，并列出了一个类别清单。这些类别包括受过大学教育和没有受过大学教育的美国人、非裔、白人、拉丁裔美国人、低薪工人（时薪低于 15 美元）、中等收入美国人、高收入美国人（家庭收入超过 10 万美元）、有发薪日贷款的信用卡债务人、没有宣布破产就还清债务的人、宣布破产的人、育有子女的人、残疾人、无家可归者、信用卡欠款峰值相对较低的人（低于 5000 美元）和信用卡欠款峰值较高的人（超过 2.5 美元）。针对每一个类别，我都至少访问了两个负有或曾经负有信用卡债务的人。我还想访问几个将自己的债务归咎于突发疾病的人，但这个目标没有实现。

我会告知每个受访者，访谈的目的是帮助我撰写一本关于债务的书。但事实上，大部分访谈是在与加州大学出版社达成出版协议之前进行的。

一些受访者同意我使用他们姓和名，另外的受访者只同意我使用他们的名。所以为了保持一致，我只使用了他们的名。有时，为了区分，我使用了他们的名和姓氏的首字母。

我寻找受访者的方式有四种，一是通过“街头采访”；二是通过我的人际网络；三是通过其他新闻报道项目；四是通过网络。接下来我将讨论每种方法的优缺点。

我开展“街头采访”的地点包括密歇根州哈姆特拉马克市（底特律市的一个飞地）、伊利诺伊州芝加哥市、明尼苏达州圣保罗市、艾奥瓦州康瑟尔布拉夫斯市（Council Bluffs）、华盛顿州西雅图市、亚利桑那州斯科茨代尔市（Scottsdale）、新墨西哥州阿尔伯克基市（Albuquerque）、得克萨斯州休斯敦市、路易斯安那州新奥尔良市，以及密西西比州默里迪恩市（Meridian）。为了进行采访，我会走近路人，告诉他们我是一名记者，正在撰写一本关于美国人债务经历的书。对于那些愿意跟我交谈的人，我总是先提出这样一个问题，“如果让你改变银行或信用卡公司的一件事，你会改变什么？”如果受访者愿意继续谈下去，而且第一个问题没有引发其他问题，我会提出第二个问题：“你认为银行降低了还是提高了人们获得信贷的难度？”许多谈话相对简短，不到 5 分钟，但依然提供了很多有用信息。受访者透露了有关借贷经历的基本信息，对自己是否为借贷感到高兴做出了评价，还表达了自己对贷款机构的看法。有几场对话持续时间很长。在大多数城市，我都选择了城区或者可以步行抵达的城郊地区。不过，休斯敦除外，因为这是一个不太适合步行的城市，所以我只好在休斯敦社区学院（Houston Community College）的校园里进行了访谈。在项目刚启动时，我有过担忧，担心自己会访问到太多有特殊债务经历的人，他们可能对贷款机构有着强烈的正面或负面态度。而“街头采访”能让我接触到各类人，能够降低这种不客观性。

我总共进行了 62 次采访，其中有 40 次采用了“街头采访”形式。这种采访的一个缺点是，我不一定能够从受者那里收集到全面的人口统计数据。尽管一些受访者坦然分享这些信息的态度出乎我的意料，但很多人面对街上遇到的陌生人，特别是一个手持录音机且不隶属于某个出版社或学术机构的陌生人，不愿意透露太多个人信息。

一些受访者是我的朋友，或者是由亲朋好友介绍给我的。这些受访者非常乐意分享自己的信息，愿意透露他们一生中的所有债务经历，并为各自的案例提供了社会层面和内心层面最丰富的见解。除了与雷切尔的访谈外（通过电话进行的），其他访谈都是面对面进行的。塔莎的丈夫迈克尔还给我写了一封信，解释了他自己的债务和信贷经历，重点介绍了自己在与塔莎结婚前的债务经历。这一类受访者在社会经济和居住地点方面的差异较大。他们之中有年收入低于 4 万美元的，也有年收入在 10 万美元以上的，但所有受访者都是白人，且大部分都是女性。他们往往有非常特殊的债务经历，3 名受访者的信用卡债务超过 2 万美元，1 名受访者的信用卡债务成了坏账，1 名受访宣告了破产。当你通过社交网络告诉别人，你想采访信用卡债务人时，他们会往往会向你介绍负债累累的人，而不是欠债不多的人。

自 2018 年以来，我还就各种各样的经济问题进行了采访，为各种在线杂志撰写文章。内容涉及艾奥瓦州的托儿补贴、哈维飓风后的重建工作，以及第一代大学毕业生的财务经历。每次采访，我都会询问有关信用卡债务和其他类型消费债务的信息，因为这些信息与我报道的其他话题有关。这些采访让我对人们的具体经历，如自然灾害后的生存和重建，有了更深入的了解。

最后，我通过网络找到了另外 4 个受访者：多琳、阿丽莎、里克和娜奥米。我经常在推特上搜索那些最近发布了有关信用卡债务信息的人（人们往往会利用社交媒体发布帖子，纪念自己还清了信用卡债务）。不过，我只联系了那些在线身份包含名字、姓氏并且所在地为美国的人。除了基本的在线搜索外，我没有采取任何其他措施来核实这类受访者的身份。但我没有理由相信，我接触的任何受访者都是“网络喷子”、虚拟人物或伪造身份者。我之所以采访多琳·特雷勒，是因为她在 HackerNews 论坛上发布了一篇评论，回应了我在《新共和》(*New Republic*) 上发表的一篇有关我在第一资本工作经历的文章。她的这篇评论提到了她过去无家可归时的借贷经历，并表明自己不同意我对债务性质的一些观点。这引起了我的兴趣，于是我便采访了她。这次采访与其他采访的不同之处在于，在采访之前，我已经了解了受访者对信贷可得性问题的具体看法。

2018 年至 2021 年，我总共对消费者进行了 62 次采访。大约 15% 的访谈涉及无银行账户的问题，无法获得信贷的问题，或者涉及如何避免债务或信贷的问题。

在下面，我列出了一些我最常问的问题（有时，我会事先准备好打印出来的问题清单或类似的清单）。不过，我在前文也提到过，我并没有严格遵守特定的访谈大纲。当我知道我要跟某个人谈很长时间时，我会在问这些问题之前，先集中精力按时间顺序梳理他们的债务经历。而在“街头采访”中，我总共只问三四个问题。

访谈大纲

如果让你改变银行或信用卡公司的一件事，你会改变什么？

你认为银行降低了还是提高了人们获得信贷的难度?

(我会根据人们的回答来决定后续的问题以确定他们是否有信用卡债务或其他短期贷款方面的亲身经历，或者了解他们为什么避免使用信用卡。)

有信用卡债务亲身经历的受访者需要回答的后续问题:

你是否还记得拿到第一张信用卡的时间，以及申请这张卡的原因?

你有几张信用卡?

你的信用卡债务产生的主要原因是什么? 当你欠下这笔债务时，你的生活发生了什么变化?

那些仍然有信用卡债务的受访者还需要回答以下问题:

你有还清信用卡债务的目标或计划吗? 你最多欠了多少债务，现在还剩多少?

你觉得到目前为止，信用卡加重还是减轻了你的压力?

在你了解到的关于信用卡的信息中，有没有哪些信息是你希望自己能早点了解的?

除了信用卡，你还用过其他借贷方式吗? 当时发生了什么?

如果信用卡根本不存在，你的生活会有什么不同?

你是否有过艰难偿还信用卡最低还款额的经历?

与信用卡债务相关的最难忘的经历是什么?

你希望一年内用掉信用卡多少额度?

致谢

如果没有我深爱的女友黛博拉·夏皮罗（Deborah Shapiro）的帮助，我是不可能完成这本书的。感谢她每天给予我的启迪、情感上的支持以及实实在在的帮助。没有多少作家能有幸和一位档案保管员兼前文案编辑生活在一起，更何况是一位优秀且有趣的档案保管员兼前文案编辑。

我的朋友嘉莉·米尔斯（Carrie Mills）也给了我不少鼓励和重要反馈。我还要感谢我的朋友山姆，他帮助我认识到，我对同事的特殊情谊和责任感并不是我继续留在信用卡行业工作的充足理由。

我非常感谢阿斯温·瓦桑（Ashwin Vasan）和雷切尔·施耐德，感谢他们鼎力相助，给我提供了前期的反馈。感谢雷切尔·施耐德和凯西·奥尼尔（Cathy O' Neil），他们不仅给了我如何写书的建议，还提醒我写书是件苦差事。感谢特里·弗里德林（Terri Friedline）在项目的关键阶段给我提供的深刻反馈。

感谢以下对本书进行润色的人：娜奥米·施耐德（Naomi Schneider）、萨默·法拉（Summer Farah）、琳达·克劳福德（Lynda Crawford）和弗朗西斯科·赖因金（Francisco Reinking）。感谢那些为本文初稿提供匿名评论的人。

两年前，我对写作技巧和出版行业知之甚少。因此，我要特别感谢另外两位编辑:《石板》(*Slate*)杂志的托里·博世(Torie Bosch)和《贫穷杂谈》(*TalkPoverty*)的 S. E. 史密斯(S.E. Smith)。在我从银行业过渡到新闻业的过程中，他们不仅给予了我鼓励和指导，还提供了很多中肯的编辑意见。

感谢莫里茨·舒拉里克(Moritz Schularick)和阿丽娜·巴切尔(Alina Bartscher)使用"SCF+"数据集提供的帮助。舒拉里克团队做了大量的工作，对不一致的调查和数据集进行了核对，理清了消费者债务随时间变化的趋势。我从他们的工作中受益匪浅。感谢阿丽娜·巴切尔教会了我如何查阅相关数据。感谢塞达克·奥茨坎(Serdark Ozkan)、扎卡里·贝休恩、玛丽·扎基和斯科特·舒赫，感谢他们向我解释清楚了他们的研究。

我还要感谢我在第一资本工作时的许多同事，他们不仅待人和善，而且与我分享了他们的见解。特别要感谢那些利用职位影响力为消费者谋福利的同事。毫无疑问，有些人会把这本书解读为我对公司及其员工的控诉。但事实上，这从来都不是我的本意。尽管我们都必须对自己的选择负责，但我最尖锐的批评，针对的是我们都参与其中的经济体系。虽然我对这个问题有自己的怀疑和偏见，但我不能肯定地回答你，从外部改革有缺陷的制度，还是从内部改进它，到底哪个更好。我相信这两者都能造福整个世界。虽然我无法一一列出我最感激的同事名字，但我希望他们读到这段话时，知道我依然真诚地感激他们，依然珍视我们之间的友谊，依然钦佩他们敏锐的洞察力。

感谢我访问过的所有人。感谢他们愿意花时间分享自己的观点。我还要感谢我的表妹斯蒂芬妮，我的朋友伊莉斯、切尔西、凯蒂·F. 为我联系受访者。感谢我的旅伴凯特·张（Kat Zhang）和凯蒂·库欣（Katie Kuzin）。感谢那些在我为本书外出调研时，招待过我的朋友和家人。